基于乡村振兴的产业兴旺实现路径实证研究

徐腊梅 著

·北京·

图书在版编目（CIP）数据

基于乡村振兴的产业兴旺实现路径实证研究 / 徐腊梅著. —北京：科学技术文献出版社，2022.12
ISBN 978-7-5189-9795-4

Ⅰ.①基…　Ⅱ.①徐…　Ⅲ.①乡村—农业产业—产业发展—研究—中国　Ⅳ.①F323

中国版本图书馆CIP数据核字（2022）第219819号

基于乡村振兴的产业兴旺实现路径实证研究

策划编辑：孙江莉　　责任编辑：孙江莉　　责任校对：张吲哚　　责任出版：张志平

出 版 者	科学技术文献出版社
地　　址	北京市复兴路15号　邮编 100038
编 务 部	（010）58882938，58882087（传真）
发 行 部	（010）58882868，58882870（传真）
邮 购 部	（010）58882873
官方网址	www.stdp.com.cn
发 行 者	科学技术文献出版社发行　全国各地新华书店经销
印 刷 者	北京虎彩文化传播有限公司
版　　次	2022年12月第1版　2022年12月第1次印刷
开　　本	710×1000　1/16
字　　数	188千
印　　张	11.75
书　　号	ISBN 978-7-5189-9795-4
定　　价	48.00元

版权所有　违法必究

购买本社图书，凡字迹不清、缺页、倒页、脱页者，本社发行部负责调换

前　言

党的十九大报告指出，当前"我国社会主要矛盾已经转化为人民日益增长的美好生活需要和不平衡不充分的发展之间的矛盾"。我国不平衡不充分发展的一个突出表现是"三农"问题，它是关系国计民生的根本性问题。乡村兴则国家兴，乡村衰则国家衰。国家推出乡村振兴战略根本目的之一是要解决"三农"问题。实施乡村振兴战略的5个方面中，产业兴旺是生态宜居、乡风文明、治理有效和生活富裕的基础、关键和根本保障。只有产业兴旺，乡村才能重现盎然生机和巨大活力，实现振兴。因此，研究乡村振兴与产业兴旺之间的关系，乡村振兴背景下的乡村产业如何实现兴旺繁荣发展，乡村产业未来应该走什么道路？这是当前政府和学者都想要解决的问题。研究产业兴旺具体实现路径，对于改变当下乡村凋零、老龄化、空心化现象，推动我国乡村振兴下产业经济发展具有重要意义。

本书首先梳理乡村振兴、产业兴旺的基本内涵及两者之间的关系，归纳总结产业兴旺的相关理论，指出乡村产业兴旺实现的基本路径。其次，从乡村三次产业现状出发，深入分析农林牧渔业、以农产品加工业为主的第二产业、具有发展潜力的第三产业的总量和结构现状。再次，研究乡村产业兴旺实现的基本路径之一——农业实现现代化的具体路径，分析农业现代化及其与乡村振兴的关系，利用AHP层次分析法测度农业现代化发展水平，使用两部门模型和固定效应面板数据模型研究制约农业现代化的因素，提出实现农业现代化的具体路径。接下来，研究乡村产业兴旺实现的基本路径之二——产业升级具体实现路径，分析产业升级及其与乡村振兴的关系，检验产业升级空间关联性，使用广义空间回归模型（SAC）研究制约产业升级的因素，提出产业升级的具体实现路径。之后，研究乡村产业兴旺实现的基本路径之三——产业融合具体实现路径，分析产业融合及其与乡村振兴的关系，利用投入产出法和相关系数法从供需双侧测算产业融合度，分析影响产业融合的因素，提出产业融合的具体实现路径。次之，研究乡村产业兴旺实现的基本路径之四——提升农业全要素生产率（TFP）具体实现路径，分析农业全要素生产率及其与乡村振兴的关系，测算农户家庭农业全要素生产率，分析得出索罗模型中劳动、资本、土地要素配置扭曲会制约农业全要素生产率的提升，使用两部门模型和实证分析得出提升农业全要素生产率的具体实现路径。最后，得出主要研究结论，提出建立现代农业经营体系、深化土地产权制度改革、完善财政金融支农政策、推进农业科学技术进步、引导乡村产业融合发展、鼓励乡村大众创新创业和完善农产品质量监管制度的政策建议。

本书关于年均增长率计算采用两种方法：当乡村产业经济数据变化较为稳定时，采用水平法计算年均增长率；当乡村产业经济数据变化波动性较大时，采用简单算术平均数计算年均增长率，并标注"★"以区别。如果两种计算方法结果相差较小时，则采用四舍五入近似值。乡村产业具有多样化和地域化特征，因此本书研究中不可避免地存在局限和疏漏，恳请各位学者和读者不吝赐教，对本书可能存在的谬误和不足之处提出宝贵的意见和指导，笔者将不胜感激，邮箱为：xulamei2013@163.com。

本书是辽宁省社会科学规划基金"乡村土地制度改革促进辽宁乡村振兴研究"（项目批准号：L19CJY004）的阶段性研究成果，获得了政府各部门、笔者所在单位、出版社及相关单位的大力支持，在此表示衷心的感谢。

徐腊梅

（深圳信息职业技术学院）

目　　录

第1章　绪论 ········· 1

1.1 选题背景与研究意义 ········· 1
1.1.1 选题背景 ········· 1
1.1.2 研究意义 ········· 2

1.2 研究思路与研究内容 ········· 3
1.2.1 研究思路 ········· 3
1.2.2 研究内容 ········· 4

1.3 研究方法 ········· 5

1.4 本书创新点与不足 ········· 6
1.4.1 创新点 ········· 6
1.4.2 不足与展望 ········· 7

第2章　国内外文献综述 ········· 8

2.1 国外文献综述 ········· 8
2.1.1 乡村产业 ········· 8
2.1.2 农业现代化 ········· 9
2.1.3 乡村产业升级 ········· 9
2.1.4 乡村产业融合 ········· 10
2.1.5 农业全要素生产率 ········· 12

2.2 国内文献综述 ········· 13
2.2.1 乡村产业 ········· 13
2.2.2 农业现代化 ········· 14
2.2.3 乡村产业升级 ········· 15
2.2.4 乡村产业融合 ········· 16

  2.2.5 农业全要素生产率 ⋯⋯⋯⋯⋯⋯⋯⋯⋯⋯⋯⋯⋯⋯⋯⋯ 18

第3章 乡村振兴与产业兴旺相关理论 ⋯⋯⋯⋯⋯⋯⋯⋯⋯⋯⋯⋯ 19

3.1 乡村振兴与乡村振兴战略 ⋯⋯⋯⋯⋯⋯⋯⋯⋯⋯⋯⋯⋯⋯⋯⋯⋯ 19
  3.1.1 乡村振兴 ⋯⋯⋯⋯⋯⋯⋯⋯⋯⋯⋯⋯⋯⋯⋯⋯⋯⋯⋯⋯ 19
  3.1.2 乡村振兴战略 ⋯⋯⋯⋯⋯⋯⋯⋯⋯⋯⋯⋯⋯⋯⋯⋯⋯⋯ 20
3.2 产业兴旺及相关理论 ⋯⋯⋯⋯⋯⋯⋯⋯⋯⋯⋯⋯⋯⋯⋯⋯⋯⋯⋯ 22
  3.2.1 产业兴旺 ⋯⋯⋯⋯⋯⋯⋯⋯⋯⋯⋯⋯⋯⋯⋯⋯⋯⋯⋯⋯ 22
  3.2.2 产业兴旺相关理论 ⋯⋯⋯⋯⋯⋯⋯⋯⋯⋯⋯⋯⋯⋯⋯⋯ 25
3.3 产业兴旺与乡村振兴的关系 ⋯⋯⋯⋯⋯⋯⋯⋯⋯⋯⋯⋯⋯⋯⋯⋯ 32
3.4 实现产业兴旺的基本路径 ⋯⋯⋯⋯⋯⋯⋯⋯⋯⋯⋯⋯⋯⋯⋯⋯⋯ 34
  3.4.1 农业实现现代化 ⋯⋯⋯⋯⋯⋯⋯⋯⋯⋯⋯⋯⋯⋯⋯⋯⋯ 34
  3.4.2 乡村产业升级 ⋯⋯⋯⋯⋯⋯⋯⋯⋯⋯⋯⋯⋯⋯⋯⋯⋯⋯ 35
  3.4.3 乡村产业融合发展 ⋯⋯⋯⋯⋯⋯⋯⋯⋯⋯⋯⋯⋯⋯⋯⋯ 35
  3.4.4 提升农业全要素生产率 ⋯⋯⋯⋯⋯⋯⋯⋯⋯⋯⋯⋯⋯⋯ 36

第4章 乡村产业现状分析 ⋯⋯⋯⋯⋯⋯⋯⋯⋯⋯⋯⋯⋯⋯⋯⋯⋯⋯ 37

4.1 乡村产业总量与结构现状分析 ⋯⋯⋯⋯⋯⋯⋯⋯⋯⋯⋯⋯⋯⋯⋯ 37
  4.1.1 乡村产业总量现状分析 ⋯⋯⋯⋯⋯⋯⋯⋯⋯⋯⋯⋯⋯⋯ 37
  4.1.2 乡村产业结构现状分析 ⋯⋯⋯⋯⋯⋯⋯⋯⋯⋯⋯⋯⋯⋯ 38
4.2 乡村农业总量与结构现状分析 ⋯⋯⋯⋯⋯⋯⋯⋯⋯⋯⋯⋯⋯⋯⋯ 39
  4.2.1 乡村农业总量现状分析 ⋯⋯⋯⋯⋯⋯⋯⋯⋯⋯⋯⋯⋯⋯ 39
  4.2.2 乡村农业结构现状分析 ⋯⋯⋯⋯⋯⋯⋯⋯⋯⋯⋯⋯⋯⋯ 44
4.3 乡村工业与建筑业总量与结构现状分析 ⋯⋯⋯⋯⋯⋯⋯⋯⋯⋯⋯ 49
  4.3.1 乡村工业与建筑业总量现状分析 ⋯⋯⋯⋯⋯⋯⋯⋯⋯⋯ 49
  4.3.2 乡村工业与建筑业结构现状分析 ⋯⋯⋯⋯⋯⋯⋯⋯⋯⋯ 53
4.4 乡村第三产业总量与结构现状分析 ⋯⋯⋯⋯⋯⋯⋯⋯⋯⋯⋯⋯⋯ 55
  4.4.1 乡村第三产业总量现状分析 ⋯⋯⋯⋯⋯⋯⋯⋯⋯⋯⋯⋯ 55
  4.4.2 乡村第三产业结构现状分析 ⋯⋯⋯⋯⋯⋯⋯⋯⋯⋯⋯⋯ 57

第5章 基于乡村振兴的农业现代化实现路径实证分析 ⋯⋯⋯⋯⋯ 60

5.1 农业现代化与乡村振兴的关系 ⋯⋯⋯⋯⋯⋯⋯⋯⋯⋯⋯⋯⋯⋯⋯ 60

目录

　　5.1.1　农业现代化 …………………………………………… 60
　　5.1.2　农业现代化与乡村振兴的关系 …………………… 61
5.2　农业现代化发展水平实证分析 …………………………… 61
　　5.2.1　农业现代化评价指标体系 ………………………… 61
　　5.2.2　农业现代化发展水平综合评价 …………………… 64
5.3　农业现代化的影响因素分析 ……………………………… 70
　　5.3.1　农业现代化的影响因素理论分析 ………………… 70
　　5.3.2　农业现代化的影响因素实证分析 ………………… 72
5.4　农业现代化实现路径 ……………………………………… 80
　　5.4.1　土地制度创新是实现农业现代化的前提 ………… 80
　　5.4.2　农业技术应用是实现农业现代化的动力 ………… 80
　　5.4.3　适度城镇化是实现农业现代化的支撑 …………… 81
　　5.4.4　培育乡村人才是实现农业现代化的关键 ………… 81
　　5.4.5　工业化与农业互动是实现农业现代化的支柱 …… 81

第6章　基于乡村振兴的产业升级路径实证分析 ……………… 83

6.1　乡村产业升级与乡村振兴的关系 ………………………… 83
　　6.1.1　乡村产业升级 ………………………………………… 83
　　6.1.2　乡村产业升级与乡村振兴的关系 ………………… 84
6.2　乡村产业升级现状分析 …………………………………… 84
　　6.2.1　数据来源及测算方法 ………………………………… 84
　　6.2.2　乡村产业升级现状分析 ……………………………… 85
6.3　乡村产业升级影响因素实证分析 ………………………… 88
　　6.3.1　乡村产业升级影响因素的计量模型构建 ………… 88
　　6.3.2　乡村产业升级影响因素的实证分析 ……………… 90
　　6.3.3　乡村产业升级影响因素的空间效应分析 ………… 95
6.4　乡村产业升级实现路径 …………………………………… 97
　　6.4.1　转向技术密集型是乡村产业升级的引擎 ………… 97
　　6.4.2　产业集群布局是乡村产业升级的核心 …………… 97
　　6.4.3　延伸主导产业链是乡村产业升级的关键 ………… 98
　　6.4.4　培育循环经济是乡村产业升级的方向 …………… 99

第7章 基于乡村振兴的产业融合路径实证分析 …… 100

7.1 乡村产业融合与乡村振兴的关系 …… 100
7.1.1 乡村产业融合 …… 100
7.1.2 乡村产业融合与乡村振兴的关系 …… 101

7.2 乡村一二三产业融合现状分析 …… 101
7.2.1 农业内部产业融合现状分析 …… 106
7.2.2 农业与现代工业融合现状分析 …… 107
7.2.3 农业与高新技术渗透融合现状分析 …… 110
7.2.4 农业与服务业交叉融合现状分析 …… 112
7.2.5 农业与电子商务融合现状分析 …… 115

7.3 乡村产业融合影响因素分析 …… 119
7.3.1 技术创新和外溢影响因素分析 …… 119
7.3.2 政府管理体制影响因素分析 …… 119
7.3.3 商业模式创新影响因素分析 …… 120

7.4 乡村产业融合实现路径 …… 120
7.4.1 科技交叉渗透是产业融合的根本 …… 120
7.4.2 技术知识外溢是产业融合的动因 …… 121
7.4.3 放松政府管制是产业融合的前提 …… 121
7.4.4 适应市场需求是产业融合的方向 …… 122

第8章 基于乡村振兴的农业全要素生产率提升路径实证分析 …… 123

8.1 农业全要素生产率与乡村振兴的关系 …… 123
8.1.1 农业全要素生产率 …… 123
8.1.2 农业全要素生产率与乡村振兴的关系 …… 124

8.2 农业全要素生产率测算分析 …… 124
8.2.1 变量选择与模型构建 …… 124
8.2.2 数据来源与预处理 …… 125
8.2.3 农业全要素生产率测算实证分析 …… 127

8.3 农业全要素生产率影响因素分析 …… 132
8.3.1 劳动配置扭曲影响农业全要素生产率的分析 …… 132

8.3.2 资本配置扭曲影响农业全要素生产率的分析 …………… 133
8.3.3 土地配置扭曲影响农业全要素生产率的分析 …………… 133
8.4 农业全要素生产率提升路径 ………………………………… 136
8.4.1 优化要素配置的理论分析 ………………………………… 137
8.4.2 优化要素配置的实证分析 ………………………………… 141

第9章 结论及政策建议 ……………………………………… 147
9.1 主要研究结论 ………………………………………………… 147
9.1.1 产业兴旺与乡村振兴的关系 ……………………………… 147
9.1.2 产业兴旺实现路径 ………………………………………… 148
9.2 实现产业兴旺路径的政策建议 ……………………………… 150
9.2.1 建立现代农业经营体系 …………………………………… 151
9.2.2 深化土地产权制度改革 …………………………………… 151
9.2.3 完善财政金融支农政策 …………………………………… 152
9.2.4 推进农业科技技术进步 …………………………………… 153
9.2.5 引导乡村产业融合发展 …………………………………… 154
9.2.6 鼓励乡村大众创新创业 …………………………………… 155
9.2.7 完善农产品质量监管制度 ………………………………… 155

附录 …………………………………………………………………… 157

参考文献 ……………………………………………………………… 167

第1章 绪论

1.1 选题背景与研究意义

1.1.1 选题背景

党的十九大报告指出,当前"我国社会主要矛盾已经转化为人民日益增长的美好生活需要和不平衡不充分的发展之间的矛盾"。我国不平衡不充分发展的一个突出表现是"三农"问题,它是关系国计民生的根本性问题。乡村兴则国家兴,乡村衰则国家衰。全面建成小康社会和全面建设社会主义现代化强国,最艰巨最繁重的任务在农村,最广泛最深厚的基础在农村,最大的潜力和后劲也在农村。为此,党的十九大报告提出要实施乡村振兴的战略规划,即乡村应建立健全的制度框架和政策体系。进一步提高国家农业安全保障水平,初步构建现代农业体系,推进农业绿色全面发展;初步形成乡村一二三产业融合发展,乡村产业加快发展,农民收入水平进一步提高,脱贫攻坚成果得到进一步巩固;农村基础设施条件持续改善,城乡统一的社会保障制度体系基本建立;农村人居环境显著改善,生态宜居的美丽乡村建设扎实推进;城乡融合发展体制机制初步建立,农村基本公共服务水平进一步提升;乡村优秀传统文化得以传承和发展,农民精神文化生活需求基本得到满足;以党组织为核心的农村基层组织建设明显加强,乡村治理能力进一步提升,现代乡村治理体系初步构建。它是解决新时代我国社会主要矛盾、实现"两个一百年"奋斗目标和中华民族伟大复兴中国梦的必然要求。

关于乡村振兴战略,中共中央、国务院在所印发的《乡村振兴战略规划(2018—2022年)》已指出,主要应体现在以下5个方面:产业兴旺、生态宜居、乡风文明、治理有效和生活富裕。在这5个方面产业兴旺是核心,也是乡村振兴战略的基础和保障,是乡村振兴战略的首要任务和中心问题,产业兴旺是乡村繁荣发展的物质基础和经济保障。只有乡村实现产业兴旺，才能为农民提供更多就业岗位，提高农民收入水平，实现乡村振兴战略的生活富裕总要求。乡村有了扎实的经济基础作为保障，才会追求改善人居环镜，落实生态宜居的总要求。古人云"仓廪实而知礼节，衣食足而知荣辱"，物质基础是精神文明的前提，精神文明发展依赖于经济发展，产业兴旺有利于丰富乡村文化娱乐生活，有利于培育文明乡风、良好家风、淳朴民风。产业兴旺发展涉及村集体、社会和农民个人各方面的利益，调动公众积极参与村委会制定治理政策，有利于建立健全党的领导、政府负责、社会协同、公众参与、法制保障的现代化乡村治理体系，确保乡村基层工作治理有效，共同达到全面振兴乡村的战略目标。

全球城镇化发展进程中，城市现代化发展利用高工资、高收益率的优势吸引乡村劳动力、土地和资金转移。各种资源向城市集聚的反作用，加剧了乡村经济的凋零，侵蚀了乡村传统文化。由于我国国民经济的快速发展，城镇化率和城镇化水平不断提高，吸引大批年轻农民工进城务工，乡村出现空心化、老龄化、留守儿童等现象，严重地制约了乡村经济发展。

针对这种问题，如何重现中国乡村经济发展活力？结合乡村振兴战略，乡村产业兴旺发展是解决这种问题的关键和核心，研究乡村产业如何兴旺，对培育乡村经济内生发展动力具有重要意义。在乡村振兴战略大背景下，本书主要研究以下问题：产业兴旺的内涵是什么，产业兴旺与乡村振兴之间的关系如何，中国乡村产业发展现状处于什么水平，哪些因素制约乡村产业繁荣兴旺发展，乡村产业实现兴旺的具体路径是什么。

1.1.2 研究意义

（1）理论意义

研究乡村振兴与产业兴旺的关系，有利于深化乡村内生增长理论。通过对 Hsieh 和 Klenow（2009）及朱喜等（2011）模型拓展，为考虑环境因素测算农业全要素生产率提供理论模型基础。放松土地面积不变的限制条件，研究农业生产要素配置扭曲下农业全要素生产率的测度偏差，完善要素分配理论。从实证的角度研究乡村产业升级的空间关联性、空间影响因素，有助于完善产业集聚相关理论。利用投入产出理论和相关系数法测算乡村一二三产业融合度，分析制约乡村产业融合因素，有助于完善产业融合理论。

(2) 现实意义

研究基于乡村振兴的产业兴旺具体实现路径有助于指导乡村产业未来发展方向和路径，为政府执行乡村振兴战略规划提供借鉴和参考。主要的现实意义：①促进中国乡村产业经济的繁荣兴旺发展。中国当下乡村经济凋零，乡村青年人口外流、乡村老龄化、留守儿童问题严重，尽管近年来国家"三农"政策利好不断，但乡村产业经济下滑、农民相对收入减少是不争的事实。面对乡村出现的这些问题，中国经济想要逃离"中等收入陷阱"，缩小城乡收入分配差距，决定了乡村必须实行全面振兴战略，应努力发展乡村产业经济，创造中国乡村经济发展的内生新动力，对当前中国乡村产业兴旺具体实现路径进行研究具有重要现实意义。②优化乡村要素的合理配置。合理配置乡村的劳动力和土地等生产要素，使乡村劳动力转移到乡村二三产业及高附加值产业，有利于深化农业供给侧结构性改革，建立城乡融合发展体制；优化乡村土地要素资源配置，有利于推进农业现代化进程，构建现代农业产业体系、生产体系、经营体系，实现乡村一二三产业深度融合发展；通过要素资源合理配置，使乡村充分利用城市资本的比较优势，促使乡村产业重现活力。

1.2 研究思路与研究内容

1.2.1 研究思路

本书依据中共中央、国务院提出乡村振兴战略，首先梳理乡村振兴、产业兴旺的基本内涵以及两者之间的关系，研究发现产业兴旺是乡村振兴的基础和关键，深入分析乡村产业兴旺实现的基本路径有4条，分别是农业实现现代化、乡村产业升级、乡村产业融合发展和提升农业全要素生产率。其次，从整体上分析中国乡村三次产业发展现状情况。再次，为本书核心部分，研究产业兴旺的4个方面（农业现代化、乡村产业升级、乡村产业融合和农业全要素生产率）的具体实现路径有哪些。分析产业兴旺4个方面与乡村振兴的关系，测度产业兴旺4个方面的发展水平，研究产业兴旺的4个方面的影响因素，针对这些影响因素提出产业兴旺的具体实现路径。最后，得出乡村产业兴旺与乡村振兴的关系，以及乡村产业兴旺的具体实现路径及政策建议。

1.2.2 研究内容

研究基于乡村振兴的产业兴旺实现路径，主要从乡村振兴与产业兴旺的基本内涵及两者关系出发，分析产业兴旺在乡村振兴战略中重要地位和作用，深入剖析产业兴旺的4个方面及具体实现路径。全书研究内容主要由9章构成，可分成六部分，具体内容如下：

第一部分，第1章绪论。在乡村振兴背景下提出如何实现乡村产业兴旺繁荣发展问题，对问题背景与意义作简要介绍，阐述乡村产业兴旺对中国"三农"问题及全面建设小康社会的重要意义，主要包括选题背景、理论意义和现实意义、研究思路、研究内容及创新点与不足。

第二部分，第2章国内外文献综述。从研究视角、方法和结论等多角度对国内外关于乡村产业经济发展、农业现代化、产业升级、产业融合、农业全要素生产率的相关理论及实证研究作详细梳理。

第三部分，第3章乡村振兴与产业兴旺的相关理论。梳理乡村振兴、产业兴旺的基本内涵及两者之间的关系，归纳总结产业兴旺的相关理论，探讨乡村产业兴旺实现的4条基本路径：农业实现现代化、乡村产业升级、乡村产业融合发展和提升农业全要素生产率。

第四部分，第4章乡村产业现状分析。从乡村三次产业总产值及从业人数视角出发，深入分析农林牧渔业、以农产品加工业为主的第二产业、具有发展潜力的第三产业的总量和结构现状。

第五部分，第5~8章，研究农业现代化、产业升级、产业融合和农业全要素生产率提升的具体实现路径。第5章研究农业现代化具体实现路径，分析农业现代化及其与乡村振兴的关系，利用AHP层次分析法测度农业现代化发展水平，使用两部门增长理论模型和固定效应面板数据模型研究制约农业现代化的因素，提出农业现代化的具体实现路径。第6章研究乡村产业升级具体实现路径，分析产业升级及其与乡村振兴的关系，采用克拉克定律构造产业升级指数，利用自关联性全局 Moran's I 检验产业升级空间关联性，使用广义空间回归模型（SAC）研究制约产业升级的因素，提出产业升级的具体实现路径。第7章研究乡村产业融合具体实现路径，分析产业融合及其与乡村振兴的关系，利用投入产出法和相关系数法从供需双向测算产业融合度，分析制约产业融合的因素，提出产业融合的具体实现路径。第8章研究提升农业全要素生产率具体实现路径，分析农业全要素生产率及其与乡村振兴的关系，采用 2013 年 CHIP 全国 14 省份 4131 个农户家庭微观调查数据，考虑环境约束下利用索罗余值法测算农户家庭农业全要素生产率，分析劳动、资本和土地要素配置扭曲制约农业全要素生产率的提升，使用拓展的索罗模型和实证分析得出提升农业全要素生产率的具体实现路径。

第六部分，第 9 章结论与政策建议。总结产业兴旺与乡村振兴的关系，乡村产业兴旺的具体实现路径，提出实现乡村产业兴旺的政策建议。

1.3 研究方法

本书以两部门增长模型、产业集聚理论、交易成本理论、产业融合理论等理论为基础，研究乡村产业兴旺的具体实现路径，属于农业经济学范畴，综合运用产业经济学、宏观经济学、微观经济学、农业经济学、新经济地理学、国民经济学和计量经济学等多学科理论进行分析，研究过程中使用方法归纳如下：

首先，采用定性与定量相结合的方法。研究乡村产业兴旺的 4 个方面，以及如何实现乡村产业兴旺发展的道路。第一，以计量经济学和新经济地理学为依据，采用宏观经济数据和微观经济数据进行实证分析，测度农业现代化、乡村产业升级、乡村产业融合和农业全要素生产率的发展水平和程度；第二，从规范分析和实证分析相结合，研究乡村要实现农业现代化、乡村产业升级、乡村产业融合发展和提升农业全要素生产率，受到的制约因素有哪些。第三，以两部门模型和拓展索洛模型等为基础，实现多角度、多层面地定性研究乡村产业兴旺（农业现代化、乡村产业升级、乡村产业融合和农业全要素生产率）的具体实现路径。

其次，采用静态与动态等多种研究方式结合。分析中国乡村农业发展现状，测度乡村一二三产业融合程度；从宏观视角测度中国农业现代化发展水平、乡村产业升级水平、产业融合程度，从微观视角测度农业全要素生产率；对农业现代化和产业升级的制约因素进行动态分析，对 30 个省市产业融合度、农业全要素生产率的提升路径进行静态分析。

最后，采用归纳与总结的研究方法。首先是文献归纳总结，归纳已有文献涉及乡村产业、农业现代化、产业升级、产业融合和农业全要素生产率等研究，从研究角度、研究方法、研究结论等归纳出乡村产业研究进展。其次是产业兴旺的基本内涵及其与乡村振兴的关系，通过研究中央文件以及国内学者相关学术成果，总结并提炼出产业兴旺的基本内涵及其与乡村振兴的关系。

总之，本书以农业经济学为基础，以现代计量经济学和空间经济学为主要手段，对中国乡村产业兴旺的4个方面进行测度，分析影响乡村产业兴旺的因素，提出乡村产业要实现兴旺、繁荣发展，具体实现路径有哪些。

1.4 本书创新点与不足

1.4.1 创新点

（1）研究理论的创新

第一，由于国内刚刚提出乡村振兴战略，关于乡村振兴战略的内涵有少量研究，但尚无学者针对产业兴旺的内涵展开系统性研究，本书率先抽象归纳产业兴旺的内涵，从理论上明确乡村产业兴旺的基本内涵究竟是什么，深化对乡村产业发展的理论研究。第二，由于农业生产活动极容易受到自然环境气候条件变化影响，本书在 Hsieh 等（2009）和朱喜等（2011）模型基础上拓展，增加环境变量（天气温度），从理论模型上证明考虑环境约束下测算农业全要素生产率数值低于不考虑环境约束下的数值，为相关实证研究提供理论基础。本书放松朱喜等（2011）关于土地不变的假设条件，研究劳动、资本和土地要素配置扭曲下农业全要素生产率的测度偏差，扩展了要素配置扭曲的理论模型。

（2）研究方法的创新

第一，将投入产出法和相关系数法结合应用到乡村一二三产业融合度测算，从供给侧和需求侧双向量化农业与乡村二三产业融合程度，判断乡村哪些产业是显著融合，产业融合的所属类型。突破国内学者采用主观构建指标体系（谭明交，2016；徐舒婷，2018）、单一使用投入产出法不计算相关性的缺陷（沈蕾等，2015；贺正楚等，2013）。第二，与传统使用静态和动态 SAR、SDM 空间计量模型研究城乡产业升级的影响因素不同（杜传忠，2011；

武晓霞，2014；张翠菊，2015），本书使用静态和动态 SAR、静态和动态 SDM、SEM、SAC 空间计量模型分析乡村产业升级的影响因素，发现产业集群现象在乡村产业发展中同样存在，将不同区域之间乡村产业发展相似性以空间计量模型体现出来。

（3）研究观点的创新

提出产业兴旺实现的 4 条基本路径：农业实现现代化、乡村产业升级、乡村产业融合发展和提升农业全要素生产率；深入研究农业现代化、乡村产业升级、乡村产业融合和提升农业全要素生产率的具体路径。

1.4.2 不足与展望

本书存在以下几点不足：

①构建农业现代化指标体系不是面面俱到。谭爱花等（2012）构建农业现代化指标体系较为全面，包括农业经济现代化水平、农业社会现代化水平、农业生态现代化水平共 30 个三级指标。本书考虑构建指标体系可行性、可比性等基本原则，放弃庞大全面的指标体系。

②微观数据局限性。国内微观数据库基础匮乏，多数微观数据库不具有连续性；本书未能连续动态地观察要素配置扭曲程度以及农业全要素生产率提高幅度，未来研究应采用动态连续面板数据。

③对绿色农产品种类和农产品加工业未深入分析。未来针对不同地方重点发展什么特色乡村产业，延伸哪种农产品加工产业链，都有待于进一步深入研究。

第2章 国内外文献综述

本书重点关注乡村产业发展现状，乡村产业如何实现兴旺、繁荣发展，哪些因素影响乡村产业兴旺发展，以及乡村产业兴旺的具体实现路径等问题。本章回顾和梳理乡村产业、农业现代化、产业升级、产业融合和农业全要素生产率等相关领域代表性文献，分析国内外研究乡村产业的进展情况，从研究视角、研究方法、研究结论等多角度归纳总结乡村产业的研究成果。

2.1 国外文献综述

2.1.1 乡村产业

美国经济学家舒尔茨提出，小工业在促进农村的社会与经济发展方面起着非常重要的推动作用（Theodore W. Schultz，1956）。在农村发展小工业具有可行性，结合农业季节性生产的特点，利用非农业季的剩余劳动力，充分提高农户的收入。经济学家库兹涅茨认为农业与农村部门能够从市场贡献与要素贡献两个维度对国民经济发展起到推动作用。市场贡献指农村部门为其他部门的发展提供了产品销售市场，而要素贡献则是指农村部门为其他部门的发展提供了劳动力、农产品等投入要素，反映出农业与其他产业之间密切的经济联系（Simon S. Kuznets，1971）。舒尔茨在《改造传统农业》一书中对改造传统农业对经济发展的重要意义做了理论角度的阐述。舒尔茨从生产要素配置的角度分析，研究表明传统农业生产体制虽然效率很低，但是生产要素配置已经无法再优化，想要改造提升传统农业，就要考虑改革体制、加强培训等，尤其要意识到人力资本的重要作用。此外，考虑到农村剩余劳动力的问题，可以大力发展非农产业，促进经济发展，增加农民收入，农村非农化可以分为两步走，第一步发展农村工业，第二步综合发展农村工业与非农产业（包括第三产业）。

2.1.2 农业现代化

世界银行、联合国提出农业现代化的标准对国内农业现代化评价研究产生重要影响。《1982年世界银行发展报告》中研究多个国家农业机械化和现代化水平，总结发达国家农业现代化发展经验，如日本人均土地面积小，注重农业生物技术发展，提高单位面积产量；而美国人均土地面积大，劳动力价格较高，资本和土地价格较低，采用以农业技术进步的机械化发展模式。Ruttan等（1984）阐述了农业要素价格、要素份额及技术变革间的关系，对发展中国家农业科技创新和农业发展具有指导意义；Deere等（1995）则认为公平持续的生产要素利益分配制度对于推动农业现代化发展起着重要作用。Binsswanger等（1993）评价农村现代化综合发展水平利用指标体系的方法；Downing等（2005）基于明尼苏达等案例研究表明新型农业合作组织的发展对农业现代化的推动作用。Bahiigwa等（2005）通过分析乌干达政府的农业政策制度对农业现代化的影响，研究发现农业政策替代农业技术进步对消除乌干达贫困有重要作用；Lohmar等（2009）阐述中国改革开放以来农业现代化的发展情况、成就及挑战。Schultz（2007）认为改造后的现代农业是经济增长的重要原因；Kansanga等（2018）研究表明加纳北部农业现代化进程中加剧农业土地使用，传统土地治理制度（家族集体拥有和耕种）面临竞争性家族内部掠夺，主张对农地正式登记，避免土地所有权和土地流转周期模糊的问题。

2.1.3 乡村产业升级

国外文献关于产业升级研究最早源于古典经济学魁奈的经济学说。随后马克思部类理论、里昂惕夫投入产出理论对农村产业结构升级的相关内容进行了深刻分析。这两种学说得到了各国经济发展战略中的重视，并被应用，奠定了农村产业结构升级的理论基础。英国古典经济学家威廉·配第和美国经济学家克拉克通过研究发现，随着一个国家国民经济总量的提高，就业人口会逐渐由农业部门向非农业部门转移，这种就业结构变化反映产业结构升级的变化规律被称为配第-克拉克定律。克拉克认为，劳动力之所以在产间转移,是因为收入差异问题,人们总是追求高收入的工作,不同产业间收入的差异必然会引起劳动力的转移。库茨涅兹总结了克拉克定律,他通过深入研究表明,国民经济结构随着经济的发展存在相似的变化规律:从国民收入在国民总收入所占比重来看,第一产业所占比重呈下降趋势,第二产业比重呈上升趋势,工业部门的就业比重变化较小或略微有所上升,服务部门的劳动力比重都是上升的,服务部门在国民收入所占比重未必与劳动力比重同步上升,保持不变或略微有所上升。

2.1.4 乡村产业融合

20世纪70年代国外学者开始研究产业融合,研究对象由最初的电信、广播电视、出版业之间,逐渐延伸到信息、工业、农业等领域,研究内容主要涉及产业融合内涵、产业融合类型、产业融合动力、产业融合机制、产业融合效应以及产业融合过程等方面。美国学者(Rosenberg,1963)从学术上最早定义产业融合内涵,他认为美国的机械工具产业发展过程,出现同类技术应用于不同产业,衍生出独立、专业化的机械工具产业,将此过程称为技术融合。其后,美国学者(Nicholas Negro Ponte,1978)利用3个重叠的圆圈描述计算、印刷和广播三大产业间的技术融合现象,认为圆圈的交叉融合处未来最有发展空间,开启了学术界对产业融合的研究。日本学者植草益(1988)在其著作《产业组织理论》中,讨论了产业融合如何影响市场,通过实证分析结果,提出技术革新和放宽限制的方法能降低产业融合的壁垒,促进市场上企业、行业间的竞争与合作机制。欧洲委员会(European Commission,1997)发表的绿皮书深入分析融合现象,认为电信、广播电视、出版以及其他信息技术产业间的融合不只是技术融合,更是影响服务、商业模式乃至整个社会运作的一种新方式。

关于产业融合的一般过程有如下观点:Curran等(2010,2011)认为产业融合的一般过程按照时间顺序第一个阶段为科学融合和技术融合,具体表现为不同学科之间科学论文和专利的相互交叉引用;第二个阶段为市场融合,由于之前科学融合和技术融合可能引发市场融合,形成新的产品市场组合。最后,企业开始相互兼并,完成产业融合的过程。产业融合的一般过程如图2-1所示。

关于产业融合主要有以下划分类型:Greenstein's等(1997)将产业融合

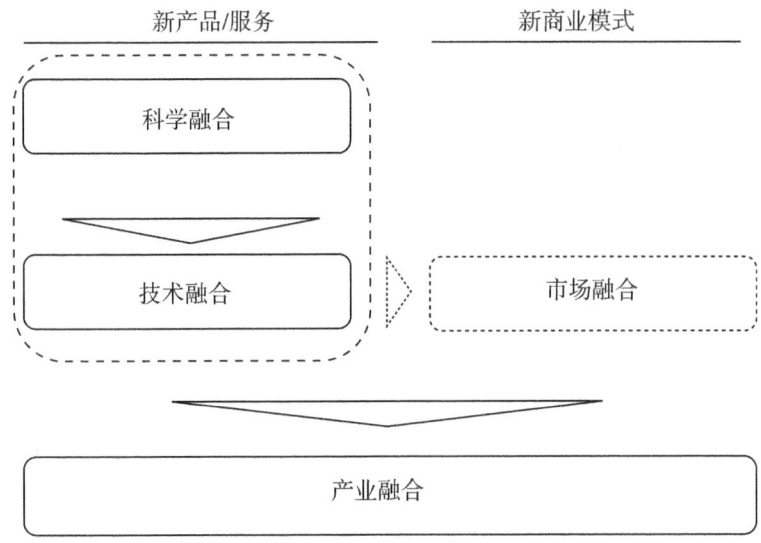

注：虚线表示兼性依赖，而实线表示个体序列之间的强制性连接。

图 2-1　产业融合的顺序

（资料来源：Curran C S，Leker J. Patent indicators for monitoring convergence-examples from NFF and ICT[J]. Technological Forecasting and Social Change, 2011, 78(2)：256－273.）

按照产品或产业的性质，分成替代性融合和互补性融合；当一项技术完全替代另一项技术时为替代性融合，当两种技术按混合比例使用优于使用单一技术时为互补性融合。Pennings 等（2001）在此基础上引入需求－供给 2 个维度，将产业融合分为需求替代性融合、供给替代性融合、需求互补性融合和供给互补性融合 4 种类型。Stieglitz（2003）也在此基础上引入技术性融合和产品性融合，将产业融合分为技术替代性融合、技术互补性融合、产品替代性融合和产品互补性融合 4 种类型。

关于产业融合的测算方法主要可分为两类：第一类是预测产业融合的出现。由于研究表明产业融合第一阶段为科学融合和技术融合，故国外学者预测产业融合的出现首先判断产业间科学技术融合是否存在。Fai 等（2001）利用美国 867 家上市公司中选择 32 家公司数据，通过分析专利份额的相关系数判断产业技术融合的出现。Curran 等（2011）、Matti 等（2013）也做了类似研究，利用交叉产业的专利和科技论文数量构建融合指数。第二类是产业融合度测算。利用综合指数法计算产业融合度。Namil 等（2015）采用 1989—2012 年 200 万篇报纸论文数据，使用标准化 PMI 指数测量产业融合度；研究发现，产业融合随时间推移正在增加，但这种融合现象尚未在所有行业普遍存在。

2.1.5 农业全要素生产率

国外研究资源错配会对全要素生产率（TFP）产生负面影响。Banerjee 和 Munshi（2004）通过观察印度某纺织产业重镇的两类企业。一类是由本地人组成的 Gounders 集团。另一类是由外来人组成的 Outsiders 集团，融入地区发展时间相对较晚。比较发现两个集团在资本存量和资本密集程度两个方面有着比较明显的差异，这种差异没有办法归因于技术差异，最大可能的差异原因是两者在资本可得性方面存在不同。因为前者可通过社会关系较为轻松便捷地获得低成本的贷款，而后者的融资成本比前者高得多。按照企业利润最大化目标，企业的生产经营应确保其资本的边际产出等于其融资成本。在技术相同的情况下，从资本边际产出角度来看，Outsiders 集团必然高于 Gounders 集团，从社会的角度来看，资本的配置存在特别显著不当或扭曲。为了证明这一想法，Hsieh 和 Klenow（2009）构建了垄断竞争模型，这个模型允许企业差异的存在，结果证明造成资本和劳动等要素边际产出呈现差异的扭曲会带来总量 TFP 的降低。使用制造业企业的微观数据量化了中国和印度近年来与美国相比的这种不当配置的程度。与美国相比，中国和印度狭义工业中工厂间劳动力和资本边际产品存在巨大差距。并指出，异质性的生产要素、技术进步及其扩散速率是造成生产率差异的根源所在。事实上，即使给定相同的生产技术，同一生产要素在不同国家或地区之间的回报率仍旧存在着巨大差异，即资源并非总能实现最优配置（Restuccia 和 Rogerson，2008；Bar‐telsman 等，2013）。如果能将生产要素从边际产出低的生产部门转移到边际产出高的生产部门，将有利于提高资源配置效率，从而促进经济增长（Hsieh 和 Klenow，2009）。由此可见，除部门全要素生产率外，生产要素在不同部门之间的配置效率亦是影响一个国家或地区全要素生产率的关键因素（Vollrath，2009）。Banerjee 和 Duflo（2005）指出，资源错配现象普遍存在于世界各国，尤其是发展中国家。究其原因在于，发展中国家的市场化程度普遍较低，制度性约束造成的二元经济结构依旧明显存在，使得生产要素在不同部门之间无法实现自由流动。

2.2 国内文献综述

2.2.1 乡村产业

冯健（2012）指出我国乡村经济发展主要有三种具有代表性成功模式：苏南模式核心发展以集体经济创办乡镇企业为主，温州模式核心发展以个体私营经济创办小规模乡镇企业为主，珠三角核心发展以外资（港澳投资）和深圳特区经济政策环境为主。黄世界（2013）以陈埭镇民营企业成长和发展为缩影，研究乡镇治理体制转型及治理手段的变化。田建伟（2017）认为我国乡镇经济主要有农业为主体、技术物资落后、资源供给短缺三大特征。我国各地乡镇经济发展主要研究有：徐充（2005）认为东北地区乡镇经济发展主要受传统农业发展缓慢、乡镇政府职能"缺位"和产业结构不合理三种因素制约。李伟春（2015）分析抚州市乡村经济发展具有空间差异分布格局，乡村经济发展水平呈现自东向西、自北向南递减趋势。程琳（2010）研究发现河南省民族乡镇发展水平落后且乡镇发展不平衡，民族乡镇企业资金短缺、基础薄弱、债务沉重、贫困程度深等特点。林拓（2001，2002）以上海张江高新园区和张江镇为例，探索城郊融合发展创新模式，走乡镇经济服务于高新园区、园区升级与乡镇产业发展结合道路。胡金林（2007）指出湖北革命老区具有红色旅游资源、农林产品资源、矿产资源、水产品资源；乡镇经济发展以政府制度创新为主导，招商引资和民间资本结合实现自我发展。江昼（2012）认为旅游业是经济发达地区乡镇经济转型升级的一条路径选择。毛林（2015）以宜兴阜镇乡镇经济发展模式，分析新时期乡镇经济发展存在的问题及原因。

杨希（2016）解析日本利用立法规范、景观规划推进机制、民间活动 3 个角度的乡土价值观来复兴乡村。何德柱（2014）研究美丽乡村建设从宏观层次政府、农民、资本和社会力量互动整合，到中微观层次法律、公共政策、资金与利益、人与科技、文化与教育的基础性动力全力建设乡村。沈费伟、肖泽干（2017）从美丽乡村的内涵 5 个层面构建指标体系，评价浙江美丽乡村建设效果显著。王鹏飞、王瑞璠（2017）认为乡村旅游对振兴乡村具有重要作用。农户参与乡村旅游积极性提高，会带动以旅游局、乡旅游公司、人类和非人类行动者构成整个行动者网络，达到乡村旅游发展，推动乡村振兴。罗伊玲等（2016）提出生态美丽乡村和生态养生旅游在武义县全域融合发展，推进生态新农村建设。

针对我国农村产业调整的客观现实，国内众多学者进行了深入的相关研究。牛凯（2012）通过对相关变量进行协整分析和 Granger 因果检验，解释了我国农村产业结构的调整对农村经济增长的影响机制。姜松等（2015）基于我国西部地区农业现代化演进的个案比较，认为应加强农村产业结构调整与粮食安全协调，建立健全新型农业社会化服务机制，促进农村产业结构的高级化。李益敏等（2015）认为合理的农业产业结构可以提高农业资源配置效率和农业生产效率，对推动农村经济发展以及促进区域经济增长均具有重要的作用。对于调整农村产业结构对农民到底有无增收效应到目前为止的研究中还存在着不小的分歧，一些学者研究认为虽然调整了农村的产业结构可以提高农业生产效率和资源配置效率，但对农民增收并没有产生很大的影响（张明林，2002；张建武，2001；王萍萍，2001）。另外一些学者认为调整农村产业结构对农民增收的作用只局限于微观，而从宏观上来看并没有这种影响作用（赵晓锋，2012）。还有相当部分的学者认为调整农村的产业结构对农民收入是有比较大的正向影响，成为农民增收的主要途径（李国祥，2005；李晓彤，2014）。吴先满等（2003）研究发现农民收入的增长直接受农村产业结构调整的影响。不同层次结构变动对农民收入增长的贡献不同。而非农产业是农民增收的主要支撑力量。张建武（2000）广东省农业和非农产业对农民收入的贡献来看，农业发展对农民收入提高的贡献是非农产业对农民收入贡献的 7.47 倍。所以，大力发展农业，而不是农村非农产业，在广东省目前仍然是提高农民收入水平的最有效途径。

2.2.2 农业现代化

农业现代化指标体系构建：第一类为国家层面构建具有政策指导的指标体系。国务院发展研究中心农业经济研究部编制《中国特色农业现代化道路研究》、中科院中国现代化研究中心编制《农业现代化的趋势和路径》。第二类为地方政府构建适合本地化的指标体系。代表作有傅晨构建广东省农业现代化指标评价体系。第三类为国内学者基于农业现代化内涵构建指标体系。

陈江涛等（2018）使用熵权TOPSIS法评价中国省际农业现代化水平，发现东、中、西藏、新疆地区农业现代化水平较高，人均固定资产投资和基础设施建设与农业现代化发展水平呈正向关系。王国敏等（2011）从农业生产投入条件、农业综合产出能力、农业社会发展水平以及农业资源环境条件4个方面构建农业现代化指标体系。谭爱花等（2011）从农业现代化内涵出发，从农业经济现代化水平、农业社会现代化水平、农业生态现代化水平构建农业现代化指标体系；其他学者同样以农业现代化内涵出发，构建农业现代化指标体系（蒋和平等，2005）。

农业现代化影响因素方面：谢杰等（2015）研究表明工业化、农业水利化、城市化对农业现代化具有短期正向影响，农业科技投入和财政支出对农业现代化具有促进作用。钟阳等（2012）研究表明财政支农力度是农业现代化发展的直接影响因素。王国敏（2009）详细分析了中国农业现代化的制约因素：耕地面积减少、大量农村劳动力剩余、农业劳动生产率低下。蔡书凯等（2017）研究表明工业化水平、财政支农水平、城市分散度与农业现代化发展水平呈正向关系。

农业现代化道路选择方面：国内学者对我国农业现代化道路选择进行研究，并提出相应的思路和观点。胡鹏辉等（2016）围绕规模问题，指出农业规模化发展实现农业现代化，另外也有主张适度规模乃至小规模走家庭农场农业化道路，周燕（2014）则提出中国应通过农业产业化、农业企业化、农业集约化等，走具有中国特色的农业现代化道路。

2.2.3 乡村产业升级

乡村经济发展与乡村产业升级相互促进，周立等（2018）借鉴日韩乡村振兴的经验，认为六次产业融合政策是推动乡村振兴的重要经验。牛凯（2012）分析我国农村产业结构偏离与农村经济增长之间存在长期均衡的协整关系，农村产业结构调整促进农村经济增长。姚知非（2015）研究发现产业结构升级提升乡村二三产业对农村劳动力吸纳能力。产业结构合理化对经济增长具有较强的稳定性，产业结构高级化对经济增长不确定。产业结构高级化是经济波动的来源。产业机构合理化能抑制经济波动。杨钧（2017）研究表明新型城镇化对农村产业结构调整有促进作用。

国内学者对产业升级及其影响因素的研究主要有以下观点：杜传忠和李

建标（2001）研究表明，产业结构升级是指产业结构从技术层次低的结构形态转向技术层次高的结构形态，从生产率低的产业占主体转向生产率高的产业占主体的结构形态。郭克莎（1996）从产值结构的升级、资产结构的升级、技术结构的升级、劳动力结构的升级对产业升级进行了全面的概括。研究我国产业结构升级的影响因素主要包括以下方面：杜传忠和郭树龙（2011）从供给因素、技术水平、需求因素、政府因素、对外开放及外部冲击等因素分析检验了我国产业结构升级的影响因素。研究表明，资本投入、需求和外商直接投资等因素对产业结构升级有促进作用。武晓霞（2014）研究认为，技术水平和外商直接投资对我国产业结构升级具有正向影响，而外贸规模、个人消费需求、人力资本影响较小。张翠菊、张宗益（2015）研究认为，外商直接投资、资本投资、能源投资、居民消费、城市化和技术进步对产业升级有促进作用。梁树广（2014）研究认为，交通基础设施、技术创新、外商直接投资、固定资产投资和人力资本对产业结构升级影响关系依次减弱。

国内对乡村内部产业升级及其影响因素的研究文献尚未见诸于文献，只有关于农村产业结构调整的研究，主要观点有：杨钧（2015）使用农村第一、第二、第三产业结构指标和农村产业结构偏离指标分析了我国农村三次产业结构的时空演变趋势，认为城镇化发展与农村产业结构调整呈非线性双向促进作用。牛凯（2012）研究认为，农村产值结构与就业结构的偏离对农村经济增长之间存在长期均衡关系，农村产业结构偏离是农村经济增长的格兰杰原因。而金晶（2012）研究认为，农村产业结构调整系数与经济增长存在格兰杰双向因果关系。郭丹、谷洪波、尹宏文（2010）则是以配第-克拉克定律为基础，引入农村产业结构与就业结构偏差系数分析了我国农村劳动力转移，农村就业结构调整等。

2.2.4 乡村产业融合

国内最早对产业融合进行比较系统研究的是于刃刚（1997），在其著作《三次产业分类与产业融合趋势》一文中，最先指出我国出现了第一产业、第二产业、第三产业的融合现象。周振华（2003）认为产业融合理论的基本思想是产业融合是在数字融合的基础上，通过政府放松管制和企业创新而发生在电信、广播电视、出版产业的融合发展。学术界提出了"农业产业融合"这一新概念，典型的界定方式有两种：一是突出融合的目标，认为农业产融合就是要让农业与其他产业在技术、产品、服务、市场等方面相互融合，创造另一种形式的价值体（何立胜、李世新，2005）。二是强调融合的过程，将农业产业融合界定为农业产业内部不同行业之间，通过重组整合将原本各自独立的产品或服务统一在同一标准元件束或集合之内（王昕坤，2007）。谭明交（2016）论证了交易成本降低、经济效益提升是乡村一二三产业融合发展的根本动力；乡村一二三产业融合发展从融合内涵、融合机理和融合质量等方面对典型模型进行论证分析。

徐舒婷（2017）则基于 2006—2015 年浙江省 11 个市的乡村一二三产业融合水平进行了测算，对乡村一二三产业融合和农民增收进行比较研究。唐超（2016）从延伸农业产业链、拓展农业多功能性、农业服务业深度融合为切入点，运用 DEA 模型分析了影响农民收入的主要影响因素。赵霞（2016）、李玉磊（2016）、张义博（2015）等都从增加新的就业岗位、农产品附加值提高等层面，探讨乡村一二三产业融合发展促进农民增收机制与路径。

关于产业融合的文献主要从产业融合过程、类型和测算方法方面来研究，具体观点如下：聂子龙等（2003）认为产业融合主要有高新技术的渗透融合、产业间的延伸融合、产业内部的重组融合、全新产业取代传统产业进行融合等 4 种形式。梁伟军（2012）又进一步将农业与相关产业融合细化为：高新技术向农业渗透型融合，诸如现代工程技术、生物技术、信息技术等综合性融合等。陈慈等（2018）观点认为农业融合可分为 5 类，在此基础上增加组织方式变革衍生出社会化农业产业融合。

关于农业产业融合度的测算主要有：①利用综合指数法测度产业融合度。梁伟军（2012）利用赫尔芬达指数利用上市公司专利数据计算产业融合度。谭明交（2016）采用协调发展系数和主成分分析法测度乡村一二三产业融合度质量，采用区位熵方法测度农业和信息业产业集聚度，研究发现信息农业集聚度和农业信息产业融合度呈反向变化。徐舒婷（2018）从产业链延伸、农业多功能性发挥和要素融合发展构建指标体系，利用等权重赋值测度浙江省乡村一二三产业融合水平。②利用投入产出理论计算产业融合度。谭明交（2016）、沈蕾等（2015）依据投入产出表使用中间投入率和中间需求率作为农业与关联产业融合度。贺正楚（2013）将行业间彼此中间投入率和中间需求率比值作为投入和需求融合均衡度。Wan 等（2011）与以往利用公司数据从供给侧研究视角不同，从供需双向视角研究量化 ICT 产业与其他产业的融合度。

2.2.5 农业全要素生产率

研究农业全要素生产率与土地规模关系：刘玉铭等（2017）对黑龙江省农业规模效率研究，结果发现农户经营土地面积越大，农业全要素生产率越高，农户规模经营存在规模效益。李桦等（2011）研究陕西、甘肃农民退耕规模与农业全要素生产率关系，结果表明小规模退耕农户农业 TFP 增长来源技术效率提高，大规模退耕农户农业 TFP 增长来源于技术进步，农户受教育程度、年龄、从事农牧总时间、退耕规模促进农业技术效率增长。

测算农业全要素生产率的方法：采用索洛余值方法（黄振华，2008；朱喜等，2011；盖庆恩等，2017）与 DEA 方法（李谷成等，2011，2009；罗浩轩，2017）测算农业 TFP 数值无显著差异①；采用代数指数法（李静等，2006；郭萍等，2013）测算农业 TFP 值更低，采用 SFA 方法（李谷成等，2010，2007；刘晗等，2015；史常亮等，2016）测算出农业 TFP 值更高。基于环境因素测算农业全要素生产率基本均采用 Malmquist – Luenberger 生产率指数法，测算结果表明考虑环境约束下农业 TFP 数值低于不考虑环境约束下的农业 TFP 数值（李谷成，2011；刘站伟，2014，2015；潘丹等，2013）。

要置扭曲影响农业全要素增长率：国内盖庆恩等（2017）、朱喜等（2011）利用微观数据研究表明，在技术外生性假定下，消除资本和劳动配置的扭曲，个体农户的农业全要素生产率有 20% 以上提高空间。陈训波等（2012）指出中国"二元经济"体制下，我国农业的资本和劳动流动性较差，存在着明显的要素配置扭曲，消除要素配置扭曲，我国农业 TFP 有 6% ~36% 提高空间。周国富、李静（2013）基于两部门劳动力配置效应模型，研究发现劳动力从低效率的农业转移到较高效率的非农业部门，提高要素配置效率，有效地提升全要素生产率。

---

① 应瑞瑶，潘丹. 中国农业全要素生产率测算结果的差异性研究——基于 Meta 回归分析方法 [J]. 农业技术经济，2012（3）：47 – 55.

第3章 乡村振兴与产业兴旺相关理论

研究基于乡村振兴的产业兴旺实现路径之前,我们要明确乡村振兴、产业兴旺的基本内涵是什么,乡村振兴与产业兴旺之间有什么关系,为什么产业兴旺在乡村振兴战略中占有重要地位,实现乡村产业兴旺繁荣发展的基本路径是什么,这是本章要解决的问题。

3.1 乡村振兴与乡村振兴战略

3.1.1 乡村振兴

乡村内涵区分为广义和狭义。狭义乡村是指农村,居民以农业为经济活动基本内容的一类聚落的总称。根据乡村是否具有行政含义,可分为自然村和行政村。自然村是村落实体,行政村是行政实体。一个大自然村可设几个行政村,一个行政村也可以包含几个小自然村。以美国学者 R. D. 罗德菲尔德为代表的部分外国学者指出,"乡村是人口稀少、比较隔绝、以农业生产为主要经济基础、人们生活基本相似,而与社会其他部分,特别是城市有所不同的地方"。广义乡村指乡镇,乡是国家设立在农业区域的地方基层行政区域,一般有集镇。镇是国家设置在具有一定工商业基础、文化教育条件比较好、人口比较集中的以非农业活动为主的地方基层行政区域。乡镇是我国基本的行政单元,经济单元乡镇是个行政地域概念。本书采用广义乡村内涵,指行政划分上的建制镇以及乡政权的行政区域,是行政区域范围内工商业等贸易活动发展集中地点。

乡村产业依托乡村广义内涵,乡村产业就是乡镇产业内涵。主要学者观点有王洁纯(1993)认为乡镇产业主要指 5 个非农产业(工业、商业、建筑业、交通运输业、服务业),且这 5 个乡村的非农产业总称为乡镇企业,乡镇产业的实体就由它们构成的，乡镇工业是乡镇产业的主体。董本有（2002）认为在农村、乡镇等区域经营自留地、自留山、家庭副业、饲养自留畜以及利用公共资源投资的各种实体经济，具体涵盖农业、工业、商业、交通业、服务业等，都是乡镇经济的范围。李素华（2010）认为乡镇产业主要包括农业（农林牧渔副5个产业）、非农业（工业、商业、建筑业、交通运输业、服务业5个产业）。赵京（2011）认为乡镇经济指以乡镇为中心包括周边农村地区的一切经济关系和经济活动的总和。张文花（2018）认为乡镇经济主要包括区域性、规模性以及可变性等方面的特点，主要发展乡镇工业。总结以上关于乡镇产业和乡镇经济内涵，认为乡镇经济指乡镇行政区域范围内，开展的农业及非农业的各类经济实体。具体包括6个非农产业〔工业、建筑业、住宿餐饮业（旅游饮食服务业）、交通运输仓储业、批发零售业、社会服务业和其他企业〕，同时包括4个农产业（农业、林业、牧业和渔业）。

江维国等（2018）认为乡村振兴的科学内涵指在马克思主义理论、科学发展观指导下，遵循市场基本规律，培育乡村发展内生动力，促进乡村政治、经济、文化、生态等全面复苏，实现城乡融合发展的战略。乡村振兴的内涵，按党的十九大报告共包括8个方面内容，即："乡村是否健全了制度框架和政策体系。提高了农业安全保障水平，初步构建起现代农业体系，推进了农业绿色全面发展；初步形成了乡村一二三产业融合发展，乡村产业得到加快发展，农民收入水平得到进一步提高，脱贫攻坚成果得到进一步巩固；农村基础设施条件持续改善，城乡统一的社会保障制度体系基本建立；农村人居环境有显著改善，生态宜居的美丽乡村建设扎实推进；城乡融合发展体制机制初步建立，农村基本公共服务水平得到进一步提升；乡村优秀传统文化得以传承和发展，农民精神文化生活需求基本得到满足；以党组织为核心的农村基层组织建设明显加强，乡村治理能力进一步提升，现代乡村治理体系初步构建。"

3.1.2 乡村振兴战略

关于乡村振兴如何实现，中共中央、国务院在印发的《乡村振兴战略规划（2018—2022年）》已指出，主要应体现在以下5个方面：产业兴旺、生态宜居、乡风文明、治理有效和生活富裕，所给出的主要考核指标如表3-1所示。

第3章 乡村振兴与产业兴旺相关理论

表3-1 乡村振兴战略规划主要指标

分类	序号	主要指标	单位	2016年基期值	2020年目标值	2022年目标值	2022年比2016年增加〔累计提高百分点〕	属性
产业兴旺	1	粮食综合生产能力	亿吨	>6	>6	>6	—	约束性
	2	农业科技进步贡献率	%	56.7	60	61.5	〔4.8〕	预期性
	3	农业劳动生产率	万元/人	3.1	4.7	5.5	2.4	预期性
	4	农产品加工产值与农业总产值比	—	2.2	2.4	2.5	0.3	预期性
	5	休闲农业和乡村旅游接待人次	亿人次	21	28	32	11	预期性
生态宜居	6	畜禽粪污综合利用率	%	60	75	78	〔18〕	约束性
	7	村庄绿化覆盖率	%	20	30	32	〔12〕	预期性
	8	对生活垃圾进行处理的村占比	%	65	90	>90	〔>25〕	预期性
	9	农村卫生厕所普及率	%	80.3	85	>85	〔>4.7〕	预期性
乡风文明	10	村综合性文化服务中心覆盖率	%	—	95	98	—	预期性
	11	县级及以上文明村和乡镇占比	%	21.2	50	>50	〔>28.8〕	预期性
	12	农村义务教育学校专任教师本科以上学历比例	%	55.9	65	68	〔12.1〕	预期性
	13	农村居民教育文化娱乐支出占比	%	10.6	12.6	13.6	〔3〕	预期性
治理有效	14	村庄规划管理覆盖率	%	—	80	90	—	预期性
	15	建有综合服务站的村占比	%	14.3	50	53	〔38.7〕	预期性
	16	村党组织书记兼任村委会主任的村占比	%	30	35	50	〔20〕	预期性
	17	有村规民约的村占比	%	98	100	100	〔2〕	预期性
	18	集体经济强村比重	%	5.3	8	9	〔3.7〕	预期性

续表

分类	序号	主要指标	单位	2016年基期值	2020年目标值	2022年目标值	2022年比2016年增加〔累计提高百分点〕	属性
生活富裕	19	农村居民恩格尔系数	%	32.2	30.2	29.2	〔-3〕	预期性
	20	城乡居民收入比	—	2.72	2.69	2.67	-0.05	预期性
	21	农村自来水普及率	%	79	83	85	〔6〕	预期性
	22	具备条件的建制村通硬化路比例	%	96.7	100	100	〔3.3〕	约束性

资料来源：中共中央、国务院印发的《乡村振兴战略规划（2018—2022年）》。

关于这一乡村振兴战略有很多学者进行过研究：廖彩荣（2017）认为，这一乡村振兴战略与新农村建设相比是乡村的内涵式发展，两者均指出乡村是一个复杂庞大的有机系统，但乡村振兴战略是在新时代背景下，对新农村建设的承接、延续与升华，体现三农问题发展到新阶段的更高要求。产业兴旺不仅指夯实农业基础，更体现层级和要求的升级；生态宜居不仅强调村容村貌整洁，更是注重整个生态环境良性发展，关注人居环境体验感；生活富裕指城乡收入差距持续缩小，农民经济宽裕、生活便利、共同富裕；治理有效既重视村民要有民主权利，更重视治理农村安定、有序的结果；乡风文明是一项长期坚持的精神文明建设。李周（2017）也认为乡村振兴战略是新农村建设的升级，产业兴旺是在传统发展农业生产基础上注重新产业、新业态和完善农业体系；生态宜居是在治理传统村落环境污染基础上发展绿色农业经济，达到农业生产环境、居住环境、生态环境适合人居条件。治理有效是在管理好干部关系基础上协调其他各方利益，使治理过程有效、治理内容完善。生活富裕是指农民生活水平从全面小康上升到生活富足美满的状态；乡风文明随着其他4个方面进步而演变。

3.2 产业兴旺及相关理论

3.2.1 产业兴旺

产业兴旺在乡村振兴战略中被放在首要、基础、关键的位置，产业兴旺是实施乡村振兴战略的重点。明确乡村产业兴旺的基本内涵，是研究乡村产业实现兴旺的首要解决的问题。关于乡村产业兴旺的基本内涵有众多阐述，政府代表如韩长赋（2017）认为产业兴旺就是现代农业产业体系形成，乡村一二三产业融合发展，农业农村经济发展活力旺盛。黄祖辉（2018）认为乡村产业兴旺的内容不应该局限在农业发展上，应着重促进乡村一二三产业融合、功能多样、质量取胜的现代农业的产业兴旺。宋洪远（2018）、叶兴庆（2018）研究乡村产业兴旺重点关注粮食安全、农业产业发展、乡村一二三产业融合发展以及规模经营与小农户关系等4个方面。李国祥（2018）认为要达到乡村产业兴旺目标，提前制定乡村产业体系发展规划，确定适合当地特色的乡村产业结构布局。孔祥智（2018）认为关键抓住以农业为中心，拓展多种产业，提高农业综合竞争力。

  以上这些回答总体上仍然比较笼统。具体明确定义乡村产业兴旺内涵的有：朱启臻（2018）解释产业兴旺应结合农民和乡村外部环境，除满足国家农业粮食安全保证外，立足于农民个体本身，促进农民增收和乡村社会进步，不能单纯理解为乡村产业经济的快速增长和国民经济增长贡献的提升。乡村产业兴旺是乡村多元经济相互渗透、融合的发展状态，具体乡村产业兴旺包括产业构成多样性、产业内容的综合性、产业要素的整体性。周阳敏、桑乾坤（2018）研究产业兴旺的具体内涵涉及4个方面，具体包括农业现代化，现代农业产业、生产、经营三种体系，乡村一二三产业融合，农产品质量安全。任长青（2018）认为乡村产业兴旺是农业综合生产能力达到高水平稳定后，进一步对农业质量、效益和产业链优化的要求，同时配套政策体制改革化解农业供给侧不足困境，调整产品结构体系和生产方式，将农业做大、做强、做优。柯炳生（2018）认为衡量乡村产业振兴的标准有以下几个维度：生产能力要强、单产水平要高、产品质量要好、生产效率要高、资源利用率要高、多功能性要发挥好和生态保护要做好合计7个维度。产业兴旺的标准是相对的，兴旺程度可通过横向、纵向比较判断；横向是与发达国家现在相比，如果接近或者达到世界先进水平，判断达到产业兴旺；纵向是与本身过去相比，如果比过去有进步，判断为产业更加兴旺[①]。吴海峰（2018）认为衡量乡村产业兴旺要从多角度和多维标准深入，乡村产业兴旺的内涵特征至

---

① 资料来源：http://www.farmer.com.cn/xwpd/zjdp/201805/t20180515_1377301.htm 2018-05-15/2019-02-23.

少包括投入产出较高、产品质量优良、产业特色高效、绿色生态安全、三产融合发展、要素配置合理、支撑体系有力等7个维度。中共中央、国务院印发的《乡村振兴战略规划（2018—2022年）》设定乡村振兴战略规划的主要指标，产业兴旺的指标主要涵盖粮食综合生产能力、农业科技进步贡献率、农业劳动生产率、农产品加工产值与农业总产值比、休闲农业和乡村旅游接待人次共5项指标。除粮食综合生产能力是约束性指标，其他4项均为预期性指标，以2016年为基期，设置2020年、2022年目标值，但这是国家对于乡村振兴战略下产业兴旺实现目标值的设定，并不是具体产业兴旺内涵。

产业兴旺是乡村振兴战略的前提、基础和关键，实施乡村振兴战略的重点。本书结合党的十九大报告、2018年中央1号文件、《乡村振兴战略规划（2018—2022年）》以及学者关于乡村产业兴旺的理解，认为乡村产业兴旺的基本内涵是：与过去相比，农业实现现代化、乡村产业不断升级、乡村产业融合发展、农业全要素生产率持续提升4个方面内容。具体的农业实现现代化指在保护农业环境可持续发展条件下，用现代物质条件装备农业，用现代科学技术改造农业，提高农业水利化、机械化和信息化水平，提高土地产出率和资源利用率；乡村产业升级指农业内部农产品质量安全升级，乡村产业结构从低附加值向高附加值产业转型升级；乡村产业融合发展指乡村一二三产业深度融合，培育新产业新业态，建设现代农业产业、生产、经营体系；提升农业全要素生产率指提高乡村农民劳动、资本、土地等要素生产效率，促进农业科技创新水平及转化应用，提高农业生产力水平，具体产业兴旺的内涵由图3-1解析。

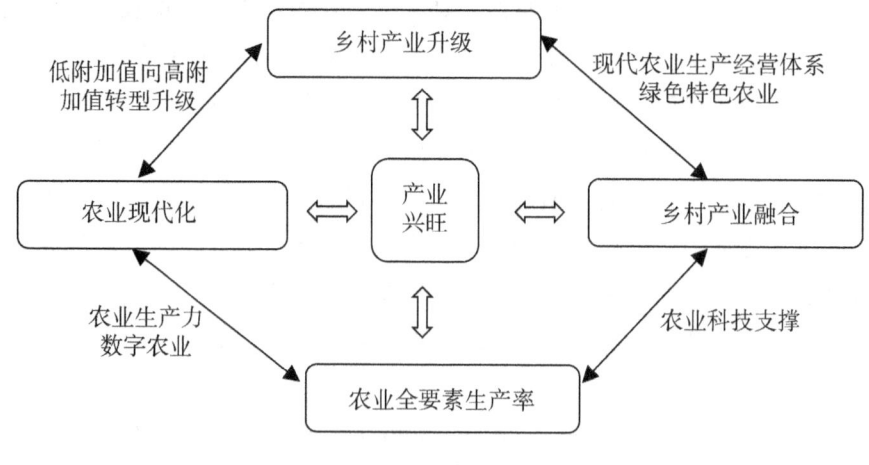

图3-1 产业兴旺内涵解析

3.2.2 产业兴旺相关理论

3.2.2.1 产业结构理论

(1) NP 模型

Ngai 和 Pissarides (2007) 将 Baumol (1967) 以劳动要素就业人员转移衡量产业结构变化,他们假设经济由 m 个部门组成,一类部门 $i=1,\cdots,m-1$ 只生产消费品;另一类部门制造业 m 既生产最终消费品也生产资本再积累。整个社会的目标函数为:

$$U = \int_0^\infty e^{-\rho t} v(c_1,\cdots,c_m) \mathrm{d}t, \qquad (3.1)$$

其中 $\rho > 0$,$c_i \geq 0$ 为每单位资本消费水平,效用函数 $v(c_i)$ 是连续凹函数且满足稻田条件,劳动力为外生变量且以 v 速度增长,$\sum_{i=1}^{m} n_i = 1$,总资本存量是内生的,$\sum_{i=1}^{m} n_i k_i = k$。多部门技术进步率存在外生差异,各部门要素产出弹性相等,各部门生产函数都可以用柯布道格拉斯生产函数表示,该函数符合稻田条件且规模收益不变。各部门生产函数的具体形式如下:

$$F^i = A_i F(n_i k_i, \ n_i); \ \frac{\dot{A}_i}{A} = g_i。 \qquad (3.2)$$

各部门资本和劳动的产出弹性相等,存在某些部门技术进步率差异:$g_j \neq g_{j'}$。产业结构变化是指部门劳动份额的变化,根据 Ngai 和 Pissarides (2007) 研究结果,推导就业份额公式表达如下:

$$n_i = \frac{x_i}{X}\left(\frac{c}{y}\right); \ 任意 \ i \neq m, \qquad (3.3)$$

$$n_m = \frac{x_m}{X}\left(\frac{c}{y}\right) + \left(1 - \frac{c}{y}\right), \qquad (3.4)$$

其中 x_i 是商品 i 消费支出与制造业商品 m 消费支出比率,公式 (3.4) 右边的第一项与公式 (3.3) 均表示满足制造业商品的消费需求的就业。公式 (3.4) 的第二项括号是储蓄率,代表制造业部门需要满足投资需求的就业。公式 (3.3) 和公式 (3.4) 表示产业结构变化原理。

公式 (3.3) 和公式 (3.4) 表明两部门相对就业增长率主要取决于部门间 TFP 增长率的差值以及商品间的替代弹性,即:

$$\frac{\dot{n}_i}{n_i} - \frac{\dot{n}_j}{n_j} = (1-\varepsilon)(g_j - g_i), \quad (3.5)$$

其中任意 i、j 不等于 m，通过加总所有部门 i，获得生产消费品使用的就业比例 c/y，且生产资本商品的就业比例为 $1-c/y$，同时受劳动和资本的约束，相对价格增长率符合以下公式：

$$\frac{\dot{p}_i}{p_i} - \frac{\dot{p}_j}{p_j} = (g_j - g_i); \text{任意} i。 \quad (3.6)$$

结合公式（3.5）和公式（3.6）获得公式：

$$\frac{\dot{n}_i}{n_i} - \frac{\dot{n}_j}{n_j} = (1-\varepsilon)\left(\frac{\dot{p}_i}{p_i} - \frac{\dot{p}_j}{p_j}\right); \text{任意} i, j \neq m。 \quad (3.7)$$

公式（3.6）和公式（3.7）表示产业结构变化原理，商品 i 对商品 j 的相对价格变化率之差等于部门 j 和部门 i 的 TFP 增长率之差。生产消费品部门的相对就业份额与相对价格成比例增长，这个要素比例等于 $1-\varepsilon$（商品之间的替代弹性）。以上是生产消费品部门间结构变化原理，但是制造业部门 m 的产业结构如何变化？制造业 m 就业份额变动不符合这个规则，制造业部门 m 产业结构变化原理如下：

$$\frac{\dot{n}_i}{n_i} = \frac{\overline{(c/y)}}{(c/y)} + (1-\varepsilon)(\bar{g} - g_i); \text{任意} i \neq m, \quad (3.8)$$

$$\frac{\dot{n}_m}{n_m} = \left[\frac{\overline{c/y}}{c/y} + (1-\varepsilon)(\bar{g} - g_m)\right] \times \frac{(c/y)(x_m/X)}{n_m} + \left(\frac{-\overline{(c/y)}}{1-c/y}\right)\left(\frac{1-c/y}{n_m}\right), \quad (3.9)$$

其中 $\bar{g} \equiv \sum_{i=1}^{m}(x_i/X)g_i$ 是 TFP 增长率的加权平均值，各权重由每个消费品比例给定。当 TFP 增长率相等时，如 $g_i = g_m$，经济处于平衡的 TFP 增长水平，相对价格保持不变，但有许多不同的商品，由于相对价格的稳定性，所有的消费品都可以被加总为一个，所以我们实际上有一个两部门经济，一个部门生产消费品，一个部门生产资本品。在这种经济中产业结构变化仍然发生，但只有在加总的消费部门和资本部门之间，而且只有在 c/y 随时间变化的情况下才能发生。如果 c/y 随时间增加，投资率下降，劳动力从制造业转移到消费部门。相反，如果 c/y 随时间下降，劳动力就会从消费部门转移到制造业。然而，在这两种情况下，消费部门的相对就业比例是不变的。

如果 c/y 随着时间的推移是常数，产业结构性变化需要 $\varepsilon = 1$ 和部门 TFP 增长率不同，如果 $\overline{(c/y)} = 0$，$\varepsilon = 1$ 意味着就业比例不变，但价格改变。在就业比例不变的情况下，随着时间的推移，增长较快的行业会产生相对较多的产出。在这种情况下，由于 TFP 增长率的不同，消费需求由于价格变化将会完全匹配所有总产出变化。但如果 $\varepsilon \neq 1$，价格仍像之前变化，但消费需求既不是无弹性（$\varepsilon \ll 1$），能匹配所有总产出变化，或过于弹性（$\varepsilon > 1$），仅仅由于 TFP 增长满足总产出变化。如果 $\varepsilon < 1$，就业人员转移至缓慢增长的行业，如果 $\varepsilon > 1$，就业人员转移至快速增长的行业。

以上分析表明：对任意 $i \neq m$，当 $g_i = g_m$ 时，产业结构变化的充分必要条件是 $\dot{c}/c \neq \dot{y}/y$，这种情况下产业结构变化是消费部门加总与制造业之间的变化。如果 $\dot{c}/c = \dot{y}/y$，产业结构性变化的充分必要条件是 $\varepsilon \neq 1$，$i = 1, \cdots, m-1$，受约束于 $g_i \neq g_m$，这种情况下的产业结构变化是在 TFP 增长率不同的所有产业部门间变化。如果 $\varepsilon < 1$，就业人员从 TFP 增长率高的产业部门转移到 TFP 增长率低的产业部门；反之亦然。

（2）AG 模型

Acemoglu 和 Guerrieri（2008）认为部门间替代弹性大小和资本深化均影响产业部门总产出及要素配置变动关系。研究采用标准两部门（部门 j 记为部门 1 和部门 2）规模报酬不变的竞争模型，如果各行业的要素密集程度存在差异，各部门要素产出弹性不同，仍采用柯布道格拉斯生产函数，具体函数限制条件与 NP 模型相同。各部门生产函数的具体形式如下：

$$Y_1 = A_1 G_1(K_1, L_1) \text{ 且 } Y_2 = A_2 G_2(K_2, L_2), \tag{3.10}$$

其中 G_1、G_2 代表规模报酬不变的两个不同函数，满足稻田条件，A_1、A_2 表示部门 1 和部门 2 的技术进步。其中 $K_1 + K_2 = K$，$L_1 + L_2 = L$，K 与 L 是外生变量，这里忽略资本贬值。假设所有家庭在总家庭消费拥有不变的相对风险厌恶偏好，人口增长发生在家庭内部，家庭总数不发生变化，即经济存在代理 CRRA 偏好效用函数（Caselli 和 Ventura，2000）：

$$U = \int_0^\infty \frac{C(t)^{1-\theta} - 1}{1 - \theta} e^{-\rho t} dt, \tag{3.11}$$

其中 $C(t)$ 是在 t 时刻总消费，ρ 是时间偏好率，$\theta \geq 0$ 是跨期替代弹性的倒数（或相对风险厌恶系数），流动预算约束曲线如下：

$$\dot{K} = rK + wL + \Pi - C, \tag{3.12}$$

其中 K、L 代表经济中资本和劳动力，Π 是企业净利润，w、r 分别代表工资和利率。最终产品总产出如下：

$$Y = [\gamma Y_1^{\frac{\varepsilon-1}{\varepsilon}} + (1-\gamma) Y_2^{\frac{\varepsilon-1}{\varepsilon}}]^{\frac{\varepsilon}{1-\varepsilon}}, \tag{3.13}$$

其中，两部门替代弹性 ε 的加总，γ 是分布参数，它决定两种总产出商品的相对重要性，两种商品 1 和商品 2 通过使用常数替代弹性（CES）生产函数在竞争条件下生产的，该生产函数中间产物之间的替代弹性表述为 $v > 1$：

$$Y_1 = \left(\int_0^{M_1} y_1(i)^{\frac{v-1}{v}}\right)^{\frac{v}{v-1}} \text{且} \quad Y_2 = \left(\int_0^{M_2} y_2(i)^{\frac{v-1}{v}}\right)^{\frac{v}{v-1}}。 \quad (3.14)$$

上式中 y_1 和 y_2 代表拥有不同资本劳动比率的中间品部门，M_1 和 M_2 分别代表中间品部门 1 和中间品部门 2 的技术进步。所有要素市场是完全竞争的，中间品部门 1 和中间品部门 2 的所有劳动和资本市场出清状态下，最终商品的价格 P 单位化处理，满足如下公式：

$$1 \equiv P = [\gamma^\varepsilon p_1^{1-\varepsilon} + (1-\gamma)^\varepsilon p_2^{1-\varepsilon}]^{\frac{1}{1-\varepsilon}}。 \quad (3.15)$$

又因为 Y_1 和 Y_2 是竞争性供给，他们价格等于边际产品价值，因此：

$$p_1 = \gamma \left(\frac{Y_1}{Y}\right)^{-\frac{1}{\varepsilon}} \text{且} \quad p_2 = (1-\gamma)\left(\frac{Y_2}{Y}\right)^{-\frac{1}{\varepsilon}}。 \quad (3.16)$$

中间品部门 1 和中间品部门 2 生产相同类型中间品的需求是一样的，中间品部门 1 和中间品部门 2 的生产函数公式如下：

$$y_1 = l_1^{\alpha_1} k_1^{1-\alpha_1} \text{且} \quad y_2 = l_2^{\alpha_2} k_2^{1-\alpha_2}。 \quad (3.17)$$

由以上生产函数、流动预算约束曲线和效用函数最大化等均衡条件可推导如下：

$$\frac{\mathrm{d}\ln\kappa}{\mathrm{d}\ln K} = -\frac{\mathrm{d}\ln\kappa}{\mathrm{d}\ln L} = \frac{(1-\varepsilon)(\alpha_1-\alpha_2)(1-\kappa)}{1+(1-\varepsilon)(\alpha_1-\alpha_2)(\kappa-\lambda)} > 0, \Leftrightarrow (\alpha_1-\alpha_2)(1-\varepsilon) > 0, \quad (3.18)$$

$$\frac{\mathrm{d}\ln\kappa}{\mathrm{d}\ln M_2} = -\frac{\mathrm{d}\ln\kappa}{\mathrm{d}\ln M_1} = \frac{(1-\varepsilon)(1-\kappa)/(v-1)}{1+(1-\varepsilon)(\alpha_1-\alpha_2)(\kappa-\lambda)} > 0, \Leftrightarrow \varepsilon < 1, \quad (3.19)$$

其中 $\kappa = K_1/K$，$\lambda = L_1/L$，v 代表两部门生产中间产品替代弹性，M_1、M_2 代表两部门技术进步，公式（3.18）表明当部门间替代弹性 $\varepsilon < 1$，分配给资本密集型一部分资本导致资本存量下跌（反之，当 $\varepsilon > 1$ 时，这部分增加资本存量）。如果 K 增加和 κ 保持不变，那么资本密集型部门增长超过其他部门。公式（3.16）给出均衡价格表明，当 $\varepsilon < 1$ 时，资本密集型部门的相对价格超比例下降，导致更大资本分配到资本不太密集的部门。相反的，当 $\varepsilon > 1$ 的直观上是非常简单的。公式（3.19）表明当替代弹性 $\varepsilon < 1$ 时，部门技术进步率提高导致该部门资本份额下降。具体分析为部门总产出增加引起相对价格超比例下降，使资本再配置至其他部门，反之亦然。上述公式仅给

出 κ 的比较静态分析，我们接下来考虑 λ 比较静态分析结果，依据劳动和资本相对要素价格比值为：

$$\frac{w}{r} = \frac{\alpha_1}{1-\alpha_1}\left(\frac{\kappa K}{\lambda L}\right) 。 \quad (3.20)$$

经济中资本份额公式为：

$$s_K \equiv 1 - \frac{wL}{Y} = 1 - (1-\gamma)\alpha_1 \left(\frac{Y_1}{Y}\right)^{\frac{\varepsilon-1}{\varepsilon}}\frac{1}{\lambda} 。 \quad (3.21)$$

AG 模型证明在均衡状态下，得如下表达式：

$$\frac{\mathrm{d}\ln(w/r)}{\mathrm{d}\ln K} = -\frac{\mathrm{d}\ln(w/r)}{\mathrm{d}\ln L} = \frac{1}{1+(1-\varepsilon)(\alpha_1-\alpha_2)(\kappa-\lambda)} > 0, \quad (3.22)$$

$$\frac{\mathrm{d}\ln(w/r)}{\mathrm{d}\ln M_2} = -\frac{\mathrm{d}\ln(w/r)}{\mathrm{d}\ln M_1} = -\frac{(1-\varepsilon)(\kappa-\lambda)(v-1)}{1+(1-\varepsilon)(\alpha_1-\alpha_2)(\kappa-\lambda)} < 0 \Leftrightarrow (\alpha_1-\alpha_2)(1-\varepsilon) > 0,$$
$$(3.23)$$

$$\frac{\mathrm{d}\ln s_K}{\mathrm{d}\ln K} < 0 \Leftrightarrow \varepsilon < 1, \quad (3.24)$$

$$\frac{\mathrm{d}\ln s_K}{\mathrm{d}\ln M_2} = -\frac{\mathrm{d}\ln s_K}{\mathrm{d}\ln M_1} < 0 \Leftrightarrow (\alpha_1-\alpha_2)(1-\varepsilon) > 0 。 \quad (3.25)$$

Acemoglu 和 Guerrieri 将资本份额与资本存量替代弹性的均衡关系联系起来。当且仅当资本和劳动力替代弹性 $\varepsilon < 1$，资本份额与资本存量是负相关关系，相当于总量上资本和劳动力互补增长；具体分析为经济资本存量增加，那么引起资本密集型部门比资本不密集型部门的相对总产出增加，即提高资本密集型部门总产出；当 $\varepsilon < 1$ 时，降低资本相对回报（国民收入中资本份额），反之亦然。当 $\varepsilon < 1$，M_2 是"资本偏差"，M_1 增加是"劳动的偏差"。为什么资本密集型部门的生产率提高导致劳动偏差？这个问题的分析过程与上述相似，当两个部门的替代弹性 $\varepsilon < 1$ 时，部门的总产出增加（这是由技术变动引起的）使部门商品价格超比例下降，从而减少要素密集型部门的相对报酬。当 $\varepsilon > 1$ 时，得到相反情况：M_1 是"资本偏差"，M_2 增长是"劳动偏差"。

Acemoglu 和 Guerrieri 研究表明部门间替代弹性大小和资本深化均影响部门产出及要素配置变动关系，导致产业内要素流动、产业结构变化和产业形成或消失。

3.2.2.2 产业集群理论

20 世纪 80 年代，美国竞争战略和国际竞争专家麦克尔·波特创建了产业集群理论，对产业集群进行了较为规范的定义，即产业集群是特定产业中互有联系的公司或机构聚集在特定地理位置的一种现象。产业链上、中、下游的企业或机构构成了集群，既包括零件、设备、服务等特殊原料的供应商以及特殊建设的提供者，也包括产业链下游延伸的消费者、互补性产品的制造商以及和本产业有关的科技或原料等方面的公司，直接影响市场竞争。

Porter 创造性地提出了"钻石模型"，来反映和比较国家竞争优势，并认为评价一个国家或地区产业竞争力的关键是国家能否形成有效的竞争性环境和创新。"钻石模型"的基本要素包括要素条件、企业的战略、结构与竞争、相关基础产业、需求条件以及机会和政府。各要素使得企业、机构和消费者通过充分参与竞争，激发创新活力。同时，在地理上的不断集中会形成的产业集群，使得各要素紧密整合，形成国家或地区竞争优势。根据 Porter 的理论，在具有国家竞争优势的产业中的企业会倾向于聚集在某些城市或者地区，在地理上呈现集中的趋势。而由这些企业聚集在一起形成产业集群是否具有竞争力，就直接决定了国家竞争优势的大小。

3.2.2.3 产业融合理论

关于农业产业融合理论比较成熟的是日本六次产业理论，该理论从定性角度界定农业和其他产业融合形成的第六产业，这是农业产业融合的理论成果。农业产业融合理论最早由日本农业专家今村奈良臣（1994）提出，他提出"六次产业化"，即六次产业＝第一产业＋第二产业＋第三产业，认为农业不仅包括传统农林牧副渔的生产，而且还包括农副产品加工制造的第二产业和农产品相关联的第三产业。"六次产业化"是农村地区三次产业总和（加法效应），要提高农民收入，就必须采用产业链整合的方式。1996 年，今村奈良臣对"六次产业化"的概念进行了重新修订：将加法效应修改为乘法效应，即六次产业＝第一产业×第二产业×第三产业，指出农业中三次产业的加总和并未表现三次产业的相互延伸、融合等深层意义，而三次产业乘积既体现积累的过程，也蕴含三次产业间相互依赖、相互融合、互相制约的内在联系，充分表达"六次产业化"的内涵。

周立等（2018）认为加法效应只关注总体新创造的供给，而乘法效应不同于加法效应，更多的是关注三大产业的融合过程。在乘法效应中，三大产业融合形成产业链，任何一环发展薄弱，六次产业对乡村产业综合效益的促进作用都将受到限制。并将加法和乘法效应相结合，细化了六次产业的作用机制，如图 3-2 所示。

六次产业理论与传统三次产业划分的区别就在于，六次产业理论是依据

第3章 乡村振兴与产业兴旺相关理论

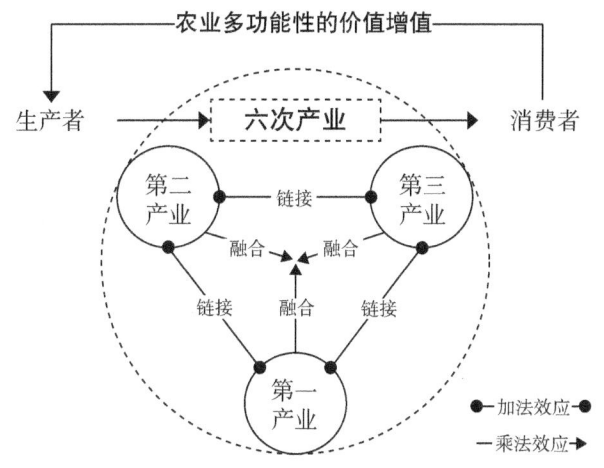

图3-2 六次产业的作用机制

(资料来源:周立,李彦岩,王彩虹,等.乡村振兴战略中的产业融合和六次产业发展[J].新疆师范大学学报(哲学社会科学版),2018,39(3):18-26.)

劳动对象和产业任务差异将国民经济总体分为六次产业。六次产业依次是利用原始自然资源的第一产业,对自然资源进行初级加工以及对加工后的初级产品进行再加工的第二产业;为其他产业及社会生活提供服务活动的第三产业,利用信息技术和知识创新资源的第四产业;发展娱乐文化活动的第五产业;依托第四产业的信息技术,传统农业与第二、第三产业延伸融合发展形成农村新业态和新产业的第六产业。

3.2.2.4 交易成本理论

交易成本又称交易费用,是由诺贝尔经济学奖得主科斯(Coase,R.H.,1937)在《企业的性质》一文中提出,其核心就在于对企业的本质进行了解释。科斯认为交易成本是"通过价格机制组织生产的,最明显的成本,就是发现相对价格的成本","市场上发生的每一笔交易的谈判和签约的费用"及"利用价格机制存在的其他方面的成本"。1969年,阿罗对科斯的理论进行了补充,认为市场和企业天然是可以相互替代的两种资源配置机制。但是因为有限理性、机会主义、不确定性与小数目条件等问题的存在提高了市场交易费用,于是,企业作为节约交易费用的市场替代者,新型交易形式应运而生。专业分工是伴随经济体系中企业的专业分工与市场价格机制而产生的现象;为了追求经济效率,人们放弃部分成本相对偏高的市场价格机制,采用节约成本的企业机制。可见,企业是人类追求经济效率所形成的组织体。

虽然交易成本的概念最早由科斯提出，但是这个概念系统化的工作却是由威廉姆森完成的。威廉姆森的交易成本理论将市场经济条件下人们之间的各种交互活动看作经济交易，将这些交易作为最基本的分析单位，对经济组织（企业、市场以及介于二者之间的混合体）进行研究。在广泛考察和研究资本主义的各种主要经济制度的基础上，威廉姆森开创性地把交易成本的概念应用到对各种经济制度比较和分析中，建立了一个全新的分析体系。交易成本使经济交易变得稀缺，因而要根据不同的交易契约特征进行科学的选择和安排，进而节约交易成本，实现资源优化配置。

3.3 产业兴旺与乡村振兴的关系

在乡村振兴的内涵中，以党组织为核心的农村基层组织建设是乡村振兴的领导核心，健全制度框架和政策体系是乡村振兴重要的制度和政策保障，没有坚强的领导核心、健全的制度框架和政策体系，乡村治理能力不可能得到进一步提升，现代乡村治理体系不可能得到初步建立，乡村振兴根本无法实现。乡村以党组织为核心的农村基层组织建设是否得到加强，制度框架和政策体系是否健全体现在哪里，主要看治理是否有效，所以治理有效成为乡村振兴战略一重要内容。

提高农业安全保障水平，初步构建起现代农业体系，推进农业绿色全面发展，初步形成乡村一二三产业融合发展，乡村产业得到加快发展，这些靠什么来实现，靠的是乡村产业兴旺的实现，所以产业兴旺成为乡村振兴战略一重要内容。

要求农村基础设施条件得到持续改善，农村人居环境有显著改善，城乡融合发展体制机制初步建立，农村基本公共服务水平得到进一步提升；是为美丽乡村建设扎实推进服务的，所以生态宜居成为乡村振兴战略一重要内容。

乡村振兴的根本目的之一是要解决"三农问题"中的农民问题。乡村振兴目标实现的关键是农民收入水平得到进一步提高，脱贫攻坚成果得到进一步巩固，城乡统一的社会保障制度体系基本建立。所以检验乡村振兴是否实现要看农民生活是否富裕了，生活富裕亦是乡村振兴战略一重要内容。

乡村振兴不只是要提高乡村的物质文明，乡村同样需要精神文明，所以内涵中，要求乡村优秀传统文化得以传承和发展，农民精神文化生活需求基本得到满足,这即是乡村振兴战略的乡风文明。

关于乡村振兴战略,中共中央、国务院在所印发的《乡村振兴战略规划(2018—2022年)》已指出,主要应体现在以下5个方面:产业兴旺、生态宜居、乡风文明、治理有效和生活富裕。在这5个方面产业兴旺是核心,也是乡村振兴战略的基础和保障,是乡村振兴战略的首要任务和中心问题,产业兴旺是乡村繁荣发展的物质基础和经济保障。只有乡村实现产业兴旺,才能为农民提供更多就业岗位,提高农民收入水平,实现乡村振兴战略的生活富裕总要求;乡村有了扎实的经济基础作为保障,才会追求更高层次的需求,为壮大乡村生态、文化、教育和公共基础设施提供雄厚财力保障,村民进一步追求居住环境的改善,落实生态宜居的总要求;古人云"仓廪实而知礼节,衣食足而知荣辱",物质基础是精神文明的前提,精神文明发展依赖于经济发展,产业兴旺有利于改善乡村风气,提高村民道德文明,丰富乡村文化娱乐生活,保护乡村民俗、古迹等文化,有利于培育文明乡风、良好家风、淳朴民风;产业兴旺发展涉及村集体、社会和农民个人方方面面的利益,协调各方利益过程,调动公众积极参与村委会制定治理政策的积极性,对建立健全党委领导、政府负责、社会协同、公众参与、法制保障的现代化有效社会治理体系具有推动作用,确保乡村基层工作治理有效,共同达到全面振兴乡村的战略目标。

在国家给出的乡村振兴的5个方面实施战略中,产业兴旺是基础和关键,它是生态宜居、乡风文明、治理有效和生活富裕的根本保障。只有产业兴旺,乡村才能重现盎然生机和巨大活力,实现振兴。

产业兴旺的4个方面是农业实现现代化、乡村产业升级、乡村产业融合发展及提升农业全要素生产率。

农业是乡村第一大产业,实现农业现代化,才能提高粮食综合生产能力、农业科技进步贡献率、提高农业劳动生产率,以现代农业带动其他产业发展,使乡村振兴有坚实基础。实现乡村产业升级,才能促进集体经济发展,产业转型升级主要包括农业、林业、畜牧、渔业的新品种、新产品开发,提高农产品加工产值占农业总产值的比重,促进乡村工业、建筑业、住宿餐饮业(旅游饮食服务业)、交通运输仓储业、批发零售业、社会服务业六大非农产业的发展。

实现产业融合发展,即三次产业、各产业间融合发展,才能使乡村产业结构趋向合理化,并创造出农产品加工、乡村旅游、休闲等新产业、新业态,促进乡村产业兴旺，将城乡一体化推向城乡融合发展之路。所以，只有产业兴旺，即农业实现现代化、产业升级、产业融合发展以及提高农业全要素生产率，才能促进乡村经济增长，使生态宜居、乡风文明、治理有效和生活富裕有根本保障，并实现乡村振兴。

3.4 实现产业兴旺的基本路径

产业兴旺是乡村振兴战略的基础和关键，那么如何实现产业兴旺？依据产业兴旺所涵盖农业实现现代化、乡村产业不断升级、乡村产业融合发展、农业全要素生产率持续提升4个方面内容。农业是乡村产业中的第一大产业，农业兴则乡村产业兴。乡村产业兴旺的实现，首先必须想方设法提高农业现代化水平。农业现代化水平的提高，是粮食综合生产能力、农业科技进步贡献率、农业劳动生产率重要保障。产业兴旺必须以农业为中心进行拓展、延伸发展新产业、新业态，故它是乡村产业兴旺实现的第一路径。农业水利化、机械化和信息化的普及，提高土地产出率和资源利用率，释放大量农民劳动力以当地特色资源发展乡村优势农产品加工业和第三产业，实现乡村产业升级发展，提高农产品质量安全，乡村产业结构从低附加值转型向高附加值升级，故它是乡村产业兴旺实现的第二路径。在乡村产业升级过程，一些乡村传统产业与新兴产业融合形成乡村新产业、新业态，以乡村电子商务网络营销和休闲农业的发展最为突出，第三方平台（淘宝、微信、微博等）开展农产品在线交易，古村落特色乡村文化、草莓采摘节、保健康养等乡村新产业涌现，故它是乡村产业兴旺实现的第三路径。农业实现现代化、二三产业升级转型、融合发展，共同促进乡村一二三产业繁荣发展，实现乡村农业全要素生产率提升，提高农业单产水平，实现农业现代化，促使劳动人口转移至二三产业，全面激发乡村产业内生发展动力，故它是乡村产业兴旺实现的第四路径。综上，提出实现产业兴旺的4条基本路径：农业实现现代化、乡村产业升级、乡村产业融合发展及提升农业全要素生产率。

3.4.1 农业实现现代化

农业现代化实现具体表现为农用播种机、收割机、脱粒机等较高普及率，高产种子、化肥、人工降雨等现代技术应用，农业现代化降低农户从事农业生产时间，乡村节约的劳动力转移到城市务工，这些学习新技术和经营理念的农民工取得劳动收入后返乡创业，发展农业种养殖循环经济、乡村旅游、乡村采摘、互联网农产品销售等新农业，激发乡村产业发展活力，实现乡村产业升级，推动乡村产业间融合发展。留在城市生活的农户释放出家庭联产承包土地，通过租赁等流转方式解决了耕地碎片化问题，大规模耕地面积为农用机械规模化作业创造条件，推动农用机械、化肥等制造业的繁荣发展，间接地促进了农业全要素生产率的提高，实现乡村产业兴旺的目标。

3.4.2 乡村产业升级

乡村产业升级表现为农业内部农产品由低质向高质转变，乡村产业从农业向农产品加工业及乡村旅游等二三产业转化，由低附加值向高附加值的农产品转变，引起二三产业市场竞争更加激烈，企业为获取利润不断开发新技术、新产品和新生产经营体系，有利于农业技术进步，提高农业全要素生产率；企业期待获取超额利润，尝试创新农业与其他科学技术交叉融合研究，使得农业与其他产业边界逐渐模糊，推动乡村产业融合发展；在这种条件下，无论是乡村和社会上从事非农产业的企业有动力降低成本，提高了农民的消费者剩余，即农民可以花费较少的钱购买同样质量的农业生产资料，推动了农业现代化的发展；乡村产业升级通过如此运行机制，实现乡村产业兴旺的目标。

3.4.3 乡村产业融合发展

乡村农业种植业和养殖业、农业与旅游、互联网等产业融合，减少产品交易双方的信息不对称性，降低了新产品生产的交易成本，提高农村产业附加值和农民收入，实现农业生产资料投入和农产品最优化配置与重组，实现农业全要素生产率的提升；农民经济收入增加，追加投资农用机械、土地和其他高产的生产资料，实现乡村农业现代化发展；由于现代农业投入与劳动力之间具有替代效应，大量农民从农业劳动中解放出来转向从事优质农产品生产、农产品加工、乡村旅游等二三产业，达到乡村产业升级的目标，实现乡村产业兴旺。

3.4.4 提升农业全要素生产率

提高农业全要素生产率也就是单位投入产出提高了,农产品的总产出更多,农民从事农业生产将获取更多的财富收入,随着农民总收入增加,投入更高效率的农用机械和高产种子等,推动了农业现代化进程;农业现代化的发展节约了大量的农业劳动力,闲暇的农民从农业部门转移到非农部门就业,完成乡村经济结构转型,促进乡村产业升级;继续从事农业生产的新型农民闲暇时间学习先进技术,创新发展乡村产业间循环经济,钻研如何提高农产品质量和生产经营方式,促进乡村一二三产业融合发展。农业全要素生产率通过如此运行机制,实现乡村产业兴旺的目标。

第4章 乡村产业现状分析

为了弄清楚中国乡村各产业发展现状，本章从总产值和从业人员对乡村产业总量和结构的现状进行分析。由于农业是中国乡村的基础产业，其他产业的发展离不开农业的支持，故本章重点分析农业及与其关联较高的农产品加工业的总量和结构现状。

4.1 乡村产业总量与结构现状分析

4.1.1 乡村产业总量现状分析

我国乡村第一产业主要由农业、林业、牧业、渔业构成，农业是乡村经济发展的主要来源，也是产业发展中最初级的产业；乡村第二产业主要指农产品加工业、其他工业和建筑业，农产品加工业与乡村农业联系最为紧密，农产品加工业发展好坏直接影响乡村产业兴旺与否；乡村第三产业主要包括交通运输仓储业、批发零售业、住宿餐饮业（旅游饮食服务业）、社会服务业及其他产业，其中住宿餐饮业（旅游饮食服务业）是乡村发展旅游业的基础，而交通运输仓储业则是连接农业、农产品加工业及住宿餐饮业（旅游饮食服务业）的纽带和桥梁。观察图4-1可知，1978—2017年我国乡村第一、第三产业总产值处于平稳增长趋势，乡村第一、第三产业年均增速分别为12.15%[*]、30.64%[*]；1992年以后乡村第一、第三产业总产值有较大幅度提升，年均增速分别为10.91%[*]、21.13%[*]；1978—2013年乡村第二产业总产值迅猛增长，年均增速为23.26%[*]，2013年乡村第二产业总产值远远领先于乡村第一、第三产业发展，1992年后乡村第二产业总产值有一个跳跃点，这一年邓小平同志南方谈话，极大地激发了苏南、温州、珠三角乡村市场经济的活力，盘活了乡村加工企业的生产力，这次乡村工业飞速发展是体制改革带来的红利。

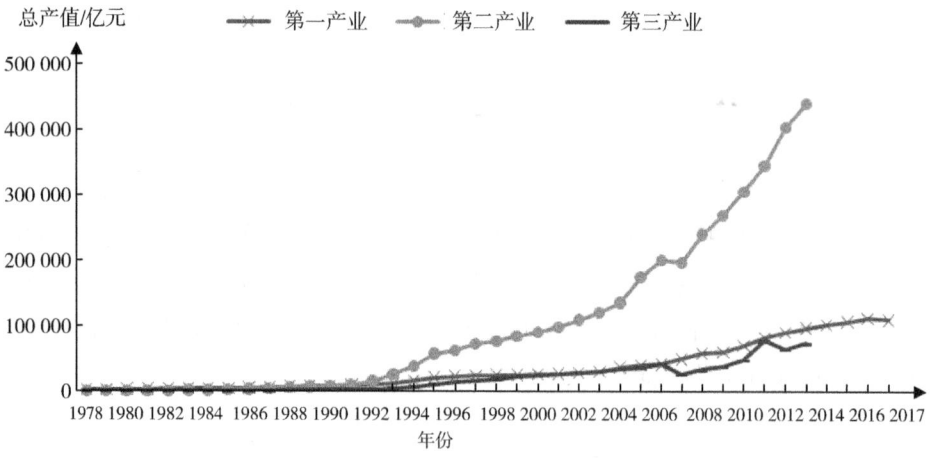

图4-1　1978—2017年中国乡村三次产业总产值（名义价格）

（数据来源：根据历年《中国乡镇企业及农产品加工业年鉴》《中国统计年鉴》整理所得①）

4.1.2　乡村产业结构现状分析

由图4-2可知，1978—2013年中国乡村第二、第三产业总产值占比整体呈现增长趋势，第一产业总产值占比整体呈现下降趋势。乡村第一产业总产值占比由1978年的74.78%下降到2013年的15.85%，乡村第二产业总产值占比由1978年的22.47%上升到2013年的72.20%，1988年乡村第一、第二产业总产值占比呈交叉点（44%），随后第二产业总产值占比远高于第一产业。乡村第三产业总产值占比由1978年的2.75%上升到2013年的11.95%，2000—2006年乡村第一、第三产业总产值占比呈交叉点（17%），随后第三产业占比低于第一产业。从乡村一二三产业结构占比来看，中国乡村经济主要依靠第二产业增长，2013年乡村第二产业总产值结构占比为72.20%，成为乡镇经济发展中的主要经济支柱。

---

①　注：本书认为乡村第一产业总产值等价于我国农业总产值，认为城市没有贡献农业产值，下文同。由于2005年以后《中国乡镇企业及农产品加工业年鉴》对于天津市、上海市只统计工业总产值，其他产业统计空值，2014年以后年鉴改版，不再分行业核算乡村总产值，故二三产业总产值数据缺失。

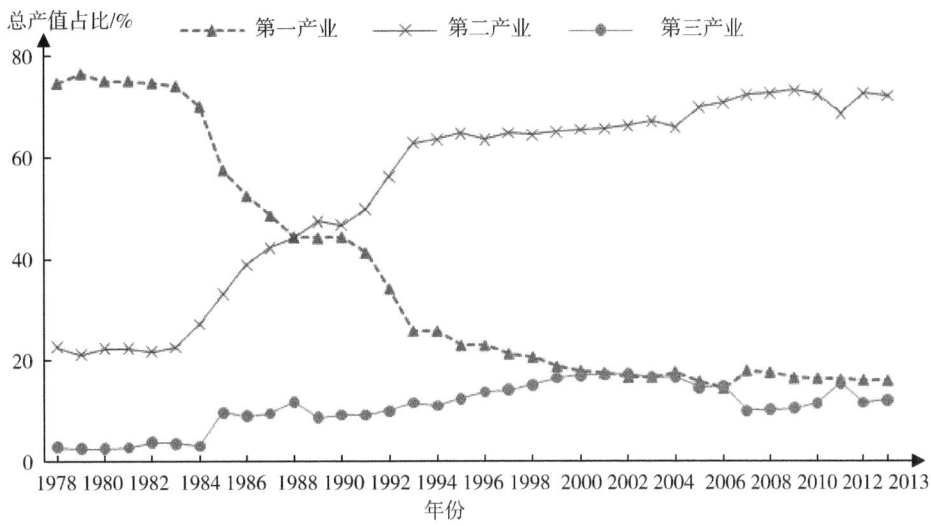

图4-2 1978—2013年中国乡村三次产业总产值占比

(数据来源:根据历年《中国乡镇企业及农产品加工业年鉴》《中国统计年鉴》整理所得)

4.2 乡村农业总量与结构现状分析

4.2.1 乡村农业总量现状分析

由图4-3可知,1978—2017年我国第一产业总产值仍然以农业、牧业为主,农业总产值呈快速稳定增长趋势,牧业总产值呈波动式增长趋势;1978—2017年我国渔业和林业总产值较低,林业总产值由1978年的48.10亿元增长至2017年的4980.55亿元,年均增长率为13%。

第一产业总量分析。2017年我国农林牧渔业总产值排前3名的省份(包括省、自治区、直辖市,简称省份,下文同)分别是山东(9140.4亿元)、河南(7562.5亿元)、江苏(7161.2亿元),这3个省份的农业生产总值也排在前3名。牧业总产值排前3名的省份分别是山东(2501.4亿元)、河南(2368.9亿元)、四川(2199.7亿元)。传统观念会认为新疆、内蒙古、西藏的畜牧业总产值会很高,但实际发现牧业较高总产值既与自然资源因素有密切关系,也与畜牧业养殖呈高度正相关关系,山东、河南、四川的传统农业

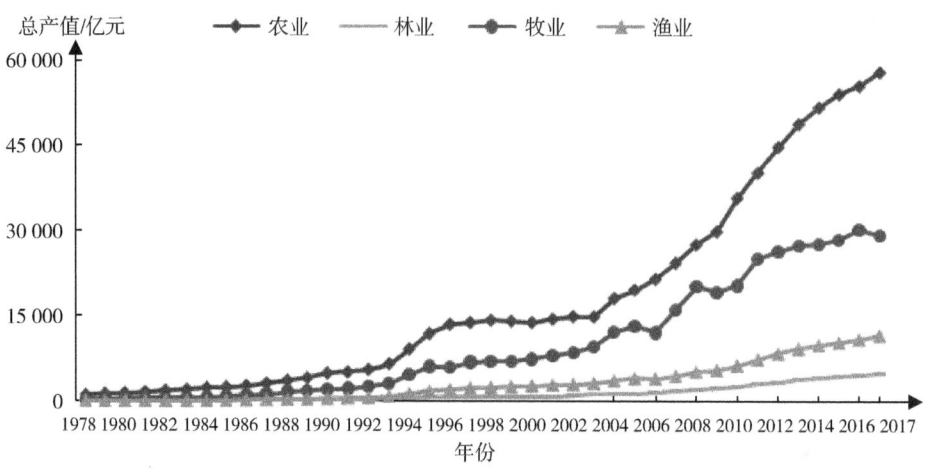

图4-3　1978—2017年中国乡村农林牧渔业总产值（名义价格）

（数据来源：历年《中国统计年鉴》）

为畜牧业养殖提供草料、饲料，为畜牧业养殖业发展提供较好的农业基础条件，而新疆、内蒙古、西藏属于自然游牧畜牧业，受到自然灾害的影响较大。林业总产值排前3名的省份分别是云南（381.5亿元）、广东（356.1亿元）、四川（346.8亿元）。广东省林业总产值增加主要来源于家具制造、造纸和纸制品制造、木本油料、果蔬、茶饮料等加工制造；云南的林业总产值增加主要来源于木本油料、木材加工、观赏苗木和林下经济。渔业总产值排前3名省份均为我国东部地区，分别是江苏（1623.4亿元）、山东（1476.0亿元）、广东（1276.1亿元）。我国渔业总产值的增加主要靠水产人工养殖的迅速发展，捕捞水产品生产量提高幅度不大，而2016年江苏、山东、广东水产养殖产量分别为432.1万吨、656.4万吨、708.9万吨，是我国水产养殖产量较多的省份，说明渔业总产值的增加和我国人工养殖技术的发展分不开。

（1）农业总量分析

农业总产值由1978年的1117.5亿元增长至2017年的58 059.8亿元，年平均增长率为11%，1992—1996年农业总产值快速增长，从图4-3可以观察到斜率陡峭，年均增速为21.83%*。但从粮食总量来看，1978年粮食总产量由30 476.5万吨增长至2017年的66 160.7万吨，实现粮食总量翻一番，主要由于粮食单位面积产量从1978年每公顷生产2527.3公斤增长至2016年的5451.9公斤，粮食单产增长1.16倍。

中国农产品种类较为丰富，粮食作为我国农业基础供应保障，在农产品中地位绝对重要，2019年中央1号文件中明确提出产业兴旺的指标之一：粮食综合生产能力为强制性目标值6亿吨；故本书把粮食产量作为主要分析对象，由图4-4可知，我国玉米产量增长最快，由1978年的5594.5万吨以年均速度1.2%增长至2017年的25 907.1万吨，增长3.6倍，玉米每公顷产量由1978年的2802.7公斤增长至2017年的6110.3公斤，增长1.2倍；玉米总产量增加一方面由于薄膜、农药、化肥、种子的杂交改良；另一方面由于稻谷、小麦、薯类的播种面积减少，农民将土地转向玉米播种，故玉米总产量大幅提高。小麦和豆类产量的增长趋势相同，分别由1978年5384.0万吨、756.5万吨增长至2017年13 424.1万吨、1841.6万吨，增长速度分别为2.4%、2.3%，小麦每公顷产量由1978年1844.9公斤增长至2017年5484.13公斤，增长2.0倍；豆类每公顷产量由1978年1059.0公斤增长至2017年1832.2公斤，与美国发达国家相比，我国豆类单产增量不高。主要原因是我国的大豆育种技术相对落后，目前还处在杂交育种和与分子技术辅助选育相结合为主的育种时代，而一些发达国家已进入"生物技术+大数据信息技术"的育种时代。国内大豆育种研究主体多是各地农科院所，发达国家多是大型企业，从经费保障上来看，是万元级与亿元级的对抗，导致我国大豆单产提高幅度不大。稻谷产量由1978年13 693万吨增长至2017年21 267.6万吨，增长0.6倍，年均增长率为1.1%，该阶段科学家袁隆平发现杂交水稻并在我国大范围推广。早稻每公顷产量由1978年4168.4公斤增长至2017年5809.8

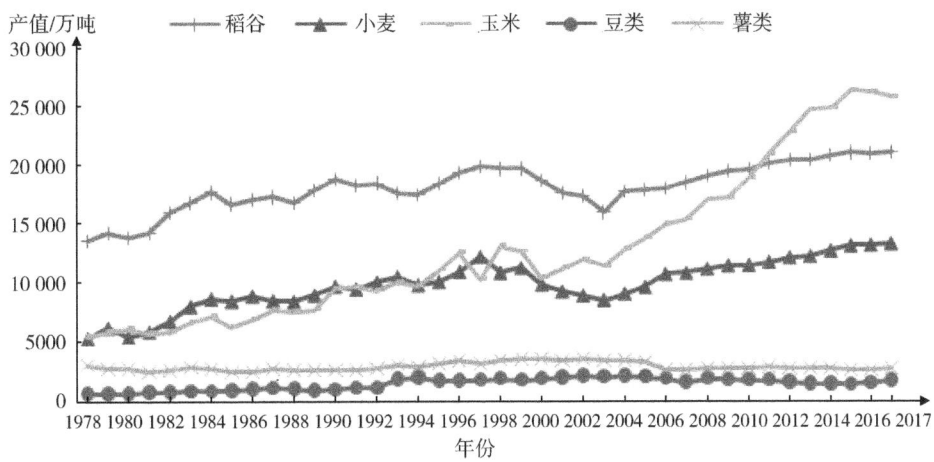

图4-4 1978—2017年中国粮食产量情况

（数据来源：历年《中国统计年鉴》）

公斤。1978—2017年薯类产量稳定在（2533.7～3685.2）万吨，1978年到2017年薯类单产稳步增长，播种面积不断下降。

1) 中国绿色农业总量

20世纪90年代我国明确提出"绿色"概念，随着我国居民对绿色农产品的消费需求日益增强，绿色食品和农产品地理标志随之涌现，这是农产品从低附加值向高附加值转型的契机。2017年我国年认证绿色食品企业数量和年认证绿色食品产品数分别为4422个、10 093个，是1996年（87个、289个）的51倍、35倍，年均增长率分别为26.49%★、20.22%★；2017年年底有效使用绿色标志的企业总数和产品总数分别为10 895个、25 746个，是1996年（463个、712个）的24倍、36倍，年均增长率分别为16.83%★、19.8%★；2017年产品销售额为4034亿元，是1996年的26倍，年均增长率为18.35%★。2017年监测面积为15 200万亩，是1996年（2248万亩）的6.8倍，年均增长率为11.79%★，具体如图4-5所示。具体分析来看，受2008年国际金融危机的影响，我国绿色农业主要指标发展速度缓慢，进入了稳定发展阶段。金融危机爆发前，我国绿色农业主要指标的增长趋于平稳上升趋势，2008年后当年认证绿色食品企业数、有效使用绿色食品标志企业总数、当年认证绿色食品产品数和有效使用绿色食品标志产品数呈现稳步上升的变化趋势，但产地环境监测面积、产品销售额和产品出口额在2014年以后

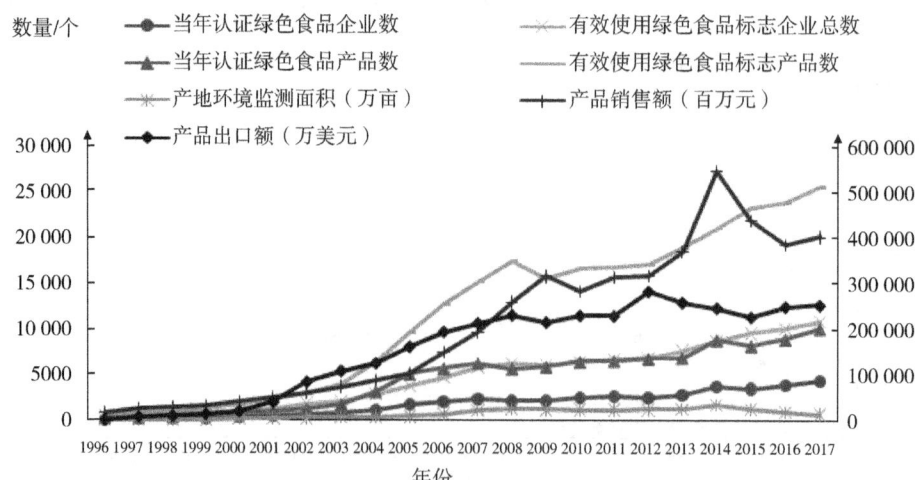

图4-5 1996—2017年我国绿色农业总量情况

（数据来源：历年《中国绿色食品统计年报》）

呈下降趋势。

2017年我国绿色食品原料标准化生产基地数量合计678个，总面积16 387万亩，总产量为10 673万吨，带动农户2097万户；其中粮食作物和油料作物基地数量和面积最多，分别为348个、105个和10 260.9万亩、3214.4万亩，带动就业农户数量分别为1287.6万户、328.6万户，蔬菜和水果的基地数量次多，分别为83个、95个，基地面积分别为1251.4万亩、1118.3万亩，两类绿色食品产量较高分别为2179.7万吨、1585.1万吨，拉动就业农户数分别高达247.2万户、141.2万户。

2）分地区乡村绿色农业总量

近年来，随着我国居民消费需求变化和国家打造绿色农业的利好政策，各级政府纷纷积极打造本土绿色农业，使得绿色农产品、有机农产品发展势头良好。2017年有效用标绿色食品企业数排前3名分别是山东（1388家）、黑龙江（928家）、江苏（907家），有效用标绿色食品产品数排前3名分别是山东（3330个）、黑龙江（2495个）、安徽（2237个），绿色食品原料标准化生产基地数排前3名分别是黑龙江（158个）、四川（61个）、新疆（54个），绿色食品原料标准化生产面积排前3名分别是黑龙江（6399万亩）、江苏（1790万亩）、内蒙古（1673万亩），绿色食品原料标准化生产产量排前3名分别是黑龙江（3034万吨）、江苏（1228万吨）、内蒙古（1079万吨）（附表1、附表2）。综合分析发现我国绿色食品分布情况和地域资源等优势条件相关，总结为黑龙江、山东、江苏、内蒙古、四川、新疆、安徽；2017年农业总产值排前7名有山东、河南、江苏、四川、湖北、广东和黑龙江，比较分析可知，山东、黑龙江、江苏、四川地区农业总量大，并且孵化出大量有效用标的绿色食品，充分顺应现代农业发展趋势。

（2）牧业总量分析

牧业总产值由1978年209.3亿元增长至2017年29 361.2亿元，年平均增速13.51%。2009年牧业总产值出现下滑现象，主要由于肉类产品贸易逆差的出现，猪肉进口规模快速增长，且牛奶质量安全（"三聚氰胺"）事件导致消费者信心不足，造成畜牧业总产值阶段下滑。从实物量角度来看，我国牧业大牲畜年底头数从1978年到2017年基本不变，1995年大牲畜年底头数波峰值为15 861.7万头，但是肉类总产量由1978年856万吨增长至2017年8654万吨，增长了9倍；可见从实物量角度分析我国畜牧业价值总量和实物量的提高幅度基本一致。

(3) 林业总量现状分析

林业总产值由 1978 年 48.1 亿元增长至 2017 年 4980.6 亿元，年均增长率 12.63%，1994—2001 年林业总产值在 600 亿~1000 亿元波动，该阶段因生态转型，全国国有林场出现全行业亏损，国有林场陷入发展困境，国有林场改制开始实行，围绕强化内部管理，转换经营机制，适应市场经济体制需求。同时推行退耕还林政策，木材总产量在该阶段是快速下降的，即国家护林政策引导的结果。从实物量来看，木材产量从 1978 年 5162 万立方米增长至 2017 年 8398 万立方米，而松脂产量从 1978 年 33.8 万吨增长至 2017 年 144.4 万吨。可见从实物量角度分析我国林业主要林产品生产能力提高幅度低于价值量提高幅度，这符合林业生产周期长、见效慢等特点。

(4) 渔业总量现状分析

1978 年渔业总产值 22.1 亿元低于林业总产值，而 1987 年后我国乡村渔业总产值首次超过林业总产值，到 2017 年渔业总产值增长至 11 577.09 亿元，年均增长率 17.41%。1994—2002 年渔业总产值处于缓慢增长状态，稳定在 1000 亿~3000 亿元，该阶段年均增长率为 10.90%（低于平均水平），分析原因是我国渔业过度捕捞、自然环境恶化、资源枯竭的现象开始出现，1995 年农业部推行严格的新伏季休渔制度，直接导致渔业总产值增速放缓。从实物量角度分析，水产品总产量由 1978 年的 465.4 万吨增长至 2017 年的 6445.3 万吨，增长 12.85 倍，而水产总产量的迅速增长主要受益于渔业养殖技术的提高，其中 2017 年海水养殖产量、淡水养殖产量分别是 1978 年的 44.51 倍、38.11 倍，渔业养殖技术的广泛使用提高了渔业水产总量，实现我国渔业总产值快速增长的目标。

综合以上分析可知，我国乡村农业发展主要依赖天然土地、水资源、森林资源、气候条件等因素，农业粮食作物、牧业、渔业、林产品呈现一定空间集聚效应，农业粮食作物主要分布在东北平原、华北平原、长江中下游平原、四川盆地等地区，渔业产值较高的地区主要分布在东部沿海地区，牛羊牧业主要分布在新疆、西藏、内蒙古地区，生猪畜产品主要分布在河南地区，林产品主要分布在云南、广东、四川等地区。

4.2.2 乡村农业结构现状分析

从图 4-6 可知，1978—2017 年我国第一产业结构是以农业、牧业两类产

第4章 乡村产业现状分析

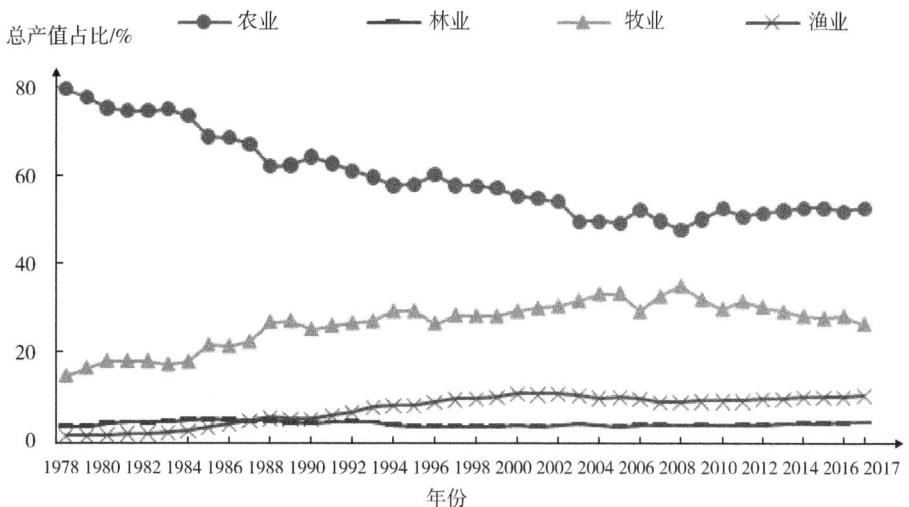

图 4-6 1978—2017 年农业总产值结构占比

(数据来源:历年《中国统计年鉴》)

业为主、占比较高,两类产业总产值结构占比合计均超过 80.00%,随着时间推移,两类产业总产值结构占比呈下降趋势,从 1978 年农业和牧业占比合计 94.97% 下降到 2017 年的 79.96%;林业和渔业总产值结构占比合计由 1978 年 5.03% 增长至 2017 年的 20.04%。具体分析:农业总产值结构占比由 1978 年的 79.99% 下降到 2017 年的 53.10%,表明我国农业总产值结构占比不断下降,粮食产量农业所创造的附加值不断减少;牧业总产值结构由 1978 年的 14.98% 增长至 2017 年的 26.86%,但牧业总产值结构呈现倒 U 形变化趋势,2008 年牧业总产值占比达到波峰值的 35.45%;林业总产值结构占比基本稳定不变,由 1978 年的 3.44% 增长至 2017 年的 4.56%,1985 年林业总产值结构占比最高达到 5.21%,我国 20 世纪经济发展主要依赖自然资源采伐获得经济增长;渔业总产值结构占比呈波动性增长趋势,由 1978 年的 1.58% 增长至 2017 年的 10.59%,这期间渔业总产值结构占比变化趋势出现两个波峰,第一个波峰为 2000 年的 10.89%,第二个波峰为 2017 年的 10.59%。

分地区乡村第一产业结构现状分析。2017 年农业总产值占比前 10 名均高于 55.00%,主要分布在西部地区(黑龙江、山西和河南除外)。2017 年农业总产值占比后 10 名均低于 48.31%,主要分布在东部地区(青海、西藏、吉林除外),农业总产值占比最低是福建省。说明我国经济较发达省份农业总产值占比较低,经济较落后省份农业总产值占比较高,这也符合产业经济发展的一般规律。林业总产值占比前10名均高于6.00%，主要分布在长江以南（北京和山西除外）。牧业总产值占比前5名均高于33.3%，空间分布在西部和东北地区（西藏、青海、吉林、内蒙古、辽宁），在西部、东北两地域内部各省份接壤，有一定空间关联性；牧业总产值占比后5名主要集中在东部地区（甘肃除外）；渔业总产值占比前10名大多为东部沿海地区（湖北除外），湖北占据长江水系自然资源，培育人工养殖淡水产品产量占水产品总产量的比例高达95%以上，其他东部沿海地区多以海水产品养殖为主，海水产品产量占50%以上，只有天津、江苏淡水产品养殖产量占比高于海水产品。

2017年乡村农业内部的绿色食品产地面积结构如图4-7所示，分析发现我国绿色食品产地环境监测面积占比最大的是绿色农作物种植面积（包括粮食作物、油料作物、糖料作物、蔬菜瓜果和其他农作物），占比为47.68%，其中粮食绿色食品产地环境监测面积最高为38.04%，说明我国对绿色食品主要以民生粮食为重点；其次草场绿色食品产地面积占比为22.19%，保证我国畜牧业草料安全供给，保证肉类和奶类品质安全；茶园绿色食品产地占比最低为1.89%，绿色茶产品产地面积较小。

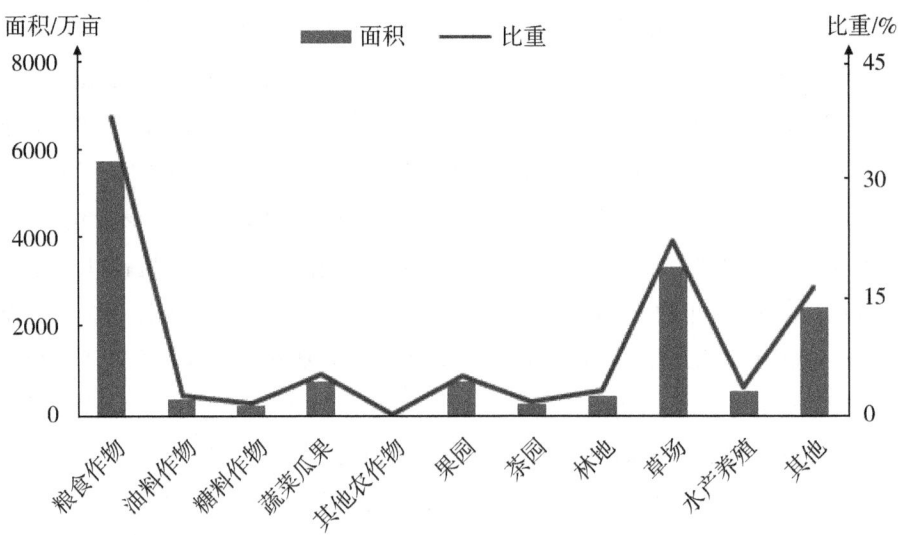

图4-7 2017年我国绿色食品产地环境监测面积及结构比重
（资料来源：《2017年中国绿色食品统计年报》[①]）

---

① 注：其他指蜜源植物、湖盐等面积。

分地区乡村绿色农业结构现状分析。①2017年山东有效用标绿色食品企业数、产品数占比居全国首位,分别占全国总数的12.74%、12.93%,随后排2—4名为黑龙江、江苏和安徽,有效用标绿色食品企业数、产品数占全国总数的比重均高于7.00%以上;这些地区发展绿色农业具有有机农业品牌意识;海南、贵州和西藏有效用标绿色食品企业数、产品数占全国总数的比重最低,均低于0.5%以下,这些地区农产品企业品牌意识薄弱,有些绿色有机农产品由于没有品牌标识,市场无法区分绿色农产品和非绿色农产品,导致一种"劣币驱逐良币"现象。②从绿色食品原料标准化生产基地数、面积、产量占比来看,黑龙江、江苏和内蒙古占全国总量比重最高,均高于10%,黑龙江由于土地肥沃、冬季休耕等有利天然条件,绿色食品原料标准化生产基地数、面积、产量占比分别为23.3%、39.05%、28.43%,远高于全国其他省份。综合来看,内蒙古的绿色食品原料标准化生产基地数、面积、产量占比虽然较高,但有效用标绿色食品企业数占比排第20名,说明内蒙古自然地理条件适合发展绿色有机食品,但内蒙古本地企业并未建立自己的绿色食品品牌,造成大量天然绿色有机农产品与市场同类低品质农产品以同一价格竞争,不利于提高优质农产品价值。

(1)农业结构现状分析

中国农产品种类较为丰富,而粮食作为居民消费的必需品,在农业的地位显得非常重要,在2019年中央1号文件中明确提出产业兴旺的指标之一粮食综合生产能力为强制性目标值6亿吨,故分析农业结构以粮食内部结构为重点;由图4-8可知,稻谷产量占比在粮食总产量中最高且呈持续下降趋势,由1978年44.93%下降到2017年32.15%,但稻谷产量一直稳定增产,主要因为玉米产量占比不断提高,玉米产量占比由1978年的18.36%增长至2017年的39.16%。玉米种植结构占比较高,一方面由于玉米单产高、收益好;另一方面我国基于粮食安全角度考虑,近年来给予玉米优惠政策,使得大豆与玉米种植收益差距越来越大,农户纷纷种植相对效益较高的玉米。1978—2017年豆类产量占比基本保持不变,但豆类单产是不断增加的,而我国豆类播种面积呈先增加后减少的趋势,主要是农户种植大豆收益低于玉米,而2016年我国农业部印发《全国种植业结构调整规划(2016—2020年)》,致力于调整国内种植业结构,使得2017年豆类播种面积、产量分别比上年增加8.23%、11.57%。1978—2017年小麦产量占比在20%上下波动,而薯类产量占比呈递减趋势,2017年薯类结构占比为4.23%,比1978年下降了

6.18个百分点，薯类单产一直稳定增长，但农户种植薯类的耕地面积转向种植玉米，导致薯类产量占比不断萎缩。

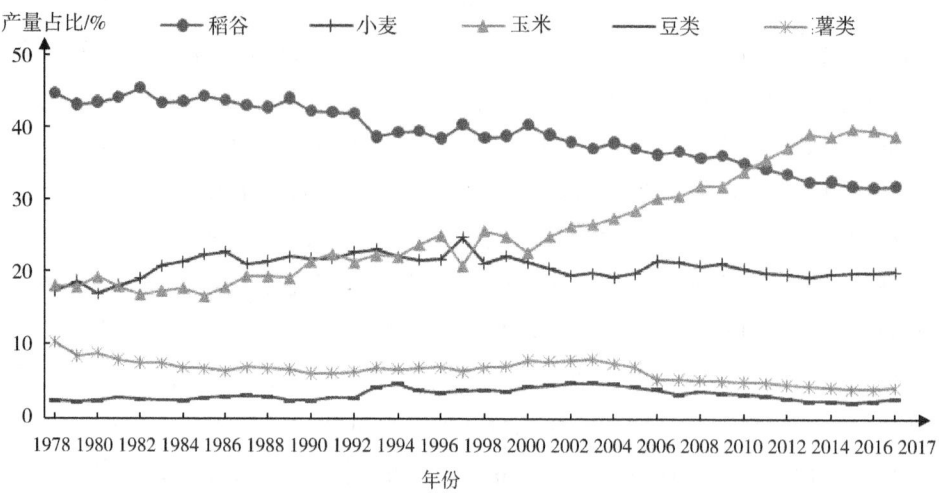

图4-8 中国粮食产量结构占比

（数据来源：历年《中国统计年鉴》）

（2）牧业结构现状分析

1980—2017年中国肉类产量以猪肉为主，但猪肉产量占比从1980年的94.08%下降至2017年的62.99%，我国生猪养殖成本主要是养殖饲料，而玉米、大豆、豆粕饲料消费受国际市场价格影响持续增长；而羊肉产量占比从1980年的3.69%稳步提高至2017年的5.44%，牛肉产量占比呈波动式增长趋势，从1980年的2.23%增长至第一个波峰2007年的9.05%，2017年牛肉产量占比为7.33%，我国优质牧草和干草产量较为平稳，牛羊肉产量占比稳定增长；我国肉类结构逐步优化，从单一依靠猪肉逐步转向提高牛羊肉占比，配合"粮经饲统筹"农业战略调整，着手调整种植业结构从而降低畜牧业养殖成本，达到粮食、经济作物和饲草料生产有效供应的平衡状态。

（3）林业结构现状分析

2015年我国经济林产品的种植与采集占林业一产业总产值比重最高（59.55%），总产值达12 875.44亿元，其中水果种植带来的经济产值最高，占经济林产品的种植与采集总产值的50.12%，这与居民消费需求结构变化相关；花卉及其他观赏植物种植产值占林业第一产业总产值比重较高（10.55%），随着国民对观赏性植物需求逐年增长，林业观赏性植物的经济价值有良好发展趋势；而传统林木育种和育苗、木材和竹材采伐、营造林等产业总产值占比较低。

(4) 渔业结构现状分析

从渔业总产量结构占比可知，人工养殖水产品产量占比呈逐年递增趋势，天然生产水产品产量占比呈逐年递减趋势，天然生产水产品产量占比从1978年的73.96%下降到2017年的23.88%，说明我国水产品的生产方式从传统捕捞天然水产品转向人工养殖水产品。天然生产海水产品产量占比从1978年的67.59%迅速下降至2017年的20.50%，说明我国已改变传统的捕捞天然海水产品方式；天然生产淡水产品产量占比由1978年的6.37%下降到2017年的3.39%。人工养殖海水产品产量占比由1978年的9.66%迅速增长至2017年的31.04%，人工养殖淡水产品产量占比由1978年的16.38%增长至2017年的45.08%，水产养殖技术的提高不仅增加我国水产品总产量，也加快了渔业转型升级，促进水产养殖绿色发展。

4.3 乡村工业与建筑业总量与结构现状分析

4.3.1 乡村工业与建筑业总量现状分析

乡村第二产业主要由工业和建筑业乡镇企业构成，而乡村工业企业多数从事农产品加工业，现依次对乡村工业企业、农产品加工业企业、建筑业企业的总量现状进行分析。

(1) 乡村工业企业总量现状分析

我国乡村工业企业总产值从1978年改革开放初期的388.76亿元迅速增长至2013年的414 244亿元，年均增长速度为23.36%*；按照工业生产者出厂价格指数调整后，以1978年为基期，2013年乡村工业企业总产值为95 586.21亿元，调整后年均增长率为17.75%*。1978—2013年我国乡村工业总产值（1978年为基期）增长率有3个波峰值，分别在1985年、1993年、2005年为64.64%、44.00%、29.68%；分析原因主要是1984年中央文件肯定了乡村工业在国民经济中的重要地位，调动了广大农民和基层干部的积极性；1993年我国将原有对外贸易政策（调剂余缺）转为市场经济条件运作，充分利用国际国内市场，乡村工业企业出口创汇迅速增长到13.45万个，比上年增长28.34%[①]，同时中西部地区乡村工业企业快速发展，个体私营经济空前活跃，乡村各种经济成分的企业都得到较大发展；2005年我国乡村工业企业主动适应外部资源和市场约束等变化，乡村工业企业发展的内生动力日渐增强，固定资产投资和外贸出口持续增长拉动了乡村工业企业的发展。从乡村工业企业从业人员数量来看，2013年乡村工业企业吸纳从业人数高达7134.28万人，说明乡村工业企业为农村人口提供较多就业岗位，有利于提高农民的经济收入水平。1978—2013年乡村工业企业吸纳从业人员人数呈先增长后平稳的变化趋势；乡村工业企业大规模快速扩张的增长阶段发生在1982—1995年，乡村工业企业迅速发展吸纳大量就业人员，该阶段从业人数年均增长率达10.92%*；1995—2013年乡村工业企业就业人员数量较为平稳，其中2007年受全球金融危机影响，出口对外贸易大幅下滑，直接导致部分乡村工业企业倒闭或裁员，企业从业人数有小幅下滑。

(2) 乡村农产品加工业总量现状分析

农产品加工业分为11类，为方便各年份比较，按照各自价格指数调整为1978年为基期[②]；另外，2006年国家统计局关于分行业工业品出厂价格指数的行业分类口径发生变化，采用如下方法剔除价格指数：1980—2005年农副食品加工业、食品制造业、酒、饮料和精制茶制造业、烟草制品业采用食品工业价格指数，纺织业、服装、鞋、帽制造业采用缝纫工业价格指数，木材加工和木、竹、藤、棕、草制品业、家具制造业采用森林工业价格指数，中药饮片加工与中成药生产业、橡胶制品业采用化学工业价格指数，其他农产品加工业均有口径统一对应价格指数。

由图4-9、图4-10可知，我国乡村农产品加工业总产值排前3位的是纺织业和服装、鞋、帽制造业以及农副食品加工业，2013年3种行业总产值（以1978年为基期）分别为7576.68亿元、7504.53亿元、6436.87亿元，分别是2003年的3.68倍、7.21倍、6.67倍，年均增速分别为13.93%、21.85%、20.90%；其中纺织业和服装、鞋、帽制造业是产业链关联行业，行业总产值发展趋势相同，2003—2011年纺织业总产值一直高于服装、鞋、

[①] 数据来源：《中国乡镇企业统计资料（1978—2002年）》。

[②] 注：由于统计年鉴1978年、1979年缺失，缺失值补充方法：将这两年价格指数均处理为100。

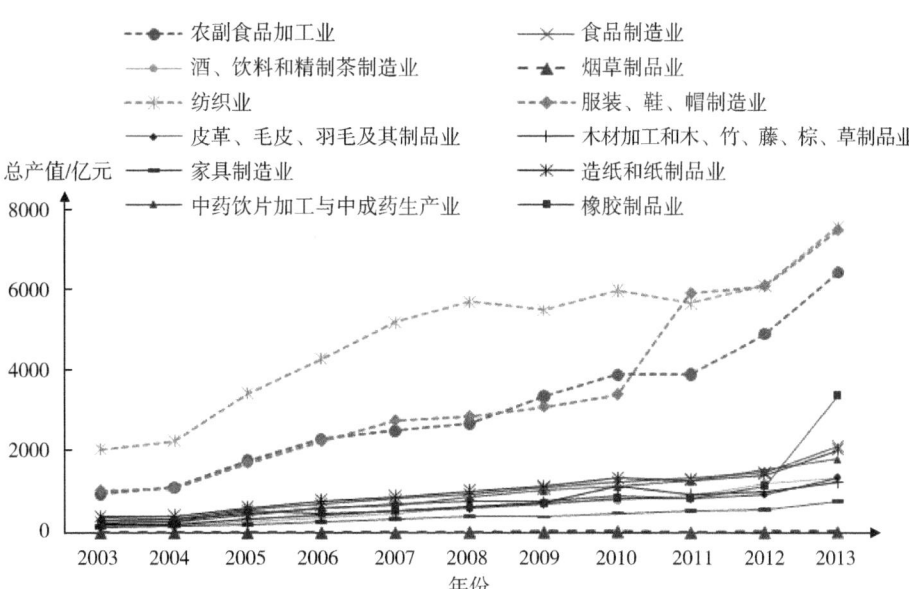

图 4-9 2003—2013 年中国乡村农产品加工业总产值（1978 年价格指数为 100）

（数据来源：2004—2014 年《中国乡镇企业及农产品加工业统计年鉴》）

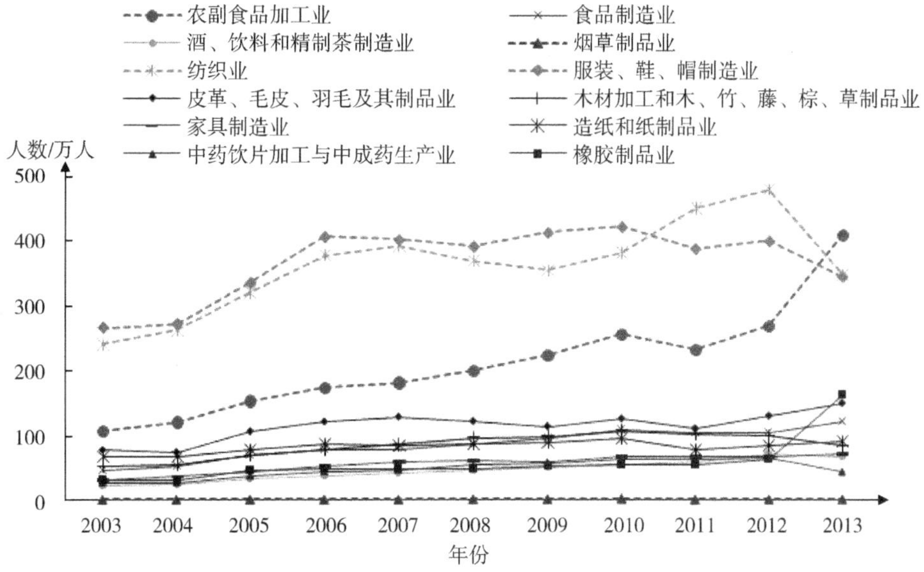

图 4-10 2003—2013 年中国乡村企业农产品加工业从业人数

（数据来源：2004—2014 年《中国乡镇企业及农产品加工业统计年鉴》）

帽制造业，2011年行业总产值首次出现交叉现象；结合乡村纺织业和服装、鞋、帽制造业从业人数的变化可知：2003—2010年服装、鞋、帽制造业从业人数一直高于纺织业，说明该阶段我国纺织业劳动生产率高于服装、鞋、帽制造业，该阶段纺织行业技术进步大、质量效益提升快、市场活力发挥充分。纺织业为服装、鞋、帽制造业的原材料上游行业，表明我国服装、鞋、帽制造业劳动生产率相对较低，通常由国外企业委托代加工制造，没有自己品牌和高附加值产品；2010年后服装、鞋、帽制造业总产值与纺织业持平情况下，对应的从业人数小于纺织业，说明服装、鞋、帽制造业劳动生产率提高了，逐渐从劳动密集型向资本密集型企业转型升级，服装、鞋、帽制造业的创新能力稳步提升，品牌建设有效推进，绿色发展成效明显。2013年纺织业从业人数与服装、鞋、帽制造业相同，说明在服装、鞋、帽制造业转型升级带动下，产业链上游的纺织业也同步转型升级，乡村企业的产业链之间具有连带作用。而农副食品加工业总产值和从业人数的同步增加，劳动生产率提高幅度相对较小，比较2013年纺织业和服装、鞋、帽制造业及农副食品加工业劳动生产率，单位劳动力总产出分别为21.73万元、21.72万元、15.72万元，分别是2003年的2.54倍、5.56倍、1.74倍，说明服装、鞋、帽制造业实现了由劳动密集型向资本密集型的产业升级。乡村企业烟草制品业总产值最低，从2003年的5.37亿元波动式增长至2013年的21.70亿元，烟草制品业的劳动生产率与酒、饮料和精制茶制造业的相差无几，2003—2013年烟草制造业的劳动生产率基本上呈现了两个V字形，构成了一个W形。

从劳动生产率角度分析，2013年酒、饮料和精制茶制造业，纺织业，服装、鞋、帽制造业，造纸和纸制品业，中药饮片加工与中成药生产业，橡胶制品业合计6个农产品加工业，其劳动生产率均超过行业平均水平，劳动生产率最高是中药饮片加工与中成药生产业（42.41万元/人），其劳动生产率是2003年4.16倍，说明该行业实现由低附加值向高附加值的产业升级。2013年农副食品加工业、食品制造业、烟草制品业、皮革、毛皮、羽毛及其制品业、木材加工和木、竹、藤、棕、草制品业、家具制造业合计6个行业的劳动生产率均低于行业平均水平，劳动生产率最低是皮革、毛皮、羽毛及其制品业（9.14万元/人）。

（3）乡村建筑业总量现状分析

我国乡村建筑业总产值从1978年的31.04亿元迅速增长至2013年27 685.91亿元，年均增长速度为21.42%；以1978年为基期，按照工业生产者出厂价格指数调整后，2013年乡村建筑业总产值为6388.48亿元，是1978年的206倍，年均增长率为16.44%。1978—2013年我国乡村建筑业总产值（1978年为基期）增长率与工业总产值增长率几乎同步变化，原因主要是乡村工业发展需要配套的建筑场地，两者是相辅相成的。由从业人数可知：1978—2013年乡村建筑业吸纳从业人数呈倒U形变化趋势；1982—1995年乡村工业规模扩大促进了乡村建筑业的发展，该阶段建筑业从业人数与工业从业人数增长趋势相同；但1995年后乡村工业保持原有规模经营，并对乡村工业规模扩大再生产的投资较少，导致1995—2006年乡村建筑行业萎缩，建筑业的从业人员转移到其他行业，从业人数呈下滑趋势；2007—2013年建筑业从业人数保持稳定状态，该阶段我国农业税减免、农村社会保障体系完善等一系列乡村利好政策，给农村经济发展带来活力，乡村旅游、乡村特产等新兴行业发展支持建筑业同步发展。

4.3.2 乡村工业与建筑业结构现状分析

（1）乡村工业与建筑业结构分析

由图4-11可知，从总产值和从业人数占比两方面综合来看，乡村工业占比均达到75%以上，是乡村经济发展的主力军。1984—2013年乡村工业企业总产值和从业人员占比呈稳步增长趋势，说明改革开放后我国乡村工业企业内部逐渐优化升级，注重培养内生发展动力，稳步提高工业总产值，吸收

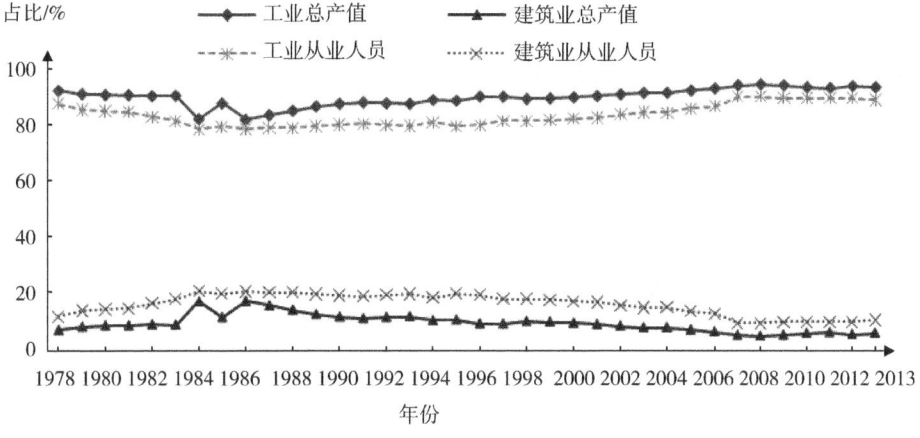

图4-11　1978—2013年中国乡村第二产业结构占比

（数据来源：1979—2014年《中国乡镇企业及农产品加工业年鉴》）

大量农民进入工业企业就业，乡村工业（特别是农产品加工业）成为乡村经济增长的主要动力。乡村建筑业总产值和从业人员占比呈先增长后下降趋势，1978—1984年我国乡村建筑业总产值和从业人员占比不断走高，分析原因是我国政策放活开始发展乡村经济，乡村工业基础设施缺乏，需要建设大量厂房、基础设施等发展乡村工业，该阶段建筑业总产值和从业人员占比较高，随着乡村工业固定资产投资基本完成，1984—2013年乡村工业企业在原有基础少量扩建，建筑业总产值和从业人员占比逐渐下降。

（2）乡村农产品加工业结构分析

由图4-12可知，从总产值占比来看，在农产品加工业中总产值占比排前3位行业是纺织业、服装、鞋、帽制造业、农副食品加工业，2013年各行业总产值占比均接近20%，其他农产品加工业总产值占比较低（小于10%）。从总产值占比趋势来看，纺织业总产值占比逐年下降，服装、鞋、帽制造业占比逐年上升，2011年两行业首次出现交叉点，随后重叠，说明纺织业从传统依赖投资出口的代加工产业逐步进行技术、结构、产业转型升级，已经从加工制造向产品设计和创意转型。服装、鞋、帽制造业已建立自主品牌，并逐步走向国际市场。其他农产品加工业总产值占比基本稳定不变，说明其他行业发展维持原有状态，未来行业转型发展空间大。

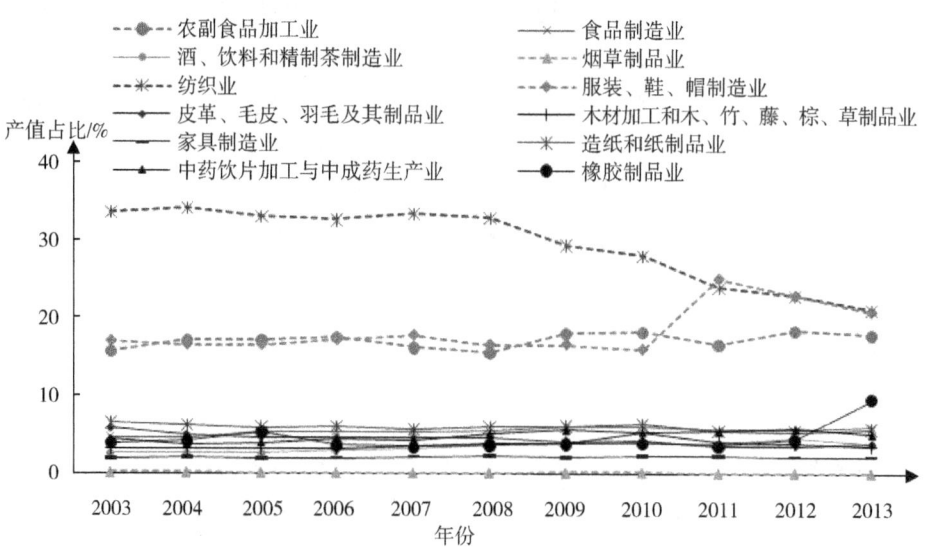

图4-12　2003—2013年中国农产品加工业总产值占比

（数据来源：2004—2014年《中国乡镇企业及农产品加工业年鉴》）

农产品加工业各行业从业人员占比基本相同，有3个波峰：第一个是烟草制品业2010年从业人员占比高达17.66%，主要是国家烟草专卖局编制"卷烟上水平"总体规划，总公司通过注资形式投入108.85亿元，确定18家合作生产定点工厂，在烟草行业兼并重组的影响下得到了快速发展，烟草行业高端品牌集中度不断提高。第二个是2013年橡胶制品业从业人员占比高达25.43%，分析主要是受到2010年国际橡胶价格猛涨影响，根据蛛网模型可知供给和需求存在滞后性，农民于2010年后纷纷种植橡胶树，2012年、2013年橡胶从业人员占比显著增长。第三个是2013年农副食品加工业从业人员占比达17.63%，说明农副食品加工业仍是劳动密集型行业。

4.4 乡村第三产业总量与结构现状分析

4.4.1 乡村第三产业总量现状分析

乡村第三产业主要涵盖住宿餐饮业、交通运输仓储业、批发零售业、社会服务业和其他企业，其他企业统计对象尚不明确，故重点分析住宿餐饮业、交通运输仓储业、批发零售业和社会服务业。为确保数据可比性，以1978年为基期，批发零售业总产值采用商品零售价格指数调整，其他三行业总产值均采用农村居民消费价格指数调整①，下面分析调整后的总产值和从业人员总量。

从总产值角度来看，由图4-13可知，批发零售业总产值由1978年10.67亿元快速增至2013年7703.06亿元（以1978年为基期），是我国乡村经济发展主要推动力。交通运输仓储业和住宿餐饮业总产值发展趋势基本相似，交通运输仓储业总产值由1978年22.31亿元增至2013年1888.08亿元（以1978年为基期），年均增速13.52%；住宿餐饮业总产值由1978年12.03亿元增至2013年1618.35亿元（以1978年为基期），年均增速15.03%。乡村社会服务业总产值由2003年541.49亿元增长至2013年1528.45亿元（以1978年为基期），年均增速10.93%。乡村4个行业发展均在2007年呈断崖式

---

① 注：1978—2004年农村居民消费价格指数缺失值采用全社会居民消费价格指数补充。

下降，主要受国际金融危机经济环境影响，乡村经济整体下滑，说明2007年前后乡村第三产业经济发展主要依赖对外贸易，国内市场需求份额较小。综合分析可知，乡村第三产业总产值整体呈稳定增长趋势，部分新兴产业发展空间较大。

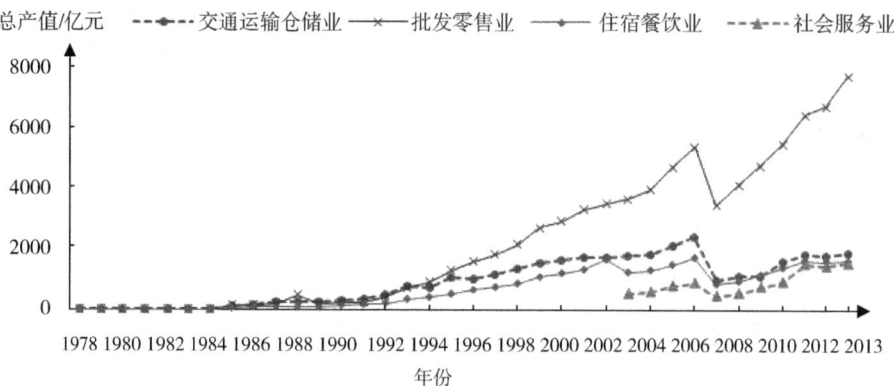

图4-13　1978—2013年乡村第三产业总产值

（数据来源：1979—2014年《中国乡镇企业及农产品加工业年鉴》）

从从业人员角度来看，由图4-14可知，1978—2013年乡村交通运输仓储业、批发零售业、住宿餐饮业三行业呈两端平稳、中间倒U形变化趋势。1984年是三行业快速增长起点；同期也是乡村工业总产值快速增长起点，乡

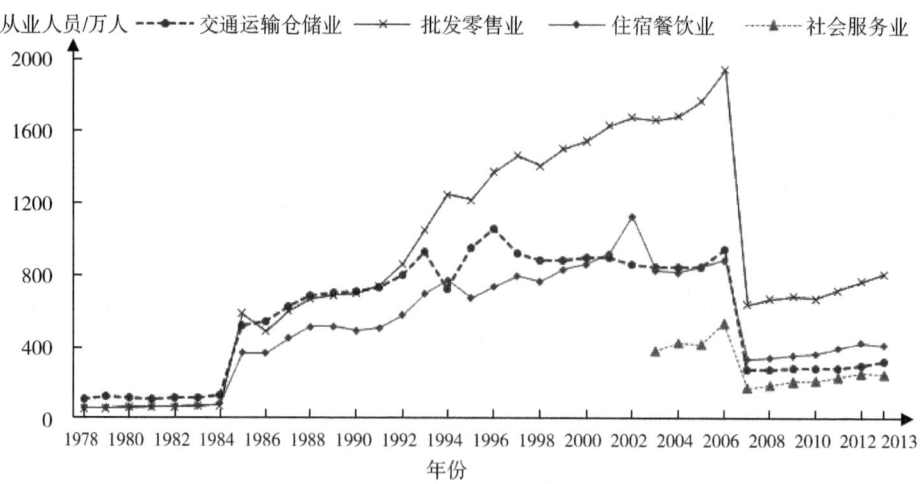

图4-14　1978—2013年中国乡村第三产业从业人员

（数据来源：1979—2014年《中国乡镇企业及农产品加工业年鉴》）

村工业发展直接带动批发零售业、交通运输仓储业和住宿餐饮业发展。2006年交通运输仓储业、批发零售业、住宿餐饮业和社会服务业从业人员分别为946.87万人、1958.33万人、886.68万人、537.29万人，几乎为四行业的波峰值；2007年受国际金融危机影响，从业人员总量断崖式下降，乡村四行业经济萎缩到20世纪90年代发展水平，随后以年均速度低于6%缓慢增长，而总产值以年均速度10%~20%超比例增长，说明乡村第三产业发展遭受外贸疲软的经济阻力，随后通过自身优化、淘汰落后产能，扩大国内需求，提高企业生产效率，保持总产值稳定有序增长。

2013年中国乡村第三产业中乡村旅游发展势头较好，截至2013年年底，农家乐总量已超过150万家，休闲农业集聚村落9万个，规模以上休闲农业园区超过3.3万家，接待游客超过9亿人次，营业收入超过2700亿元，带动2900万农民受益[1]。从农业互联网发展情况来看，2013年以来，农业部在9个省份开展农业物联网、互联网区域经营示范点，农村电子商务新兴产业蓬勃发展，2014年由商务部牵头实施农村电子商务示范村，2017年休闲农业通过互联网平台接入呈现繁荣发展，共接待旅游人次28亿，旅游收入高达7400亿元，带动我国乡村地区人员就业高达750户[2]；现代农业发展要从传统农业经营体系转型升级，重点推动农村第三产业与第一产业的融合发展。

4.4.2 乡村第三产业结构现状分析

（1）从总产值占比来看

由图4-15可知，2003—2013年乡村批发零售业总产值占比最高（均高于50%），且保持平稳增长趋势。社会服务业总产值占比最低，由2003年7.50%增长至2013年12.00%，随着城乡二元体制鸿沟缩小，以城市经济带到乡村经济发展为着力点，国家重视乡村中小企业的发展，鼓励社会各方面力量建立健全中小企业服务体系，为中小企业在市场营销、投资贷款、产权交易、技术支持等方面提供优质服务。乡村社会服务业在未来有较大发展空间。乡村交通运输仓储业和住宿餐饮业总产值占比呈下降趋势，近年来大力

---

[1] 资料来源：《2013—2014中国乡镇企业及农产品加工年鉴》第5页。
[2] 数字来源：王小兵，康春鹏，董春岩. 对"互联网+"现代农业的再认识[J]. 农业经济问题，2018（10）：33-37.

发展乡村旅游、休闲度假、农家乐等，但两行业总产值发展慢于批发零售业和社会服务业，借助有机农产品发展势头，大力发展乡村物流运输业。

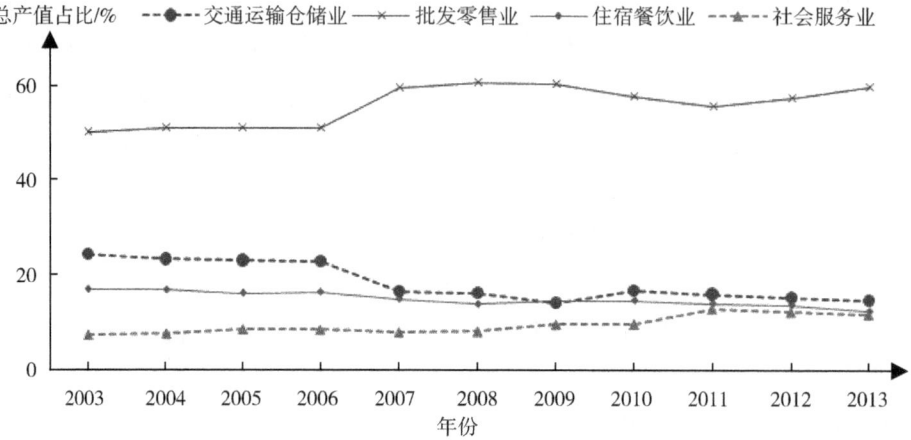

图4-15 2003—2013年中国乡村第三产业总产值占比①

（数据来源：2004—2014年《中国乡镇企业及农产品加工业年鉴》）

（2）从从业人员占比来看

由图4-16可知，2003—2013年批发零售业从业人员占比最高，且稳定在45%左右，说明批发零售业的发展较稳定。社会服务业从业人员占比最低，由2003年10.19%增长至2013年13.79%，说明我国对乡村中小企业的发展越来越重视，乡村中小企业服务性岗位需求较大，未来将为社会提供大量就业岗位。交通运输仓储业从业人员占比由2003年22.72%下降至2013年17.82%，说明随着乡村家庭拥有私家车数量增加，大量人员从传统交通运输仓储业转移到其他行业中，乡村交通运输仓储业未来重点发展货物运输。住宿餐饮业从业人员占比呈稳定增长趋势，说明乡村旅游、休闲度假、农家乐等呈萌芽发展阶段，开始吸纳较多从业人员，未来同样具有较大发展空间。

---

① 因其他企业数据存在异常值，故乡村第三产业总产值占比，均为剔除企业企业后，各行业总产值占4种行业总产值总和的比重。

第 4 章 乡村产业现状分析

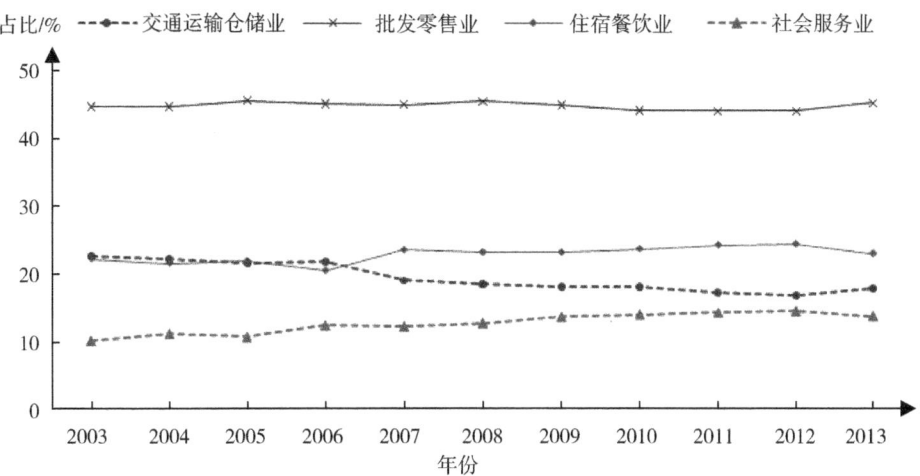

图 4-16　2003—2013 年中国乡村第三产业从业人员占比[①]

（数据来源：2004—2014 年《中国乡镇企业及农产品加工业年鉴》）

---

① 因其他企业数据存在异常值，故乡村第三产业从业人员占比，均为剔除其他企业后，各行业从业人员占 4 种行业从业人员总和的比重。

第5章 基于乡村振兴的农业现代化实现路径实证分析

第3章阐述实现产业兴旺的4条基本路径，从本章开始至第8章为本书核心部分，主要研究4条基本路径的具体道路应该怎么走。本章首先明确农业现代化及其与乡村振兴的关系，其次测度中国农业现代化发展水平如何，再次研究哪些因素影响农业现代化水平的提高，最后针对这些影响因素提出实现中国农业现代化的具体路径。

5.1 农业现代化与乡村振兴的关系

5.1.1 农业现代化

为了明确乡村农业现代化道路应该如何走，首先搞清楚农业现代化的内涵是什么？梁荣（2000）认为农业现代化指农业生产力、生产关系、上层建筑的现代化。傅晨（2001）研究认为人类农业文明发展到今天，经历了原始农业、传统农业、现代农业漫长的发展历程，这种阶段性划分是以生产力水平、生产工具、劳动技能等为时间节点。原始农业主要存在于原始社会的新石器农耕时代，是农业发展的早期；传统农业出现在原始社会末期，相比原始农业，传统农业生产力水平有一定提高，而后经历漫长的奴隶制度、封建制度和资本主义工业化（18世纪中期）。现代农业发展是以英国的工业革命爆发的大机器规模生产为基础，始于18世纪末期；早期学者认为将工业技术、电气设备、化学肥料和水利等应用到农业领域就是农业现代化；20世纪80年代改革开放后，学者认为农业现代化含义增加了现代农业经营管理内容。90年代后，从农业主体范围、农业市场化、农业可持续性3个方面进一步解释中国特色农业现代化发展的内涵。代表性的观点有国务院发展研究中心农村经济研究部课题组、中国科学院中国现代化研究中心、蒋和平等、辛岭等、王国敏等、中国农业科学院农业经济与发展研究所,以上学者或机构都构建出农业现代化指标体系,同时阐述对农业现代化内涵的认识。本章参考以上观点兼顾全国农业现代化区域不同特点,认为农业现代化内涵指在保护农业生产环境可持续发展前提下,用现代科技、现代经营管理方式、现代物质投入来改造农业,提高农业工业化、信息化水平,增加农业生产率、资源利用率以及竞争力等。

5.1.2 农业现代化与乡村振兴的关系

农业现代化如何推动乡村振兴?农业实现现代化指使用农用播种机、收割机、脱粒机的普及率提高,高产种子、高效化肥、人工降雨等现代技术的广泛应用,而这些现代农业生产资料的使用降低了农户家庭从事农业的劳动时间,农民利用额外时间通过劳动获取收入,节约的劳动力从事高附加值的循环经济、乡村旅游、乡村采摘、电子商务等,从而改善乡村生态居住环境,保护乡村文化遗产,推动乡村管理制度不断完善,实现乡村振兴战略。

5.2 农业现代化发展水平实证分析

杨宏力(2014)关于农业现代化发展水平测度主要有以下几种方法:多指标综合指数法、参数比较法(高明杰等,2007;李响等,2012)、模型法(单胜道等,2000)、DEA方法(郭冰阳,2006)、人工神经网络法(陆相林,2007;赵红巍等,2013)、空间关联法(潘竟虎等,2008)、达标率法(傅晨,2010)。其中多指标综合指数法在应用上比较广泛,也被认为是最合理的评价方法,本章根据农业现代化内涵的界定,构建我国农业现代化指标体系,采用综合指数法测度农业现代化水平。

5.2.1 农业现代化评价指标体系

(1) 设置基本原则

设置农业现代化指标体系的基本原则有代表性、独立性、易获取、系统性和可比性等①，崔惠玲等构建农业现代化指标体系要考虑到未来时代发展及现阶段新内涵，在其他原则基础上增加了现实性和趋势性原则②，本章综合以上基本原则，构建新时代农业现代化指标体系。

（2）构建指标体系

通过整理其他学者选择的指标内容，发现多数包括农业生产投入条件、农业综合产出水平、农民生活质量和农业资源环境等4个方面，通过分层筛选出合计9项指标，构建农业现代化水平的指标体系如表5-6所示，具体指标解释如下：

①耕地有效灌溉率 X_{11}：反映耕地播种后灌溉比例，具体计算为有效灌溉面积/农作物总播种面积。农业机械化水平 X_{12}：反映单位播种面积农用机械动力水平，具体计算为农用机械总动力/农作物总播种面积。单位播种面积用电量 X_{13}：反映单位播种面积用电水平，具体计算为农村用电量/农作物总播种面积。

②农民收入水平 X_{21}：反映农村居民人均纯收入水平，该指标在2012年前后发生变化，但总体上变化前后幅度不大，具体采用农村居民人均纯收入。农业劳动生产率 X_{22}：反映农村劳动生产率水平，具体计算为第一产业增加值/第一产业从业人数。

③农村居民恩格尔系数 X_{31}：反映农民全部消费中用于食品低级消费的比例，具体计算为农村居民食品支出/农村人均消费支出。农村居民消费支出 X_{32}：反映农民人均消费支出情况，该指标在2012年前后发生变化，但都是采用国家调查数据，数据变化幅度不大，农村居民人均消费支出（元）。

④森林覆盖率 X_{41}：反映该地区森林绿化比例，采用森林覆盖率指标。农业成灾率 X_{42}：反映单位播种面积农作物成灾比例，具体计算为农作物成灾面积/农作物总播种面积。

（3）权重设置

农业现代化指标体系采用分层设计，计算综合指数时，指标权重的设置成为关键环节，每个指标权重的设定关系到最终农业现代化综合指数的结果，早期的研究成果多数采用德尔菲专家打分法、AHP法等主观权重法，这种主

---

① 郭冰阳. 中国农业现代化评价体系的研究 [D]. 长沙：湖南大学金融与统计学院，2005.
② 崔惠玲，周洪禄. 农业现代化水平评价及方向选择——以河北省为例 [J]. 农业系统科学与综合研究，2000，16（3）：237-240.

第5章 基于乡村振兴的农业现代化实现路径实证分析

观赋权法比较简单且具有合理性，但因主观性较强而备受争议，部分学者转向使用客观权重法，如因子分析法、变异系数法（刘海清等，2013）等，客观权重法不依赖人的主观性，指标权重设置的客观性更强；最近研究中开始采用主观权重和客观权重结合方法（王国敏等，2011；蒋和平等，2011）。尝试客观权重计算发现变异系数法结果具有较大偏差，熵值法设置权重时不同年份的权重不同，导致各年之间存在可比性差的问题，故采用主观权重 AHP 层次分析法确定；通过专家咨询及已有学者蔡书凯等（2017）和王国敏等（2012）关于指标权重设定，对各指标进行两两比较①，确定其权重，构造出判断矩阵，得到各指标权重系数，计算的所有判断矩阵均通过了一致性检验（CR < 0.1），分别如表 5-1 至表 5-5 所示，确定 9 项指标最终权重如表 5-6 所示。

表 5-1 农业现代化的判断矩阵及权重

AM	X_1	X_2	X_3	X_4	W_i	CR
X_1	1	1/2	1	3	0.2395	0.0077
X_2	2	1	2	4	0.4327	
X_3	1	1/2	1	3	0.2395	
X_4	1/3	1/4	1/3	1	0.0883	

表 5-2 农业投入水平的判断矩阵及权重

X_1	X_{11}	X_{13}	X_{12}	W_{1j}^1	CR
X_{11}	1	1/2	1/3	0.1634	0.0088
X_{12}	3	2	1	0.5396	
X_{13}	2	1	1/2	0.2970	

表 5-3 农业产出水平的判断矩阵及权重

X_2	X_{21}	X_{22}	W_{2j}^1	CR
X_{21}	1	1/2	0.3333	0
X_{22}	2	1	0.6667	

表 5-4 乡村社会发展的判断矩阵及权重

X_3	X_{31}	X_{32}	W_{3j}^1	CR
X_{31}	1	2	0.6667	0
X_{32}	1/2	1	0.3333	

---

① 关于 i 和 j 重要性主要根据 yaahp 软件默认设置，此处不再罗列。

表 5-5　农业资源环境的判断矩阵及权重

X_4	X_{41}	X_{42}	W_{4j}^1	CR
X_{41}	1	1/2	0.3333	0
X_{42}	2	1	0.6667	

根据以上 AHP 权重设定确定各三级指标对总目标的最终权重,最终权重系数结果如表 5-6 所示。

表 5-6　农业现代化指标体系及权重

一级指标	二级指标	W_i	三级指标	W_{ij}^2
农业现代化水平	农业投入水平 X_1	0.24	耕地有效灌溉率 X_{11}	0.04
			农业机械化水平 X_{12}	0.13
			单位播种面积用电量 X_{13}	0.07
	农业产出水平 X_2	0.43	农民收入水平 X_{21}	0.14
			农业劳动生产率 X_{22}	0.29
	农村社会发展 X_3	0.24	农村居民恩格尔系数 X_{31}	0.16
			农村居民消费支出 X_{32}	0.08
	农业资源环境 X_4	0.09	森林覆盖率 X_{41}	0.03
			农业成灾率 X_{42}	0.06

注：W_i 表示一级指标权重，W_{ij}^1 表示二级指标初次权重，W_{ij}^2 表示二级指标最终权重。

数据来源：历年《中国统计年鉴》、地方统计年鉴[①]、国家统计调查大队对外公开报道数据、人民网等其他网页公开报道数据等。

5.2.2　农业现代化发展水平综合评价

（1）数据预处理

农业现代化指标体系共 9 项指标，除农村居民恩格尔系数为逆指标，其他 8 项指标均为正向指标。对农村居民恩格尔系数、农业成灾率采用减法一致化，采用两指标允许的上限值 1，依次减去每个指标原始数据。在计算农业现代化发展水平综合指数之前，由于原始数据量纲不同，故首先需要对数据

---

① 资料来源：云南省 2015—2017 年农村居民恩格尔系数采用 http://news.sina.com.cn/o/2018-02-03/doc-ifyreuzn 2179922.shtmlhttp://www.dczd.yn.gov.cn/gjdczd/3316056700628238336/20170221/126797.html, http://yn.people.com.cn/news/yunnan/n2/2016/0207/c228496-27711114.html. 对上海市个别年份农作物成灾面积缺失数据采用全国农作物成灾面积减其他 30 省份的累计和处理。

第5章 基于乡村振兴的农业现代化实现路径实证分析

进行标准化。采用规范标准化法对原始数据进行标准化处理：

$$X'_{ij} = (X_{ij} - \min X_{ij}) / (\max X_{ij} - \min X_{ij})。 \quad (5.1)$$

我国农业投入水平 X_1、农业产出水平 X_2、农村社会发展 X_3 和农业资源环境 X_4 共4个二级指标计算公式如下：

$$X'_i = \sum_{i=1}^{4} W_{ij}^2 X'_{ij} \ (i=1,2,3,4;\ j=1,2,\cdots,k,\ k 分别取 3,2,2,2)。 \quad (5.2)$$

我国农业现代化发展水平综合指数 X 计算公式如下：

$$X = \sum_{i=1}^{4} W_i X'_i \ (i=1,2,3,4)。 \quad (5.3)$$

根据上述公式（5.3）最终计算出我国30个省份农业现代化综合指数，按照我国东中西部地区划分标准①；计算东部、中部、西部地区省市区的农业现代化综合指数平均值，计算结果如图5-1所示。

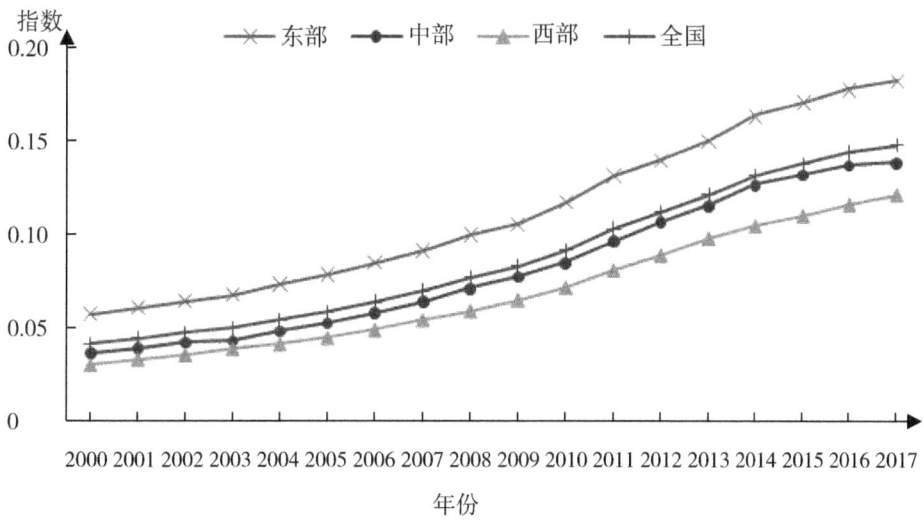

图5-1 我国东中西部农业现代化综合指数

东中西部地区农业现代化发展水平呈稳定上升趋势且差异化明显。我国农业现代化平均综合指数从2000年0.0414上升到2017年0.1481，年均增长率为7.81%*。分析可能原因是小农户经营土地碎片化问题严重，在一定程度上阻碍农业现代化发展，无法达到理想的农业规模效益。东部地区农业现

---

① 东部地区：北京、天津、河北、辽宁、上海、江苏、浙江、福建、山东、广东和海南；中部地区：山西、吉林、黑龙江、安徽、江西、河南、湖北和湖南；西部地区：内蒙古、重庆、四川、贵州、云南、西藏、陕西、甘肃、青海、宁夏、新疆、广西。

代化综合指数从 2000 年 0.0574 上升到 2017 年 0.1831，年均增长率为 7.09%*；说明东部地区 2000 年农业现代化基础较好，年均增速低于全国增速，处于稳定上升的发展阶段；东部地区农村乡村经济发展领先于中西部地区，在改革开放初期积累了资本，小作坊等小农经济发展推动了东部农业现代化水平。中部地区农业现代化综合指数从 2000 年 0.0365 上升到 2017 年 0.1394，年均增长率 8.25%*；说明中部地区 2000 年农业现代化水平一般，年均增速略高于全国年均增速，同样处于稳定上升的发展阶段；中部地区乡村经济发展依赖于邻近城市经济发展，与全国统一执行农业经济市场化进程发展一致。西部地区农业现代化综合指数从 2000 年 0.0304 上升到 2017 年 0.1229，年均增长率 8.53%*；说明西部地区农业现代化发展水平显著落后于东中部地区，2000 年西部地区农业现代化基础非常薄弱，但年均增速远高于全国，处于快速上升的发展阶段；西部地区主要受益于政府实施的西部大开发战略，对西部地区政策偏向照顾，促进了西部农业经济发展，同时由于西部部分人均耕地面积较多，人口密度小，为我国农业现代化、机械化发展提供了基础，提高了农民生活水平，具有较强劲的后续增长动力。

由表 5-7 可知，2000—2017 年东部地区农业现代化发展水平持续增长且各省差异呈扩大趋势。分析可能原因是东部地区乡村经济发展基础好，乡村民营企业活跃，对农产品生产和加工环节的固定资产投入较大，加速了东部乡村从传统农业转型现代农业。从农业现代化发展水平来看，2000 年北京、天津农业现代化水平处于领先地位，2017 年江苏和浙江的农业现代化水平超越北京和天津，分别为 0.2360、0.2322，居于东部领先地位；落后的省份有山东、河北和辽宁，2017 年农业现代化水平分别为 0.1533、0.1434 和 0.1523。从农业现代化发展趋势来看，上海在 2009—2012 年发展呈短期波动趋势，2015 年以后农业现代化发展水平呈下降趋势的省份有河北、辽宁和天津。从农业现代化发展增长速度来看，农业现代化增长率高于东部年均增长率的省份有福建、海南、江苏、辽宁、浙江和上海，年均增长速度分别为 7.60%*、8.50%*、9.16%*、7.20%*、8.42%*、7.27%*。

表 5-7 东部农业现代化综合指数

年份	北京	福建	广东	海南	河北	江苏	辽宁	天津	山东	浙江	上海
2000	0.0824	0.0533	0.0491	0.0448	0.0544	0.0539	0.0476	0.0704	0.0496	0.0591	0.0665
2001	0.0895	0.0560	0.0488	0.0453	0.0562	0.0578	0.0509	0.0748	0.0532	0.0643	0.0708

续表

年份	北京	福建	广东	海南	河北	江苏	辽宁	天津	山东	浙江	上海
2002	0.0945	0.0574	0.0513	0.0486	0.0581	0.0623	0.0544	0.0799	0.0545	0.0680	0.0772
2003	0.0990	0.0605	0.0533	0.0519	0.0602	0.0637	0.0576	0.0832	0.0587	0.0747	0.0830
2004	0.1023	0.0652	0.0567	0.0573	0.0661	0.0712	0.0630	0.0903	0.0648	0.0796	0.0887
2005	0.1049	0.0688	0.0612	0.0583	0.0701	0.0768	0.0732	0.0948	0.0714	0.0865	0.0955
2006	0.1025	0.0743	0.0640	0.0692	0.0755	0.0852	0.0785	0.0998	0.0768	0.0967	0.1099
2007	0.1128	0.0831	0.0683	0.0717	0.0834	0.0975	0.0854	0.1020	0.0848	0.1041	0.1126
2008	0.1198	0.0917	0.0765	0.0844	0.0886	0.1095	0.0955	0.1056	0.0926	0.1111	0.1229
2009	0.1288	0.0953	0.0807	0.0883	0.0943	0.1190	0.1020	0.1082	0.0981	0.1178	0.1317
2010	0.1356	0.1039	0.0899	0.1018	0.1042	0.1323	0.1120	0.1197	0.1048	0.1338	0.1554
2011	0.1474	0.1187	0.1019	0.1158	0.1158	0.1581	0.1267	0.1357	0.1162	0.1463	0.1677
2012	0.1585	0.1297	0.1093	0.1255	0.1237	0.1772	0.1395	0.1428	0.1254	0.1565	0.1531
2013	0.1671	0.1460	0.1142	0.1343	0.1338	0.1844	0.1490	0.1581	0.1315	0.1717	0.1670
2014	0.1781	0.1573	0.1283	0.1482	0.1404	0.1998	0.1560	0.1713	0.1415	0.1979	0.1842
2015	0.1855	0.1651	0.1347	0.1576	0.1442	0.2170	0.1632	0.1794	0.1476	0.2075	0.1856
2016	0.1829	0.1777	0.1451	0.1690	0.1435	0.2288	0.1583	0.1900	0.1473	0.2208	0.1997
2017	0.1931	0.1837	0.1495	0.1760	0.1434	0.2360	0.1523	0.1810	0.1533	0.2322	0.2141

由表5-8可知，2000—2017年中部地区农业现代化发展水平差异较大且呈扩大趋势。中部地区是我国农业土地耕地面积多的平原地区，土壤条件好且气候环境适宜，具备大力发展农业现代化的基础条件，但近年来出现农业现代化进展缓慢现象，可能与当前土地制度不适应有关系。从农业现代化发展水平来看，领先的省份有黑龙江和湖北，2017年农业现代化综合指数分别为0.1914和0.1791；落后的省份有山西和河南，2017年农业现代化综合指数分别为0.1374和0.1207；从农业现代化发展趋势来看，2015年以后农业现代化发展水平呈下降趋势有吉林和山西，吉林农业现代化从2015年0.1477下降2017年0.1337。从农业现代化增长速度来看，农业现代化年均增长率高于中部年均增长率的省份有安徽、江西、湖北和黑龙江，年均增速分别为8.28%*、8.46%*、10.04%*和9.71%*。

表 5-8 中部农业现代化综合指数

年份	安徽	吉林	河南	江西	湖北	黑龙江	山西	湖南
2000	0.0332	0.0442	0.0360	0.0351	0.0359	0.0404	0.0323	0.0348
2001	0.0370	0.0462	0.0387	0.0393	0.0379	0.0434	0.0332	0.0364
2002	0.0405	0.0521	0.0406	0.0412	0.0406	0.0463	0.0393	0.0370
2003	0.0400	0.0553	0.0395	0.0408	0.0421	0.0465	0.0428	0.0388
2004	0.0455	0.0593	0.0454	0.0447	0.0494	0.0547	0.0449	0.0416
2005	0.0472	0.0650	0.0510	0.0515	0.0532	0.0626	0.0454	0.0449
2006	0.0524	0.0712	0.0567	0.0552	0.0581	0.0656	0.0529	0.0516
2007	0.0575	0.0766	0.0637	0.0613	0.0660	0.0740	0.0557	0.0571
2008	0.0633	0.0889	0.0702	0.0678	0.0786	0.0850	0.0566	0.0602
2009	0.0691	0.0941	0.0749	0.0752	0.0859	0.0888	0.0649	0.0668
2010	0.0760	0.1002	0.0814	0.0806	0.1012	0.0974	0.0701	0.0731
2011	0.0843	0.1162	0.0885	0.0917	0.1200	0.1126	0.0770	0.0847
2012	0.0920	0.1261	0.0962	0.1010	0.1318	0.1320	0.0855	0.0920
2013	0.1015	0.1301	0.1034	0.1027	0.1457	0.1500	0.0924	0.1018
2014	0.1108	0.1409	0.1108	0.1182	0.1585	0.1668	0.0994	0.1120
2015	0.1152	0.1477	0.1159	0.1233	0.1664	0.1711	0.1016	0.1200
2016	0.1227	0.1470	0.1181	0.1334	0.1783	0.1759	0.0994	0.1291
2017	0.1272	0.1337	0.1207	0.1374	0.1791	0.1914	0.0988	0.1268

由表 5-9 可知，2000—2017 年西部地区农业现代化发展水平稳定上升且呈趋同发展趋势。分析原因为西部地区工业基础建设薄弱，发展大规模农业机械化设备生产能力差，但近年来由于工业农用机械设备成本降低，西部地区地广人稀的土地规模效益得到发挥，采用现代农业机械化、规模化作业替代了昂贵的人力成本，使得西部农业机械化得到快速发展，表现为西部农业现代化增速高于全国平均增速。从农业现代化发展水平来看，领先的省份有新疆和内蒙古，2017 年农业现代化综合指数分别为 0.1522 和 0.1481；落后的省份有甘肃、贵州和云南，2017 年农业现代化综合指数分别为 0.0960、0.1023 和 0.1015，这三个地区耕地以山地和沙化土地为主，规模化作业较为

困难;从农业现代化发展趋势来看,2015 年以后农业现代化发展水平呈下降趋势的省份有甘肃。从农业现代化发展年均增长速度来看,农业现代化增长率高于西部年均增长率的省份有贵州、青海、四川、云南和重庆,年均增速分别为 11.29%*、10.18%*、9.09%*、8.87%* 和 9.43%*。

表 5-9 西部农业现代化综合指数

年份	甘肃	内蒙古	广西	宁夏	贵州	青海	陕西	新疆	四川	云南	重庆
2000	0.0296	0.0418	0.0301	0.0333	0.0170	0.0245	0.0339	0.0521	0.0299	0.0244	0.0284
2001	0.0325	0.0452	0.0331	0.0372	0.0190	0.0333	0.0356	0.0514	0.0300	0.0257	0.0280
2002	0.0336	0.0475	0.0343	0.0389	0.0207	0.0361	0.0399	0.0543	0.0326	0.0273	0.0284
2003	0.0366	0.0515	0.0355	0.0434	0.0226	0.0388	0.0399	0.0638	0.0343	0.0303	0.0329
2004	0.0350	0.0572	0.0374	0.0452	0.0237	0.0436	0.0425	0.0677	0.0376	0.0325	0.0344
2005	0.0380	0.0619	0.0427	0.0464	0.0293	0.0486	0.0435	0.0740	0.0407	0.0322	0.0392
2006	0.0385	0.0657	0.0472	0.0516	0.0316	0.0475	0.0492	0.0755	0.0449	0.0394	0.0375
2007	0.0415	0.0731	0.0521	0.0556	0.0350	0.0546	0.0545	0.0835	0.0515	0.0444	0.0431
2008	0.0471	0.0836	0.0535	0.0617	0.0374	0.0631	0.0615	0.0847	0.0561	0.0462	0.0497
2009	0.0541	0.0854	0.0594	0.0668	0.0448	0.0696	0.0665	0.0913	0.0661	0.0491	0.0570
2010	0.0568	0.0967	0.0640	0.0784	0.0464	0.0753	0.0756	0.1133	0.0660	0.0510	0.0641
2011	0.0635	0.1099	0.0763	0.0863	0.0499	0.0832	0.0901	0.1190	0.0773	0.0598	0.0758
2012	0.0720	0.1179	0.0822	0.0949	0.0601	0.0924	0.0990	0.1298	0.0841	0.0674	0.0852
2013	0.0809	0.1314	0.0938	0.1020	0.0653	0.1041	0.1058	0.1402	0.0963	0.0757	0.0944
2014	0.0849	0.1403	0.0975	0.1077	0.0757	0.1102	0.1135	0.1445	0.1043	0.0819	0.1028
2015	0.0934	0.1409	0.1032	0.1136	0.0876	0.1109	0.1171	0.1452	0.1116	0.0862	0.1112
2016	0.0950	0.1435	0.1099	0.1163	0.0945	0.1164	0.1216	0.1530	0.1192	0.0963	0.1225
2017	0.0960	0.1481	0.1169	0.1258	0.1023	0.1222	0.1275	0.1522	0.1291	0.1015	0.1277

我国整体农业现代化水平稳步提高,东部与中西部地区农业现代化差异显著。我国整体农业现代化发展水平从 2000 年 0.1006 增长到 2017 年 0.2674,但 2015 年后我国农业现代化增长速度有放缓趋势(2015 年增速为 4.69%)。中部地区自 2015 年以来农业现代化增速远低于全国平均水平,以 2017 年中部农业现代化增长速度低至 1.01% 为例,说明中部地区农业现代化

后续动力较弱。东部农业现代化水平远高于全国平均水平,农业现代化的年均增长速度却低于全国平均增速,说明东部地区农业现代化后续动力同样较差。西部地区农业现代化水平低于全国平均水平,但农业现代化增长速度高于全国平均增速,说明西部农业现代化水平低,但未来具有较强赶超实力。

5.3 农业现代化的影响因素分析

5.3.1 农业现代化的影响因素理论分析

5.3.1.1 农业现代化的影响因素理论模型分析

Yang D T,Zhu X(2013)对传统两部门模型进行校准,假定某一时期 t 土地为 M_t 和劳动力为 L_t,r_t 和 w_t 分别是地租成本和劳动工资,市场上有农业商品和非农商品(工业商品),假设农业商品价格为单位货币,p_t 是非农商品的价格,个人家庭将收入 y_t 购买农业商品数量 $\bar{c}$ 和非农商品数量 $(y_t - \bar{c})/p_t$,劳动力总数以 $g(y_t)$ 的速度增长,此处 y_t 代表家庭购买农产品的能力,通常计算为名义收入与商品价格比率。非农商品生产符合线性函数 $Y_{nt} = A_{nt}L_{nt}$,A_{nt} 代表非农部门全要素生产率TFP。

农业部门分成传统农业部门和现代农业部门,传统农业部门生产仅有土地 M_t 和劳动 L_{at} 投入,具体生产函数形式如下:

$$Y_{at}^T = M_t^{1-\sigma}(A_{at}L_{at})^\sigma, \ 0 < \sigma < 1, \tag{5.4}$$

上角标 T 表示传统农业,A_{at} 表示传统农业的全要素生产率TFP,σ 表示劳动份额。

现代农业部门生产使用工业商品投入 X_t、土地 M_t 和劳动 L_{at} 投入函数形式如下:

$$Y_{at}^M = [M_t^{1-\sigma}(A_{at}L_{at})^\sigma]^{1-\alpha}X_t^\alpha, \ 0 < \alpha < 1, \tag{5.5}$$

上角标 M 代表现代农业,现代农业投入 X_t 在非农部门生产,X_t 要素份额为 α,主要包括农具、加工机械和运输设备以及化肥、农药和高产种子等投入。

假设农业和非农部门各有一个代表性公司在产出和要素价格给定的情况

下是完全竞争的,并且两部门均选择要素投入追求利润最大化。非农部门利润最大化函数为:

$$\max \pi_{nt} = p_t A_{nt} L_{nt} - w_t L_{nt} \text{。} \tag{5.6}$$

农业部门的利润最大化函数为:

$$\max \pi_{at} = (M_t^T)^{1-\sigma} (A_{at} L_{at}^T)^\sigma + [(M_t^M)^{1-\sigma} (A_{at} L_{at}^M)^\sigma]^{1-\alpha} X_t^\alpha - p_t X_t - r_t M_t - w_t L_{at}, \tag{5.7}$$

其中 $M_t^T + M_t^M = M_t$, $L_{at}^T + L_{at}^M = L_{at}$。由公式(5.7)可知,如果农业部门要实现利润最大化目标,则需要现代农业投入最优量:

$$X_t = (\alpha/p_t)^{1/(1-\alpha)} (M_t^M)^{1-\sigma} (A_{at} L_{at}^M)^\sigma, \tag{5.8}$$

现代农业技术生产的增加值为:

$$Y_{at}^{1M} = Y_{at}^M - p_t X_t = (1-\alpha)(\alpha/p_t)^{\alpha/(1-\alpha)} (M_t^M)^{1-\sigma} (A_{at} L_{at}^M)^\sigma \text{。} \tag{5.9}$$

而如果传统农业投入同样的土地和劳动要素,则产出为 $(M_t^M)^{1-\sigma}(A_{at}L_{at}^M)^\sigma$,当且仅当 $(1-\alpha)(\alpha/p_t)^{\alpha/(1-\alpha)} \geq 1$ 时,农户会选择现代农业。当不等式取等号时,农户有可能使用传统技术、现代技术或两者都使用;只有非农商品相对价格 p_t 低于特定阈值情况下,不等式大于 1 时,农户会选择现代农业技术,现代农业投入主要有非农部门生产,非农部门生产率提高决定非农商品相对价格 p_t 下降。

该模型适应一般均衡路径,公式(5.9)表明相对价格 p_t 影响农户是否选择现代农业的路径。为了寻找农户选择现代农业的精确条件,我们要解决均衡相对价格 p_t 在哪个均衡点上,根据经济学理论框架,我们从劳动力市场、产品市场以及货币市场分析,均衡相对价格 p_t 主要受哪些因素的影响。

5.3.1.2 农业现代化的影响因素理论定性分析

(1)人力资本因素

我国乡村劳动人口总量与人口自然增长率、人口年龄结构密切相关,我国乡村人口结构老龄化问题比较严重,部分乡村在工业化发展过程中沦为"癌症村",成年劳动力身体健康素质令人担忧,乡村人口受到环境污染死亡率一直居高不下;城镇化进程中,大量乡村年轻劳动力进城务工,乡村的农民从事种植业、养殖业等有相当规模是 50 岁以上老年人,这些农民几乎没有受到良好的教育,乡村从事农业生产的劳动力不具备操作现代农业机械设备以及现代无人机喷洒的能力,同时乡村的公共基础教育水平较低,乡村留守儿童多数由老人看管,不具备学习先进知识和操作的环境,恶化乡村人力资本素质差的情况，阻碍农业现代化的推进。

(2) 工业化水平因素

与农业生产直接相关工业产品主要有农机和化肥等，这些农业生产资料价格变化关系到农民是否选择用农用机械替代劳动，农业生产资料价格变化究其根源主要是工业产品市场均衡价格。工业化水平的高低取决于产品的质量、作业效率等。这些工业产品供给主要取决于加工技术和效率，而加工技术和效率水平与科学研究前沿进展相关。工业产品市场生产效率提高，市场上农用机械和化肥价格下降到一定阈值，则农民会采用大量价格低廉的农用机械和化肥替代成本更高的劳动力，这样工业化水平越高，工业产业价格越低，则有利于推进农业现代化。

(3) 固定资产投资因素

农户通过固定资产投资方式购买现代农业生产资料，农户对自家农业固定资产投入直接影响农用机械和化肥市场变化，通过影响农用机械和化肥等市场需求变化，在完全竞争市场上，农户利用自有资金通过购置现代农业生产资料行为促进厂商之间激烈竞争，推动厂商应用先进技术降低成本、生产优质适合农业作业的产品。也就是农户通过影响现代农业产品的需求市场，间接影响农业现代化推进。

(4) 基础设施建设因素

乡村公共基础设施建设水平也是影响农业现代化进展的主要因素。乡村道路水平高低决定购买的农用机械是否能顺利到田间作业，部分乡村地区处在山地，乡村道路没有实现硬化，农用机械无法经过泥泞、窄小的村道，无法在田间进行农业生产，大大降低农用机械的使用效率，阻碍农业现代化的进程。另外随着农村电子商务和数字农业的发展，乡村通讯基础设施建设薄弱，一些乡村没有通讯宽带接入，另一些乡村通讯宽带或移动网络信号差等问题，落后通讯基础设施阻碍了农村电子商务的发展，智慧农业依托的3S遥感技术不能得到配套的服务网络支持，制约了农业现代化的演进。

5.3.2 农业现代化的影响因素实证分析

5.3.2.1 变量选择与计量模型构建

被解释变量选取各地区农业现代化发展水平，解释变量参考国内学者谢杰等（2015）、钟阳等（2012）、陈江涛等（2018）研究农业现代化的影响因素，从上述理论分析的4个影响因素及数据可得性选择以下变量：①人力资本因素选取乡村人口教育水平（Education），采用高中或中专以上占比，城镇化率（Urban）用城镇人口/常住总人口变量表示。②工业化水平因素选取工业化程度（Manufactory），用人均工业增加值（元/人），财政支农力度（Fiscal）用地方财政农林水事务支出占比表示。③固定资产投资因素选取人均农业固定资产投资（Invest），使用农村农户固定资产投资/乡村人口（单位：元/人）表示。④基础设施建设因素选择乡村互联网水平（Computer），采用农村每百户拥有计算机数量，等外公路占比（Road）用等外公里里程/等级公路里程表示[①]；构建农业现代化影响因素的对数形式的计量模型，具体模型形式如下：

$$\ln AM_{it} = \beta_i \ln X_{it} + C_{it} + \mu_{it}, \quad (5.10)$$

其中 i 代表不同地区，t 代表不同时间，AM_{it} 代表农业现代化水平，X_{it} 为外生解释变量农业现代化影响因素，β_i 表示解释变量待估计的参数，C_{it} 代表常数项，μ_{it} 为随机扰动项。构建农业现代化影响因素的对数形式模型，具体模型形式如下：

$$\ln AM_{it} = \beta_1 \ln Computer_{it} + \beta_2 \ln Education_{it} + \beta_3 \ln Fiscal_{it} + \beta_4 \ln Urban_{it} +$$
$$\beta_5 \ln Road_{it} + \beta_6 \ln Invest_{it} + \beta_7 \ln Manufactory_{it} + C_{it} + \mu_{it}, \quad (5.11)$$

其中 AM_{it} 代表农业现代化水平，$i = 1, \cdots, 30$，$t = 2002, \cdots, 2017$，$\beta_1 \sim \beta_7$ 为待估计参数，$Computer_{it}$ 等为解释变量，C_{it} 为常数项，μ_{it} 为随机扰动项。

5.3.2.2 数据预处理与描述性统计分析

数据来源于2002—2017年中国统计年鉴、各省份统计年鉴、中国农业年鉴、中国农村年鉴。数据收集过程发现西藏数据缺失较多，剔除西藏、港澳台地区，只包括我国30省份农业相关数据。中间缺失值采用平均值法补充，2014—2017年教育水平缺失值采用2013年重复值补充。人均农业固定资产投资以2000年为基期剔除固定资产投资价格指数，人均工业增加值以2000年为基期剔除第二产业增加值指数。

观察变量的描述性统计分析结果，代表乡村互联网水平的计算机占比最小值是0.1，最大值是75，标准差分别为15.63，说明乡村互联网水平在近年

---

① 注：合理办法采用等外公里里程/等级公路里程，但2005年公路里程才开始包含村道，导致2005年前后口径不一致问题，2005年所有省份都有一个较大跳跃。故此处采用等外公里里程/等级公路里程处理。

来普及率飞速提高,现代农业的乡村互联网水平发展基础日趋完善。教育水平最小值为0.24,最大值为43.90,说明乡村接受高等教育的人口比例不断增加,也为我国乡村现代农业发展提供了源源不断的优秀人才,未来现代农业需培训一批新型农民以提供人力保证。等外公里占比最小值0,最大值为175.32,说明乡村道路建设越来越好,北京、上海、天津等城市实现了村内公路均为等级公路,其他地区的等外公路占比也逐渐减小。城镇化率最小值为18.82,最大值为89.61,说明我国城镇化率差距较大,一线城市已经完全实现了城镇化发展转型,而其他西部偏远地区80%以上人口仍然居住在乡村。农村人均固定资产投资和工业增加值最小值分别为1490和1031,最大值分别为27 825和46 665。财政支农的比例最小值为1.05,最大值为18.97,说明地方财政在支农的政策倾向性不同,反映财政在农业、林业、水利、扶贫、农业综合开发支出等力度不同。

5.3.2.3 农业现代化的影响因素实证分析

由于选择的影响因素较多,为了检验解释变量之间是否存在多重共线性,首先采用简单的相关系数法观察变量之间的相关性,具体结果如表5-10所示。

表5-10 解释变量间相关系数

Variables	(1)	(2)	(3)	(4)	(5)	(6)	(7)
(1) ln$Computer$	1.000						
(2) ln$Education$	0.518	0.518					
(3) ln$Fiscal$	0.234	0.234	0.234				
(4) ln$Urban$	0.615	0.615	0.615	0.615			
(5) ln$Road$	-0.399	-0.399	-0.399	-0.399	-0.399		
(6) ln$Invest$	0.578	0.578	0.578	0.578	0.578	0.578	
(7) ln$Manufactory$	0.341	0.341	0.341	0.341	0.341	0.341	0.341

由表5-10所示,变量间的相关系数在0.5以上较多,但在0.8以上较少,也就是变量间没有存在高度相关,但为了更精确观察变量间是否存在相关系数较低的多重共线性,我们需要进一步利用方差膨胀因子法(VIF)检验,检验结果发现:解释变量之间VIF为1~3,说明变量间并不存在严重的多重共线性。

为避免出现伪回归现象,对变量进行单位根检验,单位根结果表明变量均为平稳时间序列,主要采用LLC、Breitung、IPS、ADF和PP检验方法,具体检验结果如表5-11所示。

表5-11 面板数据的单位根检验

变量	LLC	Breitung	IPS	ADF	PP
$\ln AM$	-32.68***			615.06***	695.00***
$\ln Computer$	-9.25***		-1.35***	84.74***	131.28***
$\ln Education$	-5.68***		-3.84***	107.48***	156.90***
$\ln Fiscal$	-5.80***			101.12***	95.27***
$\ln Urban$	-39.35***			438.70***	540.25***
$\ln Road$	-85.52***	-3.43***	-15.68***	105.09***	119.08***
$\ln Invest$	-7.38***		-1.36*	77.18*	66.23
$\ln Manufactory$	-4.98***		-1.51*	79.66**	99.18***

注：*、**、***分别代表10%、5%、1%水平下显著。下文同。

检验结果表明：$\ln AM$、$\ln Computer$、$\ln Education$、$\ln Fiscal$、$\ln Urban$和$\ln Road$在1%显著性水平下均通过相同单位根和不同单位根检验，$\ln Invest$和$\ln Manufactory$也在10%显著性水平下通过相同单位根和不同单位根检验，表明以上解释变量均为平稳性序列，可直接进行回归估计分析。

首先建立混合面板数据回归模型，回归结果如表5-12中模型（1）所示，模型结果表明财政支农比例越多，即用于农林水利建设的资金越多，农业现代化程度反而下降，这与实际经济意义不符合，我们预期乡村的教育水平对农业现代化具有推动作用，而这里并不显著且为负向关系，说明不适合构建模型（1）。选择建立固定效应还是随机效应之前，需要做豪斯曼检验。首先，建立个体效应面板数据模型。豪斯曼（Hausman）检验结果卡方值为22.35，P值为0.00，拒绝原假设，说明适合个体固定效应模型。个体固定效应回归结果如模型（2）所示，与混合模型相比，个体固定效应模型结果表明乡村教育水平由不显著负向关系变成显著负向关系，进一步证实乡村教育水平对农业现代化起到抑制作用，这与我们通常认为的结论不符，后面将联系城镇化对该变量进行深入分析；财政支出比例对农业现代化又显著为正值，说明这里的财政占比系数不稳定，其他变量估计回归系数结果均显著且基本稳定，从模型拟合优度来看，模型（2）的拟合优度（0.96）大于模型（1），综合来看模型（2）优于模型（1）。其次，建立时间效应面板数据模型。豪斯曼检验结果卡方值为92.30，对于P值为0.00，同样拒绝原假设，说明适合时间固定效应。个体固定效应回归结果如模型（3）所示，与模型（2）相比，乡村教育水平对农业现代化进一步显著为负向关系，而财政支农占比却再次显著负向关系，还是说明变量系数不稳定，其他变量的系数方向基本不变，模型（3）拟合优度（0.93）低于模型（2），说明模型（2）较好。最后，建立个体和时间双向固定效应模型，双向固定效应回归结果如模型（4）所示，模型结果显示多数解释均不显著，同样不适合模型（4）。考虑模型（1）~（4）检验结果，除财政支农占比待估计参数不稳定，其他变量回归系数正负关系及 P 值均显著，为解决这个问题，我们在模型（2）基础上剔除乡村教育水平观察结果分别如模型（5）所示，模型（5）结果显示财政支农占比对现代农业具有显著正向关系，而其他变量系数仍然稳定，由于不能判断财政支农占比稳健性，删除该变量模型（6）结果显示，其他变量均稳定，乡村教育水平回归系数稳定为负向关系。乡村教育水平回归系数为负值，与常规教育会提高农业现代化水平的认识不符，我们认为是乡村受高等教育的人才转移到城镇生活，结合城镇化进程角度看，乡村人才流失和城镇化共同对现代农业的影响，构建模型（7）回归结果表明乡村教育水平对农业现代化仍然为正向关系，乡村教育水平与城镇化交叉作用对农业现代化具有不显著正向作用。比较模型（1）~（7）发现个体固定效应模型（6）为最优模型。

表 5-12 农业现代化影响因素的回归模型

lnAM	(1)	(2)	(3)	(4)	(5)	(6)	(7)
lnComputer	0.084***	0.073***	0.023**	-0.003	0.075***	0.076***	0.076***
	0.010	0.009	0.010	0.007	0.009	0.009	0.009
lnEducation	-0.009	-0.090***	-0.069**	-0.003	—	-0.083***	-0.060
	0.022	0.023	0.020	0.015	—	0.024	0.067
lnFiscal	-0.051**	0.094***	-0.127***	-0.003	0.088***	—	—
	0.024	0.023	0.023	0.016	0.023	—	—
lnUrban	0.377***	0.525***	0.377***	0.104**	0.517***	0.515***	0.450**
	0.035	0.068	0.031	0.047	0.069	0.069	0.190
lnRoad	-0.016**	-0.049***	-0.010	-0.003	-0.048***	-0.046***	-0.045***
	0.007	0.007	0.007	0.006	0.007	0.007	0.007
lnInvest	0.231***	0.138***	0.182***	0.041**	0.129***	0.151***	0.151***
	0.024	0.024	0.023	0.017	0.024	0.024	0.024
lnManufactory	0.135***	0.175***	0.155***	0.127***	0.170***	0.188***	0.187***

续表

lnAM	(1)	(2)	(3)	(4)	(5)	(6)	(7)
	0.021	0.027	0.019	0.021	0.028	0.028	0.028
lnEducation * lnUrban							0.026
							0.071
_cons	−5.24	−4.37	−5.37	−3.87	−4.52	−4.82	−4.87
$\bar{R}^2$	0.896	0.96	0.93	0.95	0.95	0.95	0.95
F 统计量	540	256	244	254	254	253	245
P 值	0.00	0.00	0.00	0.00	0.00	0.00	0.00

模型（6）结果可知，从人力资本影响因素分析，结果表明：①乡村教育水平与现代农业呈负相关关系。与常规认识不同，乡村教育水平的系数显著为负值（−0.083），说明乡村教育水平提高1个百分点，农业现代化反而后退0.083个百分点；分析乡村受过高中以上教育程度的人口多数迁移到城镇工作生活，农户家庭父母以家庭储蓄培养的人才源源不断流向城镇；乡村受教育人数占比越高，意味着乡村流失大规模优秀人才越多，乡村人口年龄结构老龄化、留守儿童问题更加严重，表现为乡村教育水平越高，反而抑制现代农业的发展。②城镇化率与现代农业呈正相关关系。城镇化对农业现代化具有显著的正向促进作用（0.515），城镇化提高1个百分点，则农业现代化水平提高0.515个百分点；说明我国城镇化进程强劲地推动乡村农业现代化发展，大批乡村农民工转移到城市就业生活，释放出大量耕地，土地通过不同流转形式使得实际农户家庭耕种土地面积增加，有利于碎片化土地集中生产、经营、收割等，为大规模土地机械化创造条件，推动现代农业快速发展。③乡村教育水平与城镇化交叉与农业现代化呈不显著的正相关关系。大量乡村培育优秀人才和进城务工农民对农业现代化影响机制：一方面乡村优秀人才和青年新型农民流失，抑制农业现代化发展；另一方面城镇为乡村转移人口提供大量就业岗位，两者共同交叉作用对农业现代化呈不显著正向促进作用。

从工业化水平影响因素分析，结果表明：①人均工业增加值与农业现代化呈正相关关系。人均工业增加值对农业现代化具有显著的正向促进作用（0.188），人均工业增加值提高1个百分点，则农业现代化提高0.188个百分点；说明人均工业增加值的提高直接表现为我国制造业壮大发展，由于市场竞争机制工业产品质量不断提高，工业产品的价格不断下降，根据本章理论模型分析，工业产品的相对价格下降到一定阈值，农户有动机利用价格较低的资本替代价格较高的劳动要素，普及乡村农业机械化使用范围，更好推动现代农业生产、经营管理。② 财政支农占比与农业现代化具有不确定关系。财政支农的资金主要用于水利灌溉工程建设，集约利用水资源对农业进行精准滴灌、喷灌节水技术，从定性分析财政支农占比能促进乡村农业现代化水平；但实际可能因为气候变化、水利设施修建的合理性和政府"寻租"行为等，财政支农投入对乡村农业现代化促进作用并不持久，财政支农资金投入方向、效率等存在一定问题，对现代农业推动作用不稳定。

从固定资产投资影响因素分析，人均农业固定资产投资与农业现代化呈正相关关系。人均农业固定资产投资对农业现代化具有显著的正向促进作用（0.151），人均农业固定资产投资提高1个百分点，则农业现代化提高0.151个百分点；说明增加人均农业固定资产投资直接表现为农用拖拉机、农用灌溉设备、农业收割机等农具增加，这些农具提高了农业劳动生产率，减少了农民从事农业的劳动时间，增加了农民收入，进而将收入用来投入固定资产，推动现代农业的进步。

从基础设施建设影响因素分析，结果表明：①农村计算机占比与农业现代化呈正相关关系。农村计算机占比对农业现代化具有显著的正向促进作用（0.076），农村计算机占比提高1个百分点，则农业现代化提高0.076个百分点；说明农村计算机占比提高表明乡村互联网水平快速发展，乡村互联网农户普及越多，越有效改善传统乡村农产品经营体系，完善乡村农产品生产、销售、物流等配套服务，高效率、低成本为城乡消费者和生产者搭起物联网桥梁，有效促进现代农业的发展。② 等外公路占比与农业现代化具有负相关关系。等外公路占比对农业现代化具有显著的负向促进作用（-0.046），等外公路占比下降1个百分点，则农业现代化提高0.046个百分点；等外公路占比越高，说明乡村道路条件较差，现代规模农用作业机械设备面临下乡作业的困难，阻碍了乡村农户家庭发展现代农业。在偏远或经济水平低的地区，通常因为造价成本、使用效率等，乡村道路基本均修建等外公路，方便临时农用机械使用，但是不利于长远发展，经济水平较好的乡村道路通常铺设质量较好的等级公路。近几年，处在北京、天津和上海行政辖区范围小的乡村不再修建等外公路，乡村道路全部升级成为等级公路，推动乡村农业现代化发展。

5.3.2.4 稳健性检验

为了进一步验证模型稳定性，将模型（6）面板数据时期缩短为2007—2017

年，建立回归模型（8），结果如表5-13所示：缩短面板数据时期的各解释变量系数正负关系仍然稳定，系数大小变化较为稳定，人均农户固定资产投资系数仍为正但 P 值不显著，分析可能是短面板数据估计过多参数引起的，整体上各变量回归系数结果具有稳健性。将模型（6）解释变量农村计算机占比使用农村移动电话占比替代，建立回归模型（9），结果如表5-13所示：替换变量的回归模型各解释变量系数正负关系仍然稳定，系数大小基本无变化，农村移动电话占比系数仍为正但对应 P 值不显著，分析可能是农村移动电话变量选取不能直接反映乡村基础设施建设水平，应选择移动网络信号覆盖率、强度等变量，但整体上各变量回归系数结果具有稳健性。

表5-13 农业现代化影响因素模型稳健性检验

lnAM	(8)	(9)
ln$Computer$	0.062***	—
	0.013	—
lnTel	—	0.005
	—	0.016
ln$Education$	-0.223***	-0.089***
	0.056	0.026
ln$Urban$	1.289***	0.498***
	0.106	0.075
ln$Road$	-0.072***	-0.051***
	0.014	0.008
ln$Invest$	0.025	0.209***
	0.025	0.025
ln$Manufactory$	0.155***	0.311***
	0.034	0.029
_cons	-2.757	-6.237
$\bar{R}^2$	0.95	0.94
F 统计量	186	216
P 值	0.00	0.00

综上，模型（6）为最优模型，乡村教育水平提高抑制现代农业的发展，城镇化对农业现代化具有显著的正向促进作用，两者交叉与农业现代化呈不显著的正相关关系。人均工业增加值对农业现代化具有显著的正向促进作用

(0.188),财政支农占比与农业现代化具有不确定关系。增加人均农业固定资产投资,可拉动现代农业的进步。提高农村计算机占比有效促进现代农业的发展,等外公路占比与农业现代化具有负相关关系,乡村道路升级成为等级公路,可推动乡村农业现代化发展。

5.4 农业现代化实现路径

5.4.1 土地制度创新是实现农业现代化的前提

完善农村承包地"三权分置"制度,着重要弱化所有权,重点保障使用权和经营权。推进土地承包经营权确权登记颁证工作,实现承包土地信息联通共享,确立农用耕地的"三权分置"制度,有利于建立土地流转市场,建立乡村承包地流转平台市场,在保证农民利益被充分保护前提下,支持大户租赁、业主经营等土地流转,推动土地适度规模经营发展,为农用机械化和数字农业现代化发展奠定基础。在不具备龙头企业的农业地区重点发展土地股份制合作社,以土地、劳动入股合作经营方式解决土地碎片化问题,构建大规模土地经营方式,推动农业现代化发展。弱化所有权,重点强调使用权和经营权,能够解决农户投入能力不足的困难,通过抵押担保土地使用权和经营权等形式从金融机构获得贷款,保证土地经营权和使用权依法获得金融机构融资担保、入股从事农业现代生产经营,培育全新的乡村土地金融市场,提高农户经营土地的投资能力,能够有效地推进农业现代化进程。

5.4.2 农业技术应用是实现农业现代化的动力

针对我国人多地少、人均资源紧缺、地区发展不平衡的国情,建立以现代工业和科学技术为基础,实现增长生产率、提高土壤肥力、持续协调利用自然资源,实现农业高产、优质、高效、低耗的现代集约技术发展。开发现代农业技术,尽量依靠轮作、秸秆再利用、有机化肥及生物防治病虫害等方法,保持土壤肥力和供给农作物生长,与自然环境建立可持续发展的农业战略,通过生态经济循环方式,利用畜牧业废弃物和厩肥参与种植农作物,将种植业、畜牧业和农产品加工业有机结合起来。利用人工建造的设施为农业生产提供良好的环境条件，利用现代农业技术调节光照、水分、矿质营养、空气等外部条件，在一定程度上克服传统农业"看天吃饭"的限制因素。

5.4.3 适度城镇化是实现农业现代化的支撑

适度推进城镇化为农业现代化提供必要的就业岗位配套支持。近年来部分地方政府过分追求城镇化速度，采用强制行政命令"一刀切"方式对农民土地进行征收，这种方式可短期快速推进农耕土地规模化运转，但侵犯了农民的根本利益，激化农民与当地政府之间的矛盾，失地农民由于技术水平低，在城市无法找到合适工作，进而诱发社会治安、贫困等新问题。适度推进城镇化速度，是在农民自愿流转土地情况下，保障自身利益同时在城市谋求到新工作，能够有安身立命工作岗位，从而将耕地流转到少数人或合作社集中经营管理，为农业实现规模化、机械化、现代化生产创造有利的配套条件。适度城镇化进程中，城市和乡村要融合发展，将农业规模化进程中转移出来的农民安排到城镇生活，城镇为进城务工的农民工提供与市民均等的社会保障和福利待遇，使进城务工的农民能够安心扎根城市，放弃农村的房屋与土地，实现乡村农业现代化。

5.4.4 培育乡村人才是实现农业现代化的关键

由农业现代化的制约因素分析可知，乡村教育水平与农业现代化呈负向关系主要是乡村人才的转移，这是乡村农业现代化不可避免的现象。在乡村人才转移的问题上，我们要培育志在乡村生活、生产的新型农民，着重培养在乡村生活的中青年骨干农民；培训新型农民学习使用现代农用机械设备（如操作农用植保无人机等），操作农田地理信息平台，利用农技服务平台，推进农业生产现代化。只有培育新型乡村人才，使用现代农业生产资料和技术，采用"资本和技术换人"方针策略，才能解决当下乡村老龄化、空心化问题，实现投入少量乡村劳动力耕耘大面积土地，解决未来乡村劳动力数量下降问题。

5.4.5 工业化与农业互动是实现农业现代化的支柱

我国工业发展与农业发展的关系，长期以来一直以"农业辅助工业发展"

阶段，当下中国已经转为工业反哺农业的发展阶段，通过借鉴发达国家的历史经验研究工业化和农业现代化两者互动关系，发现工业发展是农业机械化和大规模组织化的必经道路，现代农业的发展必须依赖工业部门提供农用机器设备、动力、化肥、贮藏设备和农业运输工具；随着工业化不断提高，农用机械设备、动力、化肥等现代农业生产资料质量越来越好，价格越来越低，工业化带来的资本效益提高替代了传统农业作业方式，激发制造业创新创造活力；农业机械行业以及化工行业的发展带动产业链上下游的整体发展，生物化学技术的发展为农业提供优质的种子和化肥，提高农产品的数量和质量；随着工业化水平的提高，现代农业的发展转向高附加值、高科技、高质量的农产品生产，不仅为市场提供消费品，也为工业提供原材料，占领产业链的高端，推动现代农业和工业良性循环发展，逐步实现农业现代化。

第6章 基于乡村振兴的产业升级路径实证分析

根据第 3 章产业集聚理论和第 4 章乡村产业分布情况可知，农业、农产品加工业集聚现象比较明显，以乡村农产品加工业总产值占比最高的服装、鞋、帽制造业为例，2013 年浙江、江苏、福建、广东和山东乡村服装、鞋、帽业总产值占全国比重的 87.89%，而服装、鞋、帽业表现出空间集聚效应。为揭示产业集群现象，Anselin（1990）提出使用空间计量方法分析；本章首先明确乡村产业升级及其与乡村振兴的关系，其次测度我国乡村产业升级的水平，从省际层面观察乡村产业升级是否存在空间集聚特征，再次考虑乡村产业集聚效应下，中国乡村产业升级受到哪些因素影响，最后针对这些影响因素提出乡村产业升级实现的具体路径，这是本章要研究的问题。

6.1 乡村产业升级与乡村振兴的关系

6.1.1 乡村产业升级

关于产业升级的内涵，国内外学者还没有形成统一的概念。国外关于产业升级概念界定的观点主要有：Gereffi（1999）认为产业升级是企业或经济体转向高利润或资本技术密集型的能力不断提高的过程。Ernst（1998）从产业升级方式解释概念，提出产业升级的 5 种分类，分别为产业间升级、要素间升级、需求升级、功能升级、链接升级。Kaplinsky 等（2005）将产业升级和创新区分开，认为创新表现为企业新技术和新产品，升级是如何比竞争者更快适应环境。Humphrey 等（2002）认为产业升级类型分为工艺升级、产品升级、功能升级和跨产业升级。

国内学者对产业升级观点主要有两类，第一类认为产业升级与产业结构升级内涵一致，不仅包括产出总量增加，还包括产业结构由低级向高级转变过程，后者也是产业结构升级（喆儒，2006）。第二类认为两者内涵不同，从全球竞争和国际视角分析，产业升级除了包括产业结构升级外还包括产业链升级；产业结构升级指产业结构从低级向高级不断进步的过程，产业升级指单个产业产生、进化和衰退过程。本书认为分析乡村产业升级的内涵，应遵从国内学者一般宏观和中观视角，认为乡村产业升级和乡村产业结构升级内涵一致；由于第4章分析乡村产业现状发现，乡村产业中农业是基础和根本，但中国乡村农产品加工业发展迅速，为了准确反映乡村农产品加工业迅速发展势头，本章将乡村产业升级内涵限定为乡村产业结构高度化，包含乡村产业总产出增加，以及乡村产业结构由低级向高级转变过程。

6.1.2 乡村产业升级与乡村振兴的关系

乡村产业升级如何促进乡村振兴？乡村产业升级表现为农业内部农产品由低质向高质转变，乡村产业从农业向农产品加工业及乡村旅游等二三产业升级，由低附加值向高附加值的产业转型；通过农产品升级和乡村二三产业附加值提高，才能使得乡村产业的平均利润增加，重现乡村经济活力，提高农民收入水平，完善乡镇政府及村委会的乡村经济发展管理制度，乡村旅游产业激发乡村生态循环经济，改善乡村人居环境，保护乡村民俗等非物质文化遗产，实现乡村的政治、经济、文化、环境等全面振兴。

6.2 乡村产业升级现状分析

6.2.1 数据来源及测算方法

干春晖等（2011）关于产业升级测度从产业结构合理化和产业结构高级化两方面度量。产业结构合理化是产业间的聚合质量，既反映产业间协调程度，又反映资源有效利用程度，度量要素投入结构和产出结构的耦合程度。一种方法是结构偏离度，但该方法将各产业作用看为均等化，忽视各产业在经济增长中的重要程度；另一种方法是泰尔指数，该方法既避免了绝对值运算，又保留结构偏离度理论基础和经济含义。产业结构高级化是产业结构升级的度量，一般文献采用克拉克定律非农产值比重。本章将乡村产业升级内涵限定为乡村产业结构高度化，故这里采用产业结构高度化度量产业升级系数。现关于产业升级测定大多采用贾敬全等（2015）、田洪川（2013）、张翠菊等（2015）的计算一二三产业占比方法度量产业结构升级，但该方法只适合测度城乡整体产业升级系数，不适合测度乡村产业升级；因为它忽略处于城郊结合的乡村企业所属行政区域转变，造成乡村产业升级系数存在偏差。另外一种测算方法多采用徐敏等（2015）引入产业结构层次系数，强调第三产业地位重要性，赋值最高为3，农业地位最低，赋值最低为1，但由于第4章乡村产业现状分析表明，乡村产业结构发展不可能像城市一样遵循"三二一"的发展模式，而仍要以农业发展为主，有条件后转向二三产业升级，但是农业产业的根本地位不能改变；故而本章依据克拉克定律非农人口比重测算乡村产业升级系数，在一定程度上克服产业升级系数计算偏差，同时不再过分强调乡村第三产业重要地位。该方法依据乡村非农就业人口占乡村总就业人口比重衡量乡村产业升级系数，该定律认为：随着经济发展，劳动人口将从农业向第二产业转移，当发展到高级阶段，劳动人口会从第二产业再向第三产业流动，故给出的乡村产业升级系数（Uis）计算公式为：

$$Uis = \frac{乡村非农产业从业人员数}{乡村总从业人员数} \times 100\%, \tag{6.1}$$

其中，Uis 的值越大，表明乡村人口从事二三产业的比重越大，说明乡村产业结构向二三产业演变，乡村产业升级高度化越高。乡村非农产业从业人员数＝乡村从业人员数－乡村农林牧业从业人员数量。2000—2012年乡村从业人员数、农林牧渔业从业人员数来源于国家统计局数据库，2013—2017年数据来源于地方统计年鉴，部分省份统计数据异常值、缺失值采用数据平滑法、平均值法进行处理。本章采用此公式来测度我国乡村产业升级系数。

6.2.2 乡村产业升级现状分析

依据上述测算，我国乡村产业升级系数2000—2017年呈先上升后平稳的变化趋势，由2000年的30.99%上升到2017年47.00%，说明我国乡村产业升级水平总体仍处于上升趋势。2000—2011年乡村产业升级系数年均增加1.04个百分点，2012—2017年是乡村产业升级发展停滞时期，部分区域乡村产业升级系数甚至呈下降趋势，乡村从事二三产业经济发展的劳动力比重逐年下降，乡村二三产业发展后续动力疲软，但区域间乡村产业升级系数值差异较大。2000年，区域产业升级系数演化方向由东部沿海地区向中西部地区逐渐下降。2017年，从乡村产业升级系数区域分布来看，乡村产业升级系数高于全国平均值（0.47）的地区有北京、天津、河北、上海、江苏、浙江、安徽、福建、江西、湖北、广东和重庆，合计12省份；观察乡村产业升级水平较高的省份在地理空间分布格局发现，一部分集中在东部沿海地区，另一部分集中在中部地区，据此我们分析乡村产业升级水平较高的地区可能存在空间相关性。

由表6-1及第3章产业集聚理论分析，我国乡村产业升级在空间地理位置上存在关联性，进一步通过空间相关性检验方法判断乡村产业升级是否存在显著关联性。检验方法有全局空间关联性和局部空间关联性指标；前者适合从区域整体上分析空间相关性，反映全局空间分布情况，后者适合分析局部区域空间自相关性。从2000—2017年我国各地区乡村产业升级系数空间演化规律观察可知，各地区乡村产业升级存在空间相关性，适合采用全局空间关联性指标检验分析。

全局空间关联性指标有两种：自关联性全局 Moran's I（莫兰指数）和交叉全局 Moran's I。交叉全局 Moran's I 指标需要采用双变量来计算，通常使用较少；自关联性全局 Moran's I 适合单变量计算，采用后者检验空间关联性，具体公式如下：

$$\text{Moran's I} = \frac{n \sum_{i=1}^{n} \sum_{j=1}^{n} W_{ij} (Uis_i - \overline{Uis})(Uis_j - \overline{Uis})}{\sum_{i=1}^{n} \sum_{j=1}^{n} W_{ij} \frac{1}{n} \sum_{i=1}^{n} (Uis_i - \overline{Uis})^2}, \quad (6.2)$$

其中，Uis_i 为第 i 地区的乡村产业升级系数，W_{ij} 为空间权重矩阵，该矩阵采用车式矩阵（Rook），车式空间权重矩阵元素取值设置为：当区域 i 和 j 空间邻近时，取值为1，不相邻记为0，交叉全局莫兰指数计算结果如表6-1所示。

表6-1 乡村产业升级系数空间交叉全局莫兰指数

年份	Moran's I	Z 得分	P 值	年份	Moran's I	Z 得分	P 值
2000	0.596	5.403	0.00	2009	0.599	5.395	0.00
2001	0.597	5.410	0.00	2010	0.597	5.373	0.00
2002	0.607	5.491	0.00	2011	0.589	5.301	0.00
2003	0.598	5.429	0.00	2012	0.588	5.276	0.00
2004	0.609	5.514	0.00	2013	0.596	5.335	0.00

续表

年份	Moran's I	Z 得分	P 值	年份	Moran's I	Z 得分	P 值
2005	0.611	5.525	0.00	2014	0.609	5.445	0.00
2006	0.582	5.309	0.00	2015	0.615	5.491	0.00
2007	0.596	5.389	0.00	2016	0.622	5.549	0.00
2008	0.597	5.388	0.00	2017	0.522	4.707	0.00

Z 得分：表示标准差倍数，P 值：表示概率。

由表 6-1 可知，莫兰指数均大于 0，且在 5% 水平下皆通过显著性检验，说明我国乡村产业升级系数存在正向空间关联性，即相邻省份乡村产业升级系数存在空间依赖关系。2000—2017 年，莫兰指数呈现出三段波动性变化趋势：第一阶段为 2000—2005 年，莫兰指数呈稳定上升趋势，表明该时期我国的乡村产业升级的空间关联性越来越强；分析原因是乡村二三产业从业人数持续上升，乡村企业二三产业总产值表现为快速稳定增长活力，邻近省份乡村产业升级带动本省份乡村企业发展，拉动本省份乡村二三产业就业，提高各地区乡村产业升级系数。第二阶段为 2006—2016 年，该阶段莫兰指数处于低谷上升阶段；2006 年莫兰指数下降为 0.582，说明我国省份乡村产业升级高值集聚效应骤降，相邻省份与该省份乡村产业升级的空间相关性减弱。分析主要原因是该阶段乡村从事二三产业人员数量基本稳定在 1.3 亿人左右，乡村第二产业总产值呈稳定增长趋势，而乡村第三产业总产值与莫兰指数变化趋势基本一致，2007 年我国乡村第三产业产值下降 26 819 亿元（与 2001 年乡村三产业总产值基本持平），从事乡村交通运输仓储业和社会服务业的企业总产值与上年相比有所下降，其中北京、浙江等省份乡村交通运输仓储业总产值显著下降。究其原因，2006 年是全球金融危机发生前夕，我国乡村企业出口贸易也受到较大影响，造成乡村二三产业总产值下降，尤其以京津和长三角沿海地区乡村企业受创严重，部分省份乡村产业升级系数高值逐渐萎缩，导致乡村产业升级空间关联性下降。但随后几年中国政府刺激国内需求，引导乡村企业从依赖对外贸易转向国内消费需求为主，促进乡村经济持续平稳发展，2016 年中国乡村产业升级的莫兰指数提高到 0.622。第三阶段 2017 年中国乡村产业升级系数再次跌入谷底，全球经济处于下行趋势，国内消费需求仍存在供需不匹配现象，乡村中低端加工业无法满足国内日益增长的消费需求，中国乡村产业升级空间关联性又开始新一轮萎缩，2017 年部分省份乡村从事农业人员数量甚至比上年增长，说明不只是乡村二三产业开始下滑，城镇吸纳农民劳动力转移的能力也开始下滑。

乡村产业升级具有显著空间集聚特征。东部乡村产业升级呈空间集聚状态，2000—2017年由北京、上海两点为乡村产业升级高值"增长极"，即"热点区"；东部地区主要以纺织业和服装、鞋、帽制造业为升级的产业。西部为乡村产业升级"冷点区"，主要以从事传统农业为主，乡村二三产业发展较为落后。乡村产业升级有空间集聚演绎特征，具有明显空间集聚效应，邻近省份乡村产业升级促进本省份乡村产业升级发展，但邻近省份随机变量的冲击亦对本省份乡村产业升级产生负效应，这种冲击具有传递性和衰减性，空间影响具有高阶效应。

6.3 乡村产业升级影响因素实证分析

6.3.1 乡村产业升级影响因素的计量模型构建

（1）计量模型构建

由于数据限制，从省际层面观察乡村产业升级是否存在空间集聚特征，结果表明我国省际间乡村产业升级存在空间集聚现象，地区差异比较明显。那么我国乡村产业升级受到哪些因素制约，这些制约产业升级的因素带来空间效应是什么？为了解决这两个问题，构建广义空间回归模型反映产业升级过程出现的产业集聚现象，该模型是空间自回归模型（SAR）与空间误差模型（SEM）的结合，其一般形式具体如下。

$$\ln Uis_{it} = \rho W_1 \ln Uis_{it} + \ln X_{it}\beta + \mu_i + \nu_{it}, \qquad (6.3)$$

$$\nu_{it} = \lambda W_2 \nu_{it} + \varepsilon_{it}, \qquad (6.4)$$

ρ 为空间自回归系数，W_1 为 $N \times N$ 维经标准化的非负空间权重矩阵，X_{it} 表示乡村产业升级影响因素，β、λ 为空间计量模型待估计参数，μ_i 表示空间固定效应，ν_{it} 表示存在广义空间回归模型的误差项，W_2 是一个空间权重矩阵，可等于或不等于 W_1，ε_{it} 是服从 $(0, \sigma_\varepsilon^2 I_n)$ 正态分布的残差项。

（2）影响因素的变量选择

我国乡村产业升级层次差异大且具有空间关联性，研究制约乡村产业升级的因素对我国乡村产业发展具有重要作用，乡村产业升级的影响因素概括为供给、需求、技术进步和对外开放。

1）供给因素

乡村自然资源。乡村产业升级的基础离不开农业基础，天然的资源禀赋和自然条件决定了我国乡村未来产业升级的方向。水土资源丰富的地区更适合发展绿色农业，提高农产品质量，如：五常大米、栖霞苹果、三只松鼠、阳澄湖大闸蟹等品牌农产品，实现农业产业内部升级；矿产资源丰富的乡村更适合发展乡村工业，打造玉石、玛瑙、珍珠等特色小镇；自然人文景观独特的乡村更适合发展旅游产业，建设美丽、主题文化、休闲度假等消遣乡村，实现乡村产业间的升级。供给因素主要包括乡村人力资本和农户资本供给因素，其中乡村人力资本是最基本的生产要素，乡村劳动力生产能力提高促进产业结构演进变化；农户资本投资方向、投资数量影响产业升级。选取指标乡村企业职工平均工资（$Wage$）来衡量乡村人力资本要素，选取农村住户固定资产投资总额（$Invest$）来衡量农户资本供给因素。

2）需求因素

需求因素有两层含义：一方面对乡村农产品①的需求总量；另一方面对乡村产品和服务的需求结构。①一国人口总量、人均收入水平、经济社会发展水平、技术水平都会影响乡村农产品和服务的需求量。发展中国家人口增加阻碍乡村产业结构高度化，发达国家由于产业结构基础牢固，人口适度增加有利于稳定乡村产业结构和促进乡村产业结构合理化。②需求结构是影响乡村产业结构变化最主要的因素，消费结构、投资结构、消费与投资比例结构都是主要影响因素。例如，消费者更偏爱口感好的奶油草莓，农民就会大量投资种植高品质草莓，促进乡村农业产业内部升级；消费者偏好消费乡村休闲度假，大量的资本涌入乡村，在海边或乡村农业作业区建设旅游基础设施，促进乡村产业间升级。对农产品消费发生变化，投资也随之变化，以上均是影响乡村产业升级的主要因素。市场需求结构和规模决定产业升级方向和速度，最终需求主要包括居民消费需求和政府消费需求，已有研究（张翠菊，2015）表明政府消费需求对产业升级促进作用不显著，故选取（孙韩钧，2012）社会消费品零售总额（$Sale$）反映居民消费水平。

3）农业技术进步

农业技术进步是乡村产业结构高度化的决定因素。农业技术提高有利于

---

① 注：本节乡村农产品不仅包括农业生产的粮食、水果、蔬菜等实物，还包括乡村休闲旅游等服务。

改变农村传统产业生产方式,解放大量农村剩余劳动力,提高农业生产效率,使当地乡村由劳动密集型产业为主的农业生产,转向资本、技术密集型产业。农业技术进步影响需求结构。农业技术进步能开发新型农产品、改善农产品质量,从而改变消费需求结构,导致产业结构变化。农业技术进步影响供给结构。农业技术进步可以降低农业生产资料投入成本,增加农民收入;还能通过教育学习等方式,提高农民劳动力素质,改善劳动力供给,促进乡村产业结构的变动。农业技术进步改善产业结构。农业技术进步可以提高乡村社会分工,形成新兴产业。农业技术进步是乡村经济发展的内生动力,农业技术提高有利于改变农村传统产业生产方式,解放大量农村剩余劳动力,提高农业生产效率,有利于形成新产业。选取农业机械总动力反映农业技术进步。

4) 对外开放

产业结构不仅受国内因素影响,还受到国际因素的影响,主要包括国际贸易和国际投资两类。①国际贸易。国际分工能够发挥各国的比较优势,我国劳动要素成本比发达国家低,形成了国际产业的转移。通过国外农产品进口增加本国供给,通过本国农产品出口刺激本国需求量增长来影响产业结构。引进国外新产品、新技术有利于推动本国产业结构高度化。②国际投资。外商投资导致国外产业向内转移,零售巨头沃尔玛入驻我国改变当地农产品需求结构,外资企业的农产品品种和数量变化也会影响我国乡村产业结构变化,外资企业的技术创新也会间接影响乡村产业结构。古典经济学和新古典自由贸易理论认为,由于国家之间存在比较优势,国际贸易可以使双方国内产业结构呈良性发展;但国内已有研究对贸易开放是否能促进产业升级存在争议(谢滟等,2012;张平等,2012)。选取所在地区出口总额检验对外出口规模增加能否促进产业升级。

6.3.2 乡村产业升级影响因素的实证分析

(1) 变量预处理

选取2000—2017年中国30省份作为样本(西藏、港、澳、台地区未包含在内),数据来源于历年《中国统计年鉴》《中国乡村农产品加工年鉴》《中国农村统计年鉴》《中国县域统计年鉴》及各省统计年鉴。乡村产业升级影响因素的变量选取,借鉴武晓霞(2014)、张翠菊和张宗益(2015)关于全社会产业升级因素研究成果,从供给要素、需求要素、技术进步、对外开放4

个方面分析我国乡村产业升级的影响因素。所有变量均以2000年为基期调整价格指数，所在地区出口总额均采用当年平均汇率折算为人民币。

（2）空间面板模型单位根检验

为避免回归方程出现伪回归现象，对模型中变量平稳性进行单位根检验，主要采用LLC、IPS、ADF和PP检验方法，具体检验结果如表6-2所示。

表6-2 面板数据的单位根检验

变量	LLC	P值	IPS	P值	ADF	P值	PP	P值
lnUis	-14.18***	0.00	-11.12***	0.00	225.58***	0.00	209.40***	0.00
ln$Wage$	-13.88***	0.00	-11.15***	0.00	239.01***	0.00	337.47***	0.00
lnExp	-7.84***	0.00	-6.37***	0.00	152.08	0.80	183.14	0.80
ln$Tech$	-17.01***	0.00	-14.84***	0.00	304.77***	0.00	310.53***	0.00
ln$Sale$	-3.37***	0.00	-0.81	0.21	102.81***	0.00	166.36***	0.00
ln$Invest$	-15.88***	0.00	-13.25***	0.00	265.20***	0.00	265.82***	0.00

检验结果表明：lnUis、ln$Wage$、ln$Tech$、ln$Invest$在LLC、IPS、ADF和PP 4种检验方法下均通过1%显著性水平检验，lnExp、ln$Sale$也在1%显著性水平下通过LLC、IPS、ADF和PP至少2种以上检验方法，表明变量均为平稳性序列，可直接进行回归估计分析，不会出现伪回归现象。

（3）乡村产业升级影响因素的空间面板计量模型分析

设定面板数据模型采用Hausman检验结果表明，$\chi^2=61.03$，在1%显著性水平拒绝原假设，因此选择固定效应模型进行估计。选择个体固定效应、时间固定效应还是双边固定效应，由表6-3可知，ln$Wage$、lnExp、ln$Sale$在混合面板数据模型、个体固定效应模型、时间固定效应模型中待估计参数均为正且通过显著性水平检验，而在双边固定效应模型中未通过检验，说明双边固定效应模型参数不具有稳健性，不适合建立双边固定效应模型。根据LM统计量分别比较个体与双边固定效应、时间与双边固定效应模型优劣，LM统计量分别为168.25、1482.49，均通过1%显著性水平检验，拒绝原假设（个体、时间固定效应模型嵌套在双边固定效应模型里），而通过表6-3可知，个体固定效应模型的拟合优度大于时间固定效应拟合优度，适合建立个体固定效应模型。而样本量选取$N=30>T=17$，几乎包含中国所有省份，亦选择建立个体固定效应模型。

表6-3 非空间面板模型及空间自相关性检验

变量	混合面板数据模型	个体固定效应模型	时间固定效应模型	双边固定效应模型
$\ln Wage$	0.165*** (0.040)	0.054*** (0.019)	0.193*** (0.054)	0.027 (0.017)
$\ln Exp$	0.050*** (0.013)	0.062*** (0.009)	0.032** (0.017)	0.008 (0.009)
$\ln Tech$	-0.118*** (0.026)	0.116*** (0.020)	-0.131*** (0.027)	0.081*** (0.018)
$\ln Sale$	0.158*** (0.029)	0.094*** (0.016)	0.181*** (0.031)	0.034 (0.042)
$\ln Invest$	0.007 (0.024)	0.053*** (0.012)	0.017 (0.025)	0.057*** (0.011)
R^2	0.592	0.842	0.586	0.887
LM Lag	R-LM Lag	LM Err	R-LM Err	LM SAC
134.15***	1145.35***	857.99***	1869.19***	1955.65***

注：括号内为标准差，下文同。

非空间固定效应面板模型估计结果和空间自相关性LM、稳健LM检验结果见表6-3，LM检验、稳健LM检验结果均通过显著性检验，说明我国省份间存在乡村产业升级的空间依赖性。LM Err、LM Lag检验的统计量分别为857.99和134.15，均通过1%显著性水平检验；而稳健LM Lag和LM Err检验的统计量分别为1145.35和1869.19，亦均通过显著性检验；表明分别接受存在空间滞后模型（SAR）和空间误差模型原假设。当空间滞后模型、空间误差模型都成立时，则需设定模型为空间杜宾模型（SDM），空间杜宾模型估计结果如表6-4所示，发现静态空间杜宾模型（SDM）和动态空间杜宾模型（Dynamic SDM）估计参数均未通过显著性检验，表明静态空间杜宾模型（SDM）和动态空间杜宾模型（Dynamic SDM）设定均不合适。LM SAC检验的统计量为2025.78，拒绝原假设，因此设定为广义空间回归模型较为合适，为了比较模型参数估计的稳健性，同时给出其他空间面板模型的估计结果，具体模型估计结果见表6-4。

表6–4　空间计量模型估计结果

变量	SAR	Dynamic SAR	SDM	Dynamic SDM	SEM	SAC
$\ln Wage$	0.040** (0.016)	0.008 (0.010)	0.046*** (0.015)	0.005 (0.011)	0.048*** (0.017)	0.031** (0.013)
$\ln Exp$	0.028*** (0.009)	0.021** (0.009)	−0.009 (0.010)	−6.83*10⁻⁶ (0.006)	0.016 (0.012)	0.031*** (0.006)
$\ln Tech$	0.082*** (0.018)	0.032 (0.026)	0.030 (0.021)	0.007 (0.013)	0.098*** (0.021)	0.052*** (0.013)
$\ln Sale$	0.043*** (0.015)	0.134*** (0.026)	0.001 (0.035)	−0.061*** (0.046)	0.149*** (0.018)	−0.014 (0.011)
$\ln Invest$	0.039*** (0.011)	0.015 (0.013)	0.025** (0.010)	−0.008 (0.013)	0.037*** (0.012)	0.038*** (0.009)
L.1$\ln Uis$		1.253*** (0.139)		0.892*** (0.029)		
ρ	0.437	0.461***	0.29	0.178***		0.719***
λ					0.408***	−0.620***
Log–lik	675.74	7.52	726.11	926.51	656.53	699.75
Obs	510	480	510	480	510	510
R^2	0.85	0.90	0.88	0.95	0.83	0.87
$w \times \ln Wage$			0.014 (0.027)	0.022 (0.017)		
$w \times \ln Exp$			0.124*** (0.014)	0.028*** (0.009)		
$w \times \ln Tech$			0.095*** (0.036)	−0.017 (0.023)		
$w \times \ln Sale$			−0.070* (0.039)	−0.012 (0.027)		
$w \times \ln Invest$			0.097*** (0.023)	0.034** (0.015)		
$w \times \ln Uis$				−0.075 (0.068)		

采用极大似然法估计固定效应的空间回归模型，广义空间回归模型估计 R^2 为0.87，根据模型的经济含义和参数估计值的稳健性，不适合选择动态 SAR、SDM 模型。由 LM 统计量检验结果可知，设定广义空间回归模型较为合适，广义空间回归模型估计结果如下。

$$\ln(Uis_{it}) = 0.719 W_1 \ln(Uis_{i-1t}) + 0.031\ln(Wage_{it}) + 0.031\ln(Exp_{it})$$
$$+ 0.052\ln(Tech_{it}) + 0.038\ln(Invest_{it}) + \mu_i + \nu_{it}, \quad (6.5)$$
$$\nu_{it} = -0.620 W_2 \nu_{i-1t} + \varepsilon_{it}。 \quad (6.6)$$

广义空间回归模型结果显示：邻近省份乡村产业升级对本省份产业升级有影响，产业升级具有空间集聚效应。其中 $\rho=0.719$ 表示产业升级存在正向空间自相关。随机变量存在负向空间依赖关系，产业升级受到一同冲击，如国家大规模城镇化影响，导致误差性具有负向空间自相关性，邻近省份城镇化建设吸引本地农民工迁移就业，这种"抢人"经济效应导致本地从事二三产业农民工人员减少。其中 $\lambda=-0.620$ 度量了邻近个体关于产业升级的误差冲击对本地个体产业升级的影响程度，说明该地区发生的冲击会随着协方差结构形式 W_2 传递到相邻区域，并且这一传递形式具有很长的时间延续性且呈衰减趋势，即空间影响具有高阶效应。

乡村企业职工平均工资的系数显著为正，可见中国乡村企业劳动力工资提高能有效吸引农村劳动力从农业转移到二三产业。我国中心城市二三产业在经济高速增长时期迅速发展，城市职工在中心城市就业机会更多，很少选择距离较远的乡村企业就业；而乡村工业和第三产业快速发展，更多农民选择附近的乡村企业就业获得额外劳动收入，乡村企业提高农村二三产业就业岗位，实现农业人口转移到二三产业就业，促进乡村产业升级。模型估计结果表明乡村企业职工平均工资提高 1 个百分点，产业升级系数提高 0.031 个百分点，乡村产业升级受乡村企业职工平均工资影响。

所在地区出口总额对产业升级有显著的正向影响，表明我国乡村产业升级依赖出口贸易拉动。我国自改革开放以来，乡村企业经济高速发展，对外出口的产品多以低附加值小商品、低廉农产品、自然资源等为主，利用两国生产要素价格比较优势，获得相应的经济收益，并将赚取利润作为原始资本积累，不断投入到乡村企业扩大再生产的过程中，推动乡村二三产业迅速发展，促进产业结构不断升级。模型估计结果显示，所在地区出口总额对产业升级估计参数值与乡村企业职工平均工资同为 0.031，说明在乡村产业升级受出口总额和乡村企业职工平均工资影响的程度相同。

农用机械总动力对产业升级也有显著的正向影响，表明我国农业科学技术进步促进乡村产业升级。农业科学技术进步表现为农用机械化使用范围广，农用拖拉机等机械总动力增加，解放农村大量就业劳动力，提高农业生产力和生产效率。农村剩余劳动力人口可从事乡村二三产业进行专业化分工，农业技术进步释放出大量、低廉、稳定的农村劳动力进入二三产业的乡村企业工作，乡村企业在农业技术进步过程中获得更高的经济利益，推动乡村产业升级。模型估计结果显示，农用机械总动力增加1个百分点，乡村产业升级系数增加0.052个百分点，说明乡村产业升级主要受农业技术进步影响，农业技术进步也是最重要的影响因素。

农户固定资产投资对产业升级也有显著的正向影响，说明我国乡村固定资产投资乡村企业扩大再生产拉动乡村产业升级。我国乡村固定资产投资资金来源绝大多数来源于乡村企业盈余利润和农村居民储蓄，与中国传统观念有关，居民有高储蓄、低消费传统理财观念。乡村企业将赚取的经济利益留存企业内部扩大再生产，农村可支配收入通过高储蓄形式流向资本市场，参与乡村企业扩大建设，推动乡村产业升级。模型估计参数为0.038，表明农村固定资产投资增加1个百分点，产业升级系数增加0.038个百分点，农村固定资产投资是影响乡村产业升级的第二大因素。

居民消费水平对产业升级的影响效果不显著。固定效应面板模型、空间滞后模型和空间误差模型均表明人均居民消费水平对产业升级有正向影响作用，而一般空间回归模型结果显示人均居民消费水平对产业升级具有不显著负向影响作用。人均居民消费水平提高是否有利于乡村产业升级，一方面来自居民消费水平增加，对农产品的消费数量提高，城镇居民对乡村旅游等服务业消费需求提高；另一方面农产品供给质量差，城镇高收入水平家庭对有机农产品、绿色农产品、定制农产品需求旺盛，与口感质量差、有污染农产品供给之间不匹配，国内高收入消费者消费倾向于进口粮食、水果、肉蛋奶类食品，对国外高端服装、箱包购买力也相当惊人，导致国内人均居民消费水平对乡村产业升级的影响效果不显著为负。

6.3.3 乡村产业升级影响因素的空间效应分析

Lesage 和 Pace（2009）指出利用空间回归模型的点估计方法检验变量是否存在空间效应的结果是有偏差的，即影响因素的系数估计值不是真实的偏回归系数，他们提出按照影响因素对产业升级的影响来源不同，利用求偏微分方程的方法分解系数估计值为直接效应和间接效应。根据 SAC 模型参数结果，结合上述研究方法，发现影响因素变动对产业升级产生了直接效应、间接效应和总效应（如表6-5）。

表 6-5 乡村产业升级影响因素的空间效应

类别	直接效应			间接效应			总效应		
	系数	P 值	95%的置信区间	系数	P 值	95%的置信区间	系数	P 值	95%的置信区间
ln$Wage$	0.039	0.018	0.007 0.071	0.076	0.029	0.008 0.145	0.115	0.023	0.016 0.214
lnExp	0.037	0.000	0.023 0.051	0.073	0.000	0.042 0.103	0.109	0.000	0.068 0.150
ln$Tech$	0.065	0.000	0.036 0.094	0.128	0.000	0.064 0.191	0.192	0.000	0.104 0.281
ln$Sale$	-0.018	0.181	-0.045 0.008	-0.038	0.218	-0.098 0.022	-0.056	0.203	-0.142 0.030
ln$Invest$	0.045	0.000	0.025 0.066	0.090	0.000	0.041 0.139	0.135	0.000	0.069 0.202

注：总效应 = 直接效应 + 间接效应。

结果显示：ln$Sale$ 的直接效应、间接效应和总效应呈不显著的负向效应。一方面，由于绿色、有机农产品保鲜期较短，这些省份人均居民消费收入较高，倾向于购买本地绿色、有机农产品，对邻近省份绿色、有机农产品供给形成"挤出效应"，抑制了邻近省份乡村产业升级。另一方面，人均居民消费收入的溢出效应是一个区域范围内现象，随着地理空间距离不断扩大而不再显著。ln$Wage$、lnExp、ln$Tech$、ln$Invest$ 的直接效应、间接效应和总效应均显著为正，表明乡村企业职工平均工资、出口总额、技术进步和农村固定资产投资影响乡村产业升级，对其他邻近地区产业升级呈空间效应。各影响因素间接效应强度均比直接效应强度大，表明该省份乡村产业升级受相邻省份的乡村人力资本、对外贸易、技术进步和固定资产投资影响大于该省份自身因素影响。如：乡村企业职工平均工资对产业升级的直接效应为 0.039，且通过 5% 显著性水平检验，说明各省份的乡村企业职工平均工资对本省产业升级具有显著影响作用。其间接效应为 0.076，说明我国各个省份的乡村企业职工平均工资具有空间效应，各省乡村企业职工平均工资既影响本省份乡村产业升级，亦影响相邻省份乡村产业升级。乡村企业职工平均工资影响相邻省份产业升级大于影响本省份产业升级。

乡村人力资本、出口贸易、农业技术进步和农户固定资产投资对乡村产业升级具有显著正向影响作用，其直接效应、间接效应和总效应显著为正。居民消费水平对乡村产业升级影响作用不显著，其直接效应、间接效应和总效应不显著为负。乡村经济产业发展与市场经济发展、对外开放程度是分不开的，多数乡村企业利用国内低廉生产要素加工后出口到国外市场获取利润，通过原始资本积累扩大再生产、提高劳动技术水平，乡村企业呈现良性发展趋势。农业技术进步、农户固定资产投资是影响乡村产业升级的主要因素，我国经济发展城乡二元体制隔绝了城市和乡村的经济流通关系，城市基础设施建设、建筑业等二三产业投资饱和，大量资金流向房地产行业，而乡村基础设施匮乏，农业生产力提高和乡村企业发展均需要大量资本投资，技术进步直接推动农业、乡村企业生产效率提高，解放大量农业剩余劳动力转移到二三产业就业。出口贸易、乡村人力资本影响乡村经济发展作用较弱，早期我国加入世贸组织，乡村企业加工利用廉价生产资料主要依赖出口贸易获取利润；美国金融危机后，对外出口贸易疲软，乡村企业产品市场由国外市场转向国内市场；近年来国内人口结构老龄化严重，乡村企业用工的人力资本提高，影响乡村经济二三产业发展。

6.4 乡村产业升级实现路径

6.4.1 转向技术密集型是乡村产业升级的引擎

我国皮革、毛皮、羽毛及其制品业和家具制造业为劳动密集型产业，乡村产业同样面临转型为技术密集型问题，乡镇企业生产的工业产品处于没有品牌设计、没有包装、没有销路的粗加工阶段，这些乡村劳动密集型产业对低素质劳动力具有较高依赖性，乡镇企业的比较优势是原材料成本低廉、劳动工人成本低。外商对乡村劳动密集型产业投资越多，乡村劳动密集型产业规模就不断扩大，整个过程伴随原始资本积累过程，对劳动力的需求不断增加，当引进先进设备的成本低于劳动力成本时，乡村企业为了获取更高利润，自动向技术密集型转型升级，整个乡村产业随之升级。

6.4.2 产业集群布局是乡村产业升级的核心

在打造"一村一品"的战略中，乡村产业依赖自身资源优势形成产业集群布局特征，产业集群效应带动周边经济发展。乡村产业充分利用自身优势资源形成自己产业集群，我国多数地区乡村产业集群发展仍处于数量扩张阶段，实现乡村产业内部竞争生产异质性产品，以区域特色产业提高产品竞争力：安徽省博望区博望镇以刃模具产业带动产业链上下游配套协作，聚集了一大批产业优势明显的刃模具生产和机床制造企业；2017年博望镇规模以上工业企业达98家，总产值86.61亿元，全镇刃模具企业617家，机床企业96家。可形成具有地域特色、专业性较强的农产品加工产业园区，实现产业集聚拉动乡村经济的目标，探索新型农业合作社方式，壮大集体经济，形成乡村产业种植规模化、集中化、品牌化的产业发展方向。推动形成面向周边省份的辐射新格局，形成"一村一品"的特色乡镇，抓住当下农业发展新机遇，支持乡村特色农产品走出去，参与国际大宗农产品现货双向交易平台竞争，支持在全国地方创建特色农产品流通枢纽节点，鼓励乡村本土龙头企业开展跨境合作，在境外建立营销机构和国际合作园区并给予补贴。充分利用地方特色产业集群打造地域品牌，提高乡村产业在国内外竞争力，实现乡村产品向高附加值升级。

6.4.3 延伸主导产业链是乡村产业升级的关键

当前乡村支柱产业以纺织业、服装、鞋、帽制造业、农副食品加工业为优势产业。东南沿海乡村纺织业、服装、鞋、帽制造业开始向高端品牌研发设计过渡发展，"安徽服装第一镇"的繁昌县孙村镇，拥有服装加工及相关企业300多家，规模以上服装企业67家，初步形成了集织造、染整、水洗、印绣花、成衣加工、包装、物流等在内较为完整的轻纺服装产业链，年加工服装突破1亿件，2017年乡村规模以上企业产值超144亿元，增长30%。而华北、东北地区多数乡村企业仍处于低端代加工和粗加工阶段。产业链纵向延伸，以乡村特色产业、龙头企业为主导向上下游扩散产品，乡村肉类食品加工业通过向畜牧业延伸，带动畜牧业和养殖业发展，向下游物流和销售端延伸，打造精深加工产品，带动乡村交通运输仓储业和批发零售业发展，实现乡村产品链延伸，促进乡村产业升级。产业链横向延伸，关键技术由核心龙头企业掌握，关键市场处于产业链两端，产业链中间企业加工分散，蒙牛、伊利公司为龙头企业，带动乡村农户养殖奶牛市场，提升乡村奶制品行业竞争力，形成一定规模和技术后，由乡村带头人或村干部牵头建立当地奶制品行业合作社，寻求社会资本融资投资，形成地域特色奶制品品牌，引入外部金融资本市场及新型经营管理模式，打造线上线下统一销售模式，逐步占领部分市场销售份额，形成以当地客户为主要销售对象的网状扩散形式，充分利用主导优势产业链逐渐向两端发展,实现乡村产业升级的目标。

6.4.4 培育循环经济是乡村产业升级的方向

乡村产业转型升级的过程中,打造需求有效的循环经济发展模式,培育以粮经作物为草料、饲料基础,积极推进饲用粮生产,按照"以养定种"要求,积极发展饲用玉米、青贮玉米等,发展黑麦草、苜蓿等优质牧草种植,探索粮改饲和种养结合模式,促进粮食、经济作物、饲草料三元种植结构协调发展。积极示范推广小麦—青贮玉米连作模式,围绕延长玉米产业链,带动全区发展青贮玉米面积,提高玉米转化能力,促进养殖业发展;既解决了玉米秸秆露天焚烧等环境污染问题,又为畜牧业提供了优质饲料,取得了良好的社会效益和生态效益,而畜牧业粪污和厩肥回收到粮经作物的种植业,积极推动有机农产品和绿色农产品的产品转型升级。改善农业种养结构,发展生态循环农业[①],部分有条件龙头企业探索实现"猪-沼-菜"循环、稻田养鱼(虾)等,实现农牧渔共赢,有效促进农产品转型升级。

---

① 资料来源:Verhoeven, F. P. M., Reijs, J. W., van der Ploeg, J. D. Re-balancing soil-plant-animal interactions: towards reduction of nitrogen losses. NJAS, 2003, 51 (1-2), 147-164.

第7章 基于乡村振兴的产业融合路径实证分析

我国农业与二三产业融合发展起步较晚，至今仍处于起步阶段。目前国内农业内部出现稻米虾蟹等共生生态系统混合生产模式，农村电子商务网络营销发展呈多元化发展趋势，第三方平台（淘宝、微信、微博等）开展农产品在线交易；乡村观光旅游业如古村落特色乡村文化、草莓采摘节等发展趋势良好。本章针对农业与二三产业融合出现的乡村新产业新业态现象进行深入分析，研究中国乡村当前农业与哪些产业出现融合现象、融合程度如何，哪些因素制约乡村产业融合发展，乡村一二三产业融合发展的具体路径是什么，这是本章要解决的几个问题。

7.1 乡村产业融合与乡村振兴的关系

7.1.1 乡村产业融合

关于产业融合内涵主要有如下观点：狭义的产业融合最早出现于信息技术革命时代，美国古路庞特（Nicholas Negro Ponte）将电信、广播电视和出版业之间出现产业融合，且由产业融合引起的新业态产业，简化成三个不完全交集的重叠圆圈。随着数字技术的普及，照片、音乐等信息转换成数字信息后，通过终端机和互联网平台传播的方式，Mueller（1997）和 Yoffie（1996）称这个过程为"数字融合"。欧洲委员会"绿皮书"（1997）将产业融合定义抽象为"产业联盟和合并、技术网络平台和市场等三个角度的融合"。狭义的产业融合是由于信息技术变革的出现，造成产业边界的收缩或消失的过程。

狭义的产业融合只局限于以互联网为标志信息通讯业的产业融合，实际上产业融合还广泛存在于其他产业，形成广义的产业融合内涵。日本植草益

(2001)、马健（2002）、周振华（2002）认为广义的产业融合内涵，是技术进步和放宽管制带来的新经济现象，改变了行业企业间的竞争合作关系，降低产业间的壁垒，使产业间的界限变得模糊，不仅包含技术融合，更包含服务发展以及商务活动和社会相互影响的新产业融合。广义的产业融合是由技术进步或放松管制引起产业界限动态变化的过程。

近年来国内学者提出"农业产业融合"的概念，农业产业融合以突出融合为目标，何立胜等（2005）强调融合的业态，以农业为基础，与其他产业在技术、产品、服务、市场等上下游产业链的相互融合，创造一种新型产业、新型业态。王昕坤（2007）、谭明交（2016）强调融合的对象，认为农业产业融合发生在农业产业内部或与农业联系密切的产业之间，原本独立农产品或服务在统一标准下，重组为一个整体的过程。本书认为乡村产业融合是指农业产业内部融合以及农业与非农产业外部融合两层含义，农业内部产业融合形成低碳、绿色、生态循环经济模式，生产农业新产品；农业与非农产业外部融合以改变传统农业生产、经营、销售、物流等作业方式，开发农业新产品、新服务、新商业模式，在未来有可能独立形成一种新产业形态的变化过程。

7.1.2 乡村产业融合与乡村振兴的关系

实现乡村产业融合发展，即农业内部、农业与第二产业、农业与第三产业融合发展。乡村农业内部、农业与第二产业、农业与第三产业等融合，延伸了农产品生产、经营、销售和物流等产业链；减少产品交易双方的信息不对称性，降低了交易成本，提高乡村产业附加值和农民收入，实现要素投入和产出的最优化配置与重组。乡村产业融合过程促进了要素和产出的配置效率，客观上挤出劳动力要素，劳动力从传统农业转移从事乡村新产业新业态，促使乡村产业结构趋向合理化，并创造出农产品加工、乡村旅游、休闲等新产业新业态，实现乡村产业兴旺。只有乡村产业融合发展，才能促进乡村经济增长，使生态宜居、生活富裕和乡风文明有根本保障，并实现乡村振兴。

7.2 乡村一二三产业融合现状分析

根据日本学者六次产业融合理论，研究农业和其他产业融合发展程度，分析我国当前农业出现的新产业、新业态，由于国外分析产业结构变化的理论模型较为成熟，故本章从供给侧和需求侧两个方面分析我国现阶段出现的互联网农业、乡村旅游、采摘节和民宿等农业新产业，分别测算分析农业和其他产业融合程度。

关于产业融合测算主要分为两个类型：一是预测产业融合早期出现。多数从技术视角出发，研究技术与其他产业是否出现早期的经济预测，而早期预测产业融合出现的第一阶段为科学和技术融合阶段，通常利用交叉产业的专利和科技论文数量的数据构建融合指数，预测早期产业融合的出现。二是产业融合度计算。①利用综合指数法计算产业融合度（谭明交、唐超、徐舒婷），一般构建乡村一二三产业的指标体系，进而采用综合指数法测算一二三产业间的融合度。②利用投入产出法从供给侧和需求侧分别计算产业融合度。分别利用直接消耗系数和需求率计算供给侧和需求侧产业融合度，反映供给侧和需求侧产业融合程度。本章在乡村振兴大背景下，研究乡村产业融合如何推动产业兴旺，分析中国乡村产业目前是否出现融合以及测算产业间的融合程度。所有乡村产业的基础是传统农业，传统农业和其他产业的融合过程为：首先，依靠农业科学融合和农业技术融合，作为农业与二三产业融合的第一阶段；其次，发展成为农业市场融合，是农业与二三产业融合的第二阶段；最后，形成农业新产业、新业态，为农业与二三产业融合的第三阶段；这也是乡村农业产业融合的基本过程。

结合以往产业融合的测算方法，一类主要预测产业技术融合是否出现，使用产业融合的第一阶段专利和论文数量指标，不能判断已经出现的产业融合程度高低。另一类使用综合指数测度产业融合度，其中灰色关联度、PMI指数、赫尔芬达指数、区位熵和集聚度等方法存在采用无量纲化方法不同导致结论不同，只能体现两组数据的正相关关系，不能区别产业融合类型等缺陷。使用中间投入率和中间需求率直接作为产业融合度，只能反映使用同种产品投入和投入不同种产品的相对量，不能反映投入产品之间的相关程度高低，即不能科学地表示产业融合度内涵。本章主要从供需双向视角测算乡村产业融合的程度。

依据 Wan 等（2011）研究思路，使用 2000—2014 年 WIOD 的投入产出表，使用投入产出法测算农业与二三产业的中间投入率和中间需求率；测度农业产业融合度首先要确定农业与哪些产业具有融合趋势，以及农业和哪些产业正在融合成新业态或未来预期形成新业态。依据陈慈等（2018）对农业

第 7 章 基于乡村振兴的产业融合路径实证分析

新业态分类,本章将乡村一二三产业融合划分为 5 种类型:农业内部产业融合、农业与现代工业融合、高科技向农业渗透融合、农业与服务业融合、农业与电子商务融合。可分别利用国际行业分类标准中农牧业(A01)、林业(A02)和渔业(A03)代表农业,分别与机械设备制造业(C28)、科学研究与开发(M72)、住宿餐饮业(I)、交通运输仓储业(H52)或软件信息技术服务业(J62—J63)融合成新业态,农业及其关联产业具体涉及的国际行业分类如表 7 – 1 所示。

表 7 – 1 中国农业新业态、新产业涉及行业

代码	行业名称
A01	农牧业等
A02	林业
A03	渔业
C28	机械设备制造业
H52	交通运输仓储业
I	住宿餐饮业
J62—J63	软件信息技术服务业
M72	科技研究与开发

而国际 WIOD 数据库时间连续性较好,虽 2007 年联合国统计委员会修订《所有经济活动的国际标准行业分类》,但涉及农业及相关行业基本保持不变,指标前后口径具有一致性,故本章采用 2000—2014 年关于中国部分数据,按照国际标准行业分类可采用动态分析方法研究我国乡村农业产业融合度发展演绎特征。

为了深入研究中国各地区乡村产业融合现象,我国各地区投入产出表的数据从 1997—2015 年每五年进行一次调查,公开年份为 2002 年、2005 年、2007 年、2010 年、2012 年、2015 年,其中 2002 年、2011 年我国国民经济行业分类标准发生变化,导致前后行业口径不一致,连续年份不具有可比性。由于农业与二三产业融合形成新产业、新业态是一种新经济现象,重点关注最新的农业与二三产业融合程度,选取 2012 年各地区统计局数据研究,分析 2012 年各地区乡村一二三产业融合的程度以及融合类型。因受限于我国分地区投入产出表结构划分,故分地区不再区别测度农牧业、林业和渔业产业融合度。计算全国农业与现代工业技术融合度使用的行业是机械设备制造业

(C28),而分地区投入产出表细化机械设备制造业,农用机械设备制造统计数据涉及行业是专用设备,故选取专用设备(A17)代表现代工业技术;其他涉及行业选取不变。对应的农业产业融合5种类型可知,涉及农业新业态、新产业各地区投入产出表的行业如表7-2所示。

表7-2 分地区农业新业态、新产业涉及行业

代码	行业名称
A01	农林牧渔产品和服务
A17	专用设备
A30	交通运输、仓储和邮政
A31	住宿和餐饮
A32	软件和信息传输技术服务
A36	科学研究和技术服务

分地区测度产业融合的方法和融合类型与测度全国乡村一二三产业融合方法一致,限于篇幅,省略分地区中间投入率和中间需求率的计算结果①,利用中间投入率和中间需求率的相关系数计算产业融合度,分别记为供给侧产业融合度和需求侧产业融合度。

(1) 农业与二三产业中间投入率

测算农业与二三产业的中间投入率,使用"直接消耗系数",记为 a_{ij},是指生产经营过程中,农产品(产业)部门(记为第 j 部门)的单位总产出所直接消耗的非农产品部门(记为第 i 部门)货物或服务的价值量。计算方法为:用农产品(产业)部门的总产出 X_j 去除农产品(产业)部门生产经营中所直接消耗的非农产品部门的货物或服务的价值量 x_{ij},公式表示如下:

$$a_{ij} = \frac{x_{ij}}{X_j} \ (i, j = 1, 2, 3, \cdots, n), \quad (7.1)$$

x_{ij} 表示农产品部门 j 直接投入非农产品 i 部分,X_j 表示农产品部门 j 总投入部分。供给侧产业融合是技术和市场融合的结果,直接消耗系数代表农产品(产业)部门与非农产品(产业)部门间产品和技术的关联性。

$$A = \begin{pmatrix} A_1 & A_2 & \cdots & A_n \end{pmatrix} = \begin{bmatrix} a_{11} & a_{12} & \cdots & a_{1n} \\ \vdots & \vdots & \cdots & \vdots \\ a_{n1} & a_{n2} & \cdots & a_{nn} \end{bmatrix}. \quad (7.2)$$

---

① 感兴趣的读者和科研工作者可向作者索取,邮箱:xulamei2013@163.com。

第7章 基于乡村振兴的产业融合路径实证分析

经直接消耗系数法,测算出农业与二三产业部门的中间投入率如附表3所示,分析发现农业与二三产业在不同年份直接消耗的农产品不同,且直接消耗系数均比较小。从供给侧来看农业与其他非农产业的关系薄弱,那么需求侧也是如此吗?接下来从需求侧分析农业与非农产业的关系。

(2)农业与二三产业中间需求率

测算农业与二三产业的中间需求率。与直接消耗系数一样,中间需求率是分解非农部门(第i)被农业部门(第j)直接使用部分,或者是非农部门(第i)总产出被自身部门居民消费部分,需求系数具体公式如下:

$$b_{ij} = \left(\frac{x_{ij}}{X_i}, \frac{r_i}{X_i}\right), \quad (7.3)$$

其中r_i为非农部门(第i)的居民消费,x_i是非农部门(第i)总产出。需求系数反映农业和非农业部门直接使用和最终消费需求。

$$B = (B_1 \quad B_2 \quad B_3 \cdots \quad B_n) = \begin{bmatrix} b_{11} & b_{12} & \cdots & b_{1n} \\ \vdots & \vdots & \cdots & \vdots \\ b_{n1} & b_{n2} & \cdots & b_{nn} \end{bmatrix}。 \quad (7.4)$$

经测算,农业与二三产业部门的中间需求率如附表4所示,分析发现农业与二三产业在不同年份直接使用和最终消费需求率不同,而且普遍系数均比较小,为科学分析农业与二三产业这种关系是否能形成产业融合关系,接下来将详细测算农业与二三产业融合度。

(3)农业与二三产业融合度

结合Fai等(2001)采用显著性的相关系数,分别测算农业与二三产业中间投入率、中间需求率的相关系数,将其作为农业与二三产业的融合度,并且通过相关系数的显著性判断乡村一二三产业间是否形成融合,使测算结果更具有科学性。相关系数矩阵是由矩阵各列间的相关系数构成,为简化分析,2000—2014年中国农业与二三产业直接消耗系数的相关性,即附表3矩阵的相关系数矩阵,非农部门(第i行)、农业部门(第j列)的元素是原始矩阵非农部门(第i列)和农业部门(第j列)的相关系数。设$(A_1, A_2, A_3, \cdots, A_n)$是一个$n$维随机变量,求得任意$A_i$与$A_j$的相关系数$\rho_{ij}^A$($i, j = 1, 2, \cdots, n$)为供给侧产业融合度,将$A_i$替换为$B_i$,任意$B_i$与$B_j$的相关系数$\rho_{ij}^B$($i, j = 1, 2, \cdots, n$)为需求侧产业融合度,即:

$$\begin{cases} \rho_{ij}^A = \dfrac{cov\,(A_i,\,A_j)}{\sqrt{DA_i}\,\sqrt{DA_j}} \\ \rho_{ij}^B = \dfrac{cov\,(B_i,\,B_j)}{\sqrt{DB_i}\,\sqrt{DB_j}} \end{cases}。 \qquad (7.5)$$

其中 A_i 代表非农部门（第 i）中间投入率，A_j 代表农业部门（第 j）中间投入率，ρ_{ij} 代表非农部门（第 i）和农业部门（第 j）中间投入率的相关系数，相关系数越接近于 1，表示非农部门（第 i）和农业部门（第 j）供给侧产业融合度越高。如果中间投入率的相关系数均为正值，表示农业与该非农行业为互补性产业融合；若为负值，表示替代性产业融合。中间投入率的相关系数越高，说明生产不同农产品需要同一行业投入相似性越高。农业与二三产业中间需求率的相关系数测算方法与中间投入率的相关系数一致，将 A_i 替换为 B_i 即可。不同含义是中间需求率的相关系数越高，说明投入不同农业资料生产同一产品行业相似性越高。

7.2.1 农业内部产业融合现状分析

第一类为农业产业内部融合度的测量，指种植业、畜牧业、水产业等农业内部通过生物系统发展低碳、循环、绿色农业，以农牧业、林业和渔业为代表，从供需双向视角量化农牧业、林业、渔业子产业间融合度[1]，结果如表7-3所示。

表7-3 农业内部产业的融合度

年份	供给侧融合度			需求侧融合度		
	A01&A02	A01&A03	A02&A03	A01&A02	A01&A03	A02&A03
2000	0.3156	0.4171	-0.0043	-0.1146	-0.1301	-0.0780
2001	0.3143	0.4076	-0.0117	-0.1133	-0.1339	-0.0797
2002	0.3248	0.3998	-0.0182	-0.1146	-0.1386	-0.0847
2003	0.3408	0.4577	0.0003	-0.1223	-0.1861	-0.0668
2004	0.3734	0.5356	0.0511	-0.1284	-0.1797	-0.0640
2005	0.3786	0.5790**	0.0538	-0.1377	-0.1689	-0.0688

---

[1] 注：农业及二三产业的中间投入率和需求率测算结果，见附录。

续表

年份	供给侧融合度			需求侧融合度		
	A01&A02	A01&A03	A02&A03	A01&A02	A01&A03	A02&A03
2006	0.4204	0.6280**	0.0873	-0.1460	-0.1527	-0.0881
2007	0.4469	0.6829**	0.1222	-0.1520	-0.1330	-0.1070
2008	0.4445	0.6875**	0.1356	-0.1470	-0.1076	-0.1130
2009	0.5223	0.6872**	0.2005	-0.1334	-0.0821	-0.1291
2010	0.4862	0.6808**	0.1810	-0.1327	-0.0722	-0.1292
2011	0.4878	0.6656**	0.1706	-0.1332	-0.0627	-0.1318
2012	0.5100	0.6662**	0.1902	-0.1296	-0.0636	-0.1374
2013	0.5153	0.6571**	0.1840	-0.1305	-0.0569	-0.1375
2014	0.5221	0.6626**	0.1932	-0.1278	-0.0531	-0.1370

数据来源：历年 WIOD 国际标准行业分类投入产出表，以上数据通过计算所得。

由表 7-3 农业内部产业供给侧融合度结果可知，农业内部产业间融合并不普遍存在，农牧业和林业、林业和渔业子产业间并未出现显著的融合现象。仅农牧业和渔业之间产业融合度具有一定显著性且为正值，为供给互补性融合，在 2005 年农牧业和渔业首次出现产业融合且随后融合度逐渐增大稳定在 0.66 左右。从需求侧观察农业内部产业融合度结果可知，农业内部产业间并未出现显著产业融合现象，表明尚未完成产业融合的完整过程。农牧业和渔业在供给侧和需求侧存在错位现象，即消费者对生产的融合产品并未形成显著的需求。

7.2.2 农业与现代工业融合现状分析

第五类为农业与现代工业技术的产业融合，现代工业以现代新材料应用到农业创新产品，形成现代农业新业态的过程，以工厂化农业为典型，尽量免除农业受自然灾害影响；以机械制造业代表现代农业技术，从供需双向测量农牧业、林业、渔业分别和现代工业的产业融合度，结果如表 7-4 所示。

表7-4 中国农业与现代工业的融合度

年份	供给侧融合度			需求侧融合度		
	A01&C28	A02&C28	A03&C28	A01&C28	A02&C28	A03&C28
2000	-0.1245	-0.1341	-0.0654	-0.2929	-0.1939	-0.2133
2001	-0.1248	-0.1328	-0.0536	-0.2906	-0.1945	-0.2110
2002	-0.1259	-0.1340	-0.0512	-0.2943	-0.1971	-0.2137
2003	-0.1255	-0.1327	-0.0405	-0.2720	-0.2002	-0.2165
2004	-0.1296	-0.1444	-0.0602	-0.2606	-0.2043	-0.2261
2005	-0.1343	-0.1526	-0.0720	-0.2476	-0.2091	-0.2336
2006	-0.1315	-0.1422	-0.0409	-0.2261	-0.2089	-0.2291
2007	-0.1284	-0.1343	-0.0212	-0.2086	-0.2082	-0.2244
2008	-0.1216	-0.1150	-0.0481	-0.2143	-0.2086	-0.2309
2009	-0.1195	-0.0962	-0.0747	-0.2212	-0.2125	-0.1606
2010	-0.1180	-0.0970	-0.1008	-0.2217	-0.2070	-0.2323
2011	-0.1114	-0.0816	-0.1055	-0.2183	-0.2031	-0.2302
2012	-0.1139	-0.0929	-0.1336	-0.2202	-0.2070	-0.2333
2013	-0.1117	-0.0795	-0.1240	-0.2164	-0.2027	-0.2288
2014	-0.1139	-0.0852	-0.1293	-0.2182	-0.2046	-0.2306

数据来源：历年WIOD国际标准行业分类投入产出表，以上数据通过计算所得。

由表7-4可知，从供需双向视角发现农业和现代工业的融合度均不显著且为负值，说明尚未出现产业融合现象，预测未来可能为替代性融合。我国农业发展与现代农业生产方式的转变仍有差距，现代农用机械生产制造业发展较慢，农业机械化普及率低下，农机自身设计、可适用性差；现代新材料、新技术应用到农业领域较少，如3D打印技术、打印材料等；我国农业发展目前仍受自然灾害影响较大，农业工厂化处于实验室研究阶段。农户对现代农业工厂化的发展趋势需求较差，农业劳动力成本、新技术材料成本和资本成本的替代弹性较小，大量农业劳动力并未被资本要素所替代，故农业和现代工业在供需双向的融合度均不明显。

为了深入研究各地区农业与现代工业融合程度是否有差异，哪些地区农业与现代工业融合程度高，哪些地区农业与现代工业融合程度低，依据相同测算方法，从供给侧和需求侧双向角度测算农业与现代工业的融合程度，具体结果如表7-5所示。

第7章 基于乡村振兴的产业融合路径实证分析

表7-5 分地区农业与现代工业的融合度

地区	供给侧 A01&A17	需求侧 B01&B17	地区	供给侧 A01&A17	需求侧 B01&B17
安徽	-0.213	-0.192	江西	-0.271	-0.315
北京	-0.308	-0.198	辽宁	-0.312	-0.395
福建	-0.283	-0.193	内蒙古	-0.196	0.782*
甘肃	-0.281	-0.261	宁夏	-0.219	-0.628
广东	-0.217	-0.141	青海	-0.294	0.997***
广西	-0.273	-0.248	山东	-0.227	-0.270
贵州	-0.269	-0.175	山西	-0.195	-0.108
海南	-0.236	0.999***	陕西	-0.241	-0.024
河北	-0.296	-0.149	上海	-0.244	-0.247
河南	-0.254	-0.287	四川	-0.259	-0.284
黑龙江	-0.301	-0.113	天津	-0.263	-0.227
湖北	-0.188	-0.152	新疆	-0.146	0.970***
湖南	-0.253	-0.43	云南	-0.284	0.553
吉林	-0.187	0.297	浙江	0.541	0.532
江苏	-0.290	-0.362	重庆	-0.426	-0.312

数据来源：2012年中国投入产出表，以上数据通过计算所得。

从供给侧来看，农业与现代工业以及农业与电子商务等尚未出现显著产业融合现象。表明2012年我国工厂化农业以及电子商务农产品销售等农业新业态处于起步阶段，不具备发达国家（如荷兰等国）室内农业栽培等先进技术和先进机械设备，整体上农业与现代工业融合处于探索阶段。

从需求侧来看，农业与现代工业个别省份存在显著融合现象，如海南、内蒙古、青海、新疆，说明这些省份对工厂化农业的需求较为明显，分析这些省份共同特点均为我国边疆地区，农业经济生产方式较为落后的地区，这与我们常规认为"落后地区对农业新产业需求不足"的观点不相符，这些地区普遍人口密度小，自然环境条件对农业影响较大；发展工厂化农业对当地农业基础条件差的地区显得格外重要，故边疆少数省区农业与现代化工业技术存在较为显著的产业融合现象。其他省份需求侧农业与现代工业不存在显著融合现象。现有耕地和园林面积能够满足我国农业经济的发展，故不存在较为显著的农业与现代工业融合现象。

7.2.3 农业与高新技术渗透融合现状分析

第二类为高新技术向农业渗透融合,高新技术业主要指现代生物技术、信息技术等向农业渗透发展,改变传统农业生产经营方式;以科技研究与开发行业代表高新技术产业,从供需双向视角测量农牧业、林业、渔业分别和高新技术渗透融合程度,结果如表7-6所示。

表7-6 中国农业与高新技术的融合度

年份	供给侧融合度			需求侧融合度		
	A01&M72	A02&M72	A03&M72	A01&M72	A02&M72	A03&M72
2000	-0.1646	-0.2014	-0.3304	-0.3173	-0.1412	-0.2411
2001	-0.1854	-0.2259	-0.3344	-0.3200	-0.1531	-0.2477
2002	-0.2062	-0.2550	-0.3557	-0.3061	-0.1418	-0.2374
2003	0.0712	-0.0357	-0.2744	-0.1860	-0.1205	-0.1808
2004	0.1979	0.0467	-0.1741	-0.1002	-0.1031	-0.1473
2005	0.2602	0.1242	-0.1420	-0.0452	-0.0837	-0.1140
2006	0.3054	0.2006	-0.0863	0.0020	-0.0748	-0.0871
2007	0.3630	0.2892	-0.0233	0.0383	-0.0578	-0.0666
2008	0.3743	0.2079	0.0452	-0.0676	-0.1436	0.1062
2009	0.3480	0.1634	0.0972	-0.1344	-0.2237	0.2741
2010	0.3525	0.1142	0.1077	-0.1777	-0.2610	0.3961
2011	0.3786	0.1252	0.0980	-0.2007	-0.2952	0.4542
2012	0.3607	0.1060	0.1009	-0.2018	-0.3149	0.4957
2013	0.3695	0.1183	0.0912	-0.2068	-0.3189	0.4933
2014	0.3535	0.1038	0.0900	-0.2103	-0.3140	0.4922

数据来源:历年WIOD国际标准行业分类投入产出表,以上数据通过计算所得。

由表7-6可知,从供需双向视角分析农业与高新技术的产业融合并不是显著的存在,特别地,从需求侧分析农业和高新技术之间相关系数大部分为负值,说明农牧业、渔业和高新技术渗透预测未来可能为需求替代性融合。从供给侧来看,说明我国农业和高科技结合仍然不到位,农业生产活动仍主要依赖传统手工和半机械化生产方式,现代化农业生产方式普及率并不显著;从需求侧来看,说明我国农业和高科技融合仍存在一定距离,农业需求产品

第7章 基于乡村振兴的产业融合路径实证分析

和服务仍以传统农产品及基础服务为主,如农业无人机喷洒、农业大型机械化收割机等现代农业科技产品的需求并未明显;总体上我国农业与高科技产业融合度在供需双向均不显著。

为了深入研究各地区农业与高新技术产业融合程度是否有差异,哪些地区农业与高新技术产业融合程度高,哪些地区农业与高新技术产业融合程度低,我们依据相同方法,从供给侧和需求侧双向角度测算农业与高新技术产业的融合程度,具体结果如表7-7所示。

表7-7 分地区农业与高新技术的融合度

地区	供给侧 A01&A36	需求侧 B01&B36	地区	供给侧 A01&A36	需求侧 B01&B36
安徽	0.087	-0.322	江西	-0.261	-0.406
北京	-0.325	-0.491	辽宁	-0.512	-0.471
福建	0.773*	-0.14	内蒙古	-0.309	-0.443
甘肃	-0.45	-0.403	宁夏	-0.324	-0.29
广东	0.897**	0.832**	青海	-0.504	-0.496
广西	-0.503	-0.351	山东	-0.395	-0.35
贵州	-0.354	-0.458	山西	-0.328	-0.476
海南	-0.481	0.09	陕西	-0.246	0.17
河北	-0.353	-0.348	上海	-0.501	-0.435
河南	-0.307	-0.397	四川	-0.468	-0.058
黑龙江	-0.096	-0.184	天津	-0.148	-0.187
湖北	-0.315	-0.611	新疆	-0.321	-0.2
湖南	-0.537	-0.366	云南	-0.418	0.134
吉林	-0.456	-0.807**	浙江	-0.628	-0.474
江苏	-0.187	-0.275	重庆	-0.387	-0.292

数据来源:2012年中国投入产出表,以上数据通过计算所得。

从供给侧来看,农业与高新技术总体上不存在显著融合发展的现象。只有福建省和广东省的农业与高新技术的融合度显著为正,分别为0.773、0.897,说明我国两省农业与科技研发产业表现较高程度的融合发展趋势,其他省农业与高新技术产业尚未出现显著融合现象。福建省农业主要以山地农业和渔业为主,其中蔬菜产品丰富,特别是茶、果等多年作物产值为主要农业经济来源,2018—2020年,福建省农业厅对列入国家级"育繁推一体化"种子企业和省级重点种子企业的,省财政每年给予100万元和50万元的补贴资金;对专项实施种业创新与产业化工程,省级财政每年安排5000万元,重点用于优质、专用良种重大科研育种攻关、良种繁育与产业化开发以及种业公共服务平台建设。2017年福建省财政对农林水事务支出为4 477 013万元,占农业总产值的11.34%;2017年农、林、牧、渔业发展的技术市场合同金额总数为9 465.56万元,表明福建省科技支农力度较大。广东省强化科技对农业支撑作用,有关部门鼓励和企业自主投资建立研发机构,并与研究所、高等院校联合发展,开展农业关键和共性技术开发,企业引进国外先进技术设备,学习国外先进技术和核心工艺,开展集成创新计划;支持优秀企业实施农业科技升级计划,建设农业科技园区等。2017年广东省财政用于农林水建设资金高达754.40亿元,占农业总产值的12.64%,部门企业使用农业无人机进行作业,说明广东省农业与高新技术融合程度较高。

从需求侧来看,农业与高新技术在绝大部分省均不存在显著融合现象,说明2012年我国科技支农、智慧农业等新产业尚未形成。只有广东省的农业与高新技术的产业融合度显著为正,为需求互补性融合,而吉林省的农业与高新技术产业融合度显著为负,为需求替代性融合。为什么会出现相反的结果?也就是高新技术产业与农业之间到底是替代性融合还是互补性融合,个人觉得广东高新技术与农业是一种替代性融合。根据现有农业科技示范园区显示,当先进的生物技术、传感技术等与农业融合发展时,本质上是技术进步水平应用到农业领域,而技术进步提高农产品产量,即投入农业资源和科学技术生产高科技农产品的两产业相似性较高。

7.2.4 农业与服务业交叉融合现状分析

第三类为农业与服务业融合,这种融合形成的新产业以满足人们对休闲、度假、亲子等消费为主,推进农业向服务业产业链延伸拓展;以住宿餐饮业代表服务业,从供需双向视角量化农牧业、林业、渔业分别和服务业的产业融合度,结果如表7-8所示。

第7章 基于乡村振兴的产业融合路径实证分析

表7-8 中国农业与服务业的融合度

年份	供给侧			需求侧		
	A01&I	A02&I	A03&I	A01&I	A02&I	A03&I
2000	0.4790	-0.0343	-0.3679	-0.1999	-0.1558	0.9834***
2001	0.4709	-0.0411	0.9774***	-0.2021	-0.1566	0.9837***
2002	0.4618	-0.0459	0.9761***	-0.2043	-0.1587	0.9845***
2003	0.5207	-0.0188	0.9751***	-0.1749	-0.1493	0.9935***
2004	0.5808*	0.0397	0.9819***	-0.1614	-0.1405	0.9953***
2005	0.5940*	0.0408	0.9836***	-0.1549	-0.1334	0.9965***
2006	0.6071*	0.0688	0.9795***	-0.1492	-0.1304	0.9977***
2007	0.6219*	0.0929	0.9734***	-0.1461	-0.1239	0.9981***
2008	0.6231*	0.1000	0.9785***	-0.1221	-0.1275	0.9987***
2009	0.6145*	0.1522	0.9827***	-0.0992	-0.1382	0.9990***
2010	0.6059*	0.1324	0.9848***	-0.0902	-0.1389	0.9988***
2011	0.5896*	0.1214	0.9840***	-0.0839	-0.1423	0.9983***
2012	0.5856*	0.1386	0.9852***	-0.0758	-0.1458	0.9980***
2013	0.5771*	0.1307	0.9843***	-0.0777	-0.1466	0.9980***
2014	0.5815*	0.1386	0.9846***	-0.0756	-0.1462	0.9981***

数据来源：历年WIOD国际标准行业分类投入产出表，以上数据通过计算所得。

由表7-8可知，从供需双向研究发现农牧业、渔业和服务业为互补性融合。从供给侧产业融合度结果可知，林业和服务业融合并不显著存在，说明我国林业与服务业融合效果较差，这与我国近年来实行封山育林等林业政策分不开，林业资源开发和利用处于受限制状态。农牧业、渔业与服务业间产业融合度分别为0.6、0.98，说明产业融合类型为供给互补性融合；2000—2004年农牧业和服务业并未出现显著融合迹象，2005—2014年农牧业和服务业融合度呈倒U型变化趋势，开始呈逐年上升趋势，近年来有下降趋势，主要是我国近年来实行整改农家乐项目，旅游和环保相关部门加大对农家乐监管力度，导致大量管理不规范、服务质量差和虚假收费等农家乐停业整顿；2001年我国渔业和服务业首次出现明显的产业融合，随后渔业和住宿餐饮融合度从2001年的0.977增长到2014年的0.984，表现出一种高度产业融合状态，我国渔业资源主要分布在东部沿海地区，随着人民生活收入提高，当地渔业农家乐服务和管理水平相对发展较快。从需求侧结果可知，农牧业、林业分别和服务业并未出现明显产业融合关系,表明消费者对农牧业、林业和服务业的融合产品需求量不足,尚未形成一种独立农业新业态;而渔业和服务业的产业融合度显著为正值,从2000年的0.983提高到2014年的0.998,表明消费者对渔业和服务业的融合产品需求量较大,产业融合度逐年紧密,形成了渔业新业态。从供需双向匹配度来看,农牧业和服务业供给侧融合产品并未在需求侧占有显著的消费市场,存在供给过多、供给产品质量和服务差,不能适应市场上日益提高的消费需求;而渔业和服务业供需市场均衡,形成一种渔业新业态。

为了深入研究各地区农业与服务业融合程度是否有差异,哪些地区农业与服务业融合程度高,哪些地区农业与服务业融合程度低,依据相同方法,从供给侧和需求侧双向角度测算农业与服务业的融合程度,具体结果如表7-9所示。

表7-9 分地区农业与服务业的融合度

地区	供给侧 A01&A31	需求侧 B01&B31	地区	供给侧 A01&A31	需求侧 B01&B31
安徽	0.997***	0.890**	江西	0.997***	0.885**
北京	0.986***	0.999***	辽宁	0.999***	0.992***
福建	0.998***	0.969***	内蒙古	0.981***	0.41
甘肃	0.998***	0.982***	宁夏	0.996***	0.931***
广东	0.986***	0.893**	青海	0.979***	-0.11
广西	0.992***	0.928***	山东	0.992***	0.771*
贵州	0.999***	0.933***	山西	0.989***	0.920***
海南	0.987***	0.975***	陕西	0.988***	0.735*
河北	0.999***	0.975***	上海	0.919***	0.998***
河南	0.984***	0.519	四川	0.995***	0.798**
黑龙江	0.995***	0.925***	天津	0.951***	0.999***
湖北	0.999***	0.926***	新疆	0.979***	-0.424
湖南	0.995***	0.923***	云南	0.995***	0.413
吉林	0.970***	0.596	浙江	0.568	0.511
江苏	0.993***	0.989***	重庆	0.999***	0.979***

数据来源:2012年中国投入产出表,以上数据通过计算所得。

从供给侧分析农业与服务业融合度显著大于0.95,为供给互补性融合;说明我国30省份农业与服务业融合发展程度最高,分析农业与服务业融合发展直接表现形式就是休闲农业的发展，我国休闲农业是一个具有经济效益、前景可观的朝阳产业，也是农民收入提高的新的增长极，未来具有巨大的发展潜力。目前休闲农业从销售农产品向就业增收、生态疗养、观光旅游、文化休闲等多方面开发，带动当地乡村农产品精深加工、交通运输、建筑和文化等一系列产业发展，为传统农业注入新增长动力，促进乡村生态环境、乡风文化和特色农业资源等联合发展，推动乡村振兴战略的具体实施计划。

从需求侧来看，多数省份农业与服务业的融合度显著大于0.7，为需求互补性融合，个别地区（河南、吉林、内蒙古、青海、新疆、云南和浙江）从需求侧分析农业和服务业不存在显著产业融合，说明多数省份居民对休闲农业、观光旅游等消费需求较为显著，2014年至今休闲农业、观光采摘旅游等新项目活动丰富，城市居民以休闲减压等目的返到乡村度假的人数逐年上升；而个别地区居民对于休闲农业、旅游观光等项目需求不高，分析主要可能原因：一是地区人口密度大，多数家族成员就是乡村生活，休闲农业吸引力不强。二是消费者偏好差异，低收入群体不具备对休闲农业的消费能力，高收入群体消费目的地为国内或者海外高档层次。

7.2.5 农业与电子商务融合现状分析

第四类为农业与电子商务产业融合，由于近年来电子商务应用兴起，订单农业、众筹等农业新组织方式发生变化，而新组织方式的改变依托软件信息技术服务业和交通运输仓储业的配套支持，故从两方面进行分析，其一是测度农牧业、林业、渔业分别和软件信息技术服务业的产业融合度；其二是测度农牧业、林业、渔业分别和交通运输仓储业的产业融合度。从供需双向视角测量农牧业、林业、渔业分别和组织方式变革的产业融合度。首先测度农业和软件信息技术服务业的产业融合度，结果如表7-10所示。

表7-10 中国农业和软件信息技术服务业的融合度

年份	供给侧融合度			需求侧融合度		
	A01&J62—J63	A02&J62—J63	A03&J62—J63	A01&J62—J63	A02&J62—J63	A03&J62—J63
2000	-0.2999	-0.3907	-0.3303	-0.4384	-0.2524	-0.3206
2001	-0.3135	-0.4048	-0.3342	-0.4453	-0.2567	-0.3201
2002	-0.3333	-0.4333	-0.3583	-0.4401	-0.2516	-0.3144

续表

年份	供给侧融合度			需求侧融合度		
	A01&J62—J63	A02&J62—J63	A03&J62—J63	A01&J62—J63	A02&J62—J63	A03&J62—J63
2003	-0.3506	-0.4577	-0.4443	-0.4242	-0.2719	-0.3286
2004	-0.2858	-0.3864	-0.3894	-0.3778	-0.2700	-0.3208
2005	-0.2383	-0.3174	-0.3191	-0.3412	-0.2568	-0.3021
2006	-0.2229	-0.2987	-0.2987	-0.3083	-0.2460	-0.2784
2007	-0.2122	-0.2850	-0.2905	-0.2880	-0.2319	-0.2596
2008	-0.2336	-0.3335	-0.3310	-0.2599	-0.2625	-0.2916
2009	-0.2419	-0.3631	-0.3394	-0.2711	-0.2616	-0.2801
2010	-0.2478	-0.3712	-0.3490	-0.3058	-0.2599	-0.2831
2011	-0.2495	-0.3763	-0.3539	-0.3310	-0.2601	-0.2864
2012	-0.2447	-0.3691	-0.3373	-0.3366	-0.2599	-0.2848
2013	-0.2484	-0.3755	-0.3415	-0.3408	-0.2610	-0.2861
2014	-0.2523	-0.3799	-0.3403	-0.3383	-0.2614	-0.2864

数据来源：历年 WIOD 国际标准行业分类投入产出表，以上数据通过计算所得。

从表 7-10 可知，从供需双向发现农业与软件信息技术服务业的产业融合并不显著且均为负值，说明农业和软件信息技术服务业尚未出现产业融合现象，预测未来可能为替代性融合，与我们常规认识"互联网促进农业生产和需求"不同，两者呈现反向关系。从供需双向来看，农业电子商务营销体系构建不完善，农产品在网络营销系统供给品种单一，缺乏多样化和质量保证，没有发挥出互联网农产品规模效应的优势；消费者对订单农产品的消费方式转变存在困难，农产品等购买主要由老人等观念守旧的人群做购买选择行为，这类人群特点接受新鲜事物能力较差，对新兴的互联网农业销售方式改变接受程度差，故农业与软件信息技术服务业的供需双向并未出现显著的产业融合现象。

其次测度农牧业、林业、渔业分别和交通运输仓储业的产业融合度，结果如表 7-11 所示。

第7章 基于乡村振兴的产业融合路径实证分析

表7-11 中国农业和交通运输仓储业的融合度

年份	供给侧融合度			需求侧融合度		
	A01&H52	A02&H52	A03&H52	A01&H52	A02&H52	A03&H52
2000	0.8799***	0.1516	0.3594	0.6284*	-0.1012	-0.0091
2001	0.8680***	0.1429	0.3426	0.6210*	-0.1012	-0.0114
2002	0.8566***	0.1407	0.3301	0.6102*	-0.1034	-0.0147
2003	0.9260***	0.2003	0.423	0.3470	-0.1483	-0.1028
2004	0.9413***	0.2576	0.4991	0.3116	-0.1782	-0.1428
2005	0.9293***	0.246	0.5315	0.3307	-0.1986	-0.1623
2006	0.9149***	0.2817	0.5845*	0.3603	-0.2262	-0.1867
2007	0.9065***	0.3065	0.6485**	0.4081	-0.2498	-0.2011
2008	0.8897***	0.2912	0.6317**	0.3251	-0.2301	-0.1725
2009	0.8833***	0.3688	0.6226*	0.2973	-0.2125	-0.1606
2010	0.8718***	0.3223	0.6083*	0.2523	-0.1389	-0.1441
2011	0.8451***	0.3072	0.5846*	0.2179	-0.1944	-0.131
2012	0.8558***	0.3297	0.5862*	0.2055	-0.1906	-0.1268
2013	0.8394***	0.3258	0.5690*	0.2004	-0.1893	-0.1244
2014	0.8424***	0.332	0.5718*	0.2061	-0.1901	-0.1269

数据来源：历年WIOD国际标准行业分类投入产出表，以上数据通过计算所得。

由表7-11可知，从供需双向发现林业和交通运输仓储业并不存在显著融合现象。从供给侧分析农牧业、渔业与交通运输仓储业的产业融合度均为正值，为互补性融合；2000—2014年农牧业和交通运输仓储业产业融合度较高，在0.8水平以上呈倒U形变化趋势，主要由于近年来国际农产品对我国农业市场冲击较大，导致国内农业和交通运输仓储业融合程度较低；而渔业和交通运输仓储业直到2006年首次出现产业融合，至2014年渔业和交通运输仓储业产业融合度处于下降趋势，渔业和住宿餐饮业融合程度从2007年0.649下降到2014年0.572，这与近年来我国渔业资源日益减少有关。从需求侧分析农牧业、林业分别和交通运输仓储业并未出现明显融合现象，农牧业和交通运输仓储业仅在2000—2002年出现短期产业融合现象，随后消失。从供需双向匹配度来看，农牧业和交通运输仓储业供需市场不均衡，融合产品的供需不对称。

为了深入研究各地区农业与电子商务融合程度是否有差异，哪些地区农业与电子商务融合程度高,哪些地区农业与电子商务融合程度低,我们依据相同方法,从供给侧和需求侧双向角度测算农业与电子商务的融合程度,从农业与交通运输仓储业、软件和信息传输技术服务业的融合度两方面度量,具体结果如表7-12所示。

表7-12 分地区农业与电子商务的融合度

地区	A01&A30	B01&B30	A01&A32	B01&B32	地区	A01&A30	B01&B30	A01&A32	B01&B32
安徽	0.246	0.132	-0.277	-0.321	江西	-0.130	-0.200	-0.342	-0.498
北京	-0.105	-0.233	-0.362	-0.327	辽宁	-0.041	-0.220	-0.441	-0.429
福建	-0.203	-0.462	-0.386	-0.408	内蒙古	-0.057	-0.692	-0.340	-0.384
甘肃	-0.147	-0.078	-0.223	-0.244	宁夏	-0.104	-0.301	-0.268	-0.299
广东	-0.175	-0.259	-0.231	-0.23	青海	-0.314	-0.386	-0.331	-0.276
广西	-0.125	-0.247	-0.241	-0.211	山东	-0.019	-0.081	-0.363	-0.335
贵州	0.129	-0.134	-0.314	-0.386	山西	-0.293	-0.633	-0.355	-0.374
海南	-0.018	0.24	-0.234	0.428	陕西	-0.227	-0.486	-0.328	-0.541
河北	-0.165	-0.32	-0.257	-0.265	上海	-0.125	-0.231	-0.250	-0.244
河南	-0.237	-0.271	-0.249	-0.307	四川	0.031	-0.292	-0.321	-0.422
黑龙江	-0.034	0.143	-0.272	-0.324	天津	0.166	-0.195	-0.283	-0.218
湖北	-0.181	-0.413	-0.266	-0.374	新疆	0.408	-0.417	-0.355	-0.372
湖南	-0.162	-0.16	-0.275	-0.262	云南	-0.154	-0.456	-0.578	-0.603
吉林	-0.23	-0.332	-0.43	-0.631	浙江	-0.313	-0.369	-0.500	-0.504
江苏	-0.084	-0.1	-0.343	-0.365	重庆	-0.191	-0.269	-0.300	-0.314

数据来源:2012年中国投入产出表,以上数据通过计算所得。

从供给侧来看,2012年电子商务农产品营销处于萌芽发展阶段,此时微信刚刚产生,农产品尚无在微信等电子商务平台进行营销的,故2012年农业与电子商务的融合尚未形成。

从需求侧来看,2012年农业与电子商务的尚未出现显著产业融合现象。我国各地区2012年农产品的电子商务营销方式较少,仍是传统农业产业链上下游的延伸融合,消费者对服装、日用品的采购消费偏好刚刚建立,而对农产品的需求不明显,由于物流运输速度、农产品供应链完整度、农户销售方式传统等因素影响,2012年各地区对农产品的网络营销等横向延伸融合并不显著。

综合来看,2012年各地区农业与服务业存在显著的供需双向融合现象,农业与其他二三产业尚未存在显著的供需双向融合现象。2012年各地区休闲农业、观光农业发展较好，未来应着力发展智慧农业、电子商务农业、工厂化农业等，解决我国乡村经济衰落、丧失乡村经济活力等问题。

7.3 乡村产业融合影响因素分析

关于产业融合的影响因素，学者主要从全球产品组件市场分散、交叉技术解决方案、建立创新合作项目、顾客对全面解决问题的服务需求、政府管理制度变化等方面来分析，本书针对乡村产业融合影响因素，总结为以下3点。

7.3.1 技术创新和外溢影响因素分析

技术创新和外溢使得农业或相关科研机构有能力去开发研制新产品或新工艺，技术的发展可向市场提供新农产品或高质量农产品，创新需要技术推动和技术外溢，农业技术外溢使得乡村其他竞争者复制技术并在此基础上改造升级形成新技术等，完全的产业融合只有在供给侧和需求侧融合发生的地方出现，因此技术创新对乡村产业融合是重要影响因素。如：种植业和畜牧业融合发展的循环经济，一般的小农户现在不具备该技术条件，当周边具有先进技术的农户成功发展种植业和养殖业，实现畜牧业粪污处理后还田，一般小农户通过技术外溢学习后，实现乡村种养殖循环经济普及，既保护了生态环境又发展了生态农业，使得农产品质量和安全有保证。

7.3.2 政府管理体制影响因素分析

政府管理体制是产业融合过程中主要影响因素之一。放松管制可以激活乡村民营经济的活力，扩展乡镇民营企业的技术和商业经营模式的创新，从而模糊市场边界，形成乡村产业融合。适当降低农业市场准入门槛，能够为乡村开发出新型农产品、新型乡村旅游项目以及新型农产品经营模式。农业产业内部和外部的融合均受到管制放松的影响。在新形成的市场结构中有效使用已有技术，也可以触发突破性进展。政府对农业管制放松后，激活乡村农产品市场经济的活力,农民有权限从临近村庄购买农产品原料统一加工处理,加工成质量高的农产品,通过互联网平台销售。

7.3.3 商业模式创新影响因素分析

商业模式创新对产业融合影响截然不同。商业模式创新发挥价值创造和价值获取两种功能,如互联网+农业的融合强调互联网在发挥价值的4个相互影响的关键要素,分别是效率、互补、锁入和新颖性。有时候商业模式的创新在于农业和信息行业的融合过程起到决定性作用,商业模式创新有时会超越技术本身形成更高级新技术,通常商业模式创新是与技术互动的结果;如一家农业公司现行的商业模式常常忽略技术实现转化经济效益的行为,而新商业模式能高效推动技术转变成市场新产品,商业模式降低了市场的不确定性,当技术外溢到其他竞争者,这家农业企业设计出有市场经济效益的商业模式,那么技术融合通过商业创新模式转变为产业融合。

7.4 乡村产业融合实现路径

7.4.1 科技交叉渗透是产业融合的根本

科学技术向农业渗透实现乡村产业融合。我国现有农业技术在超级水稻、转基因抗虫棉、禽流感疫苗等方面取得世界先进水平。但与发达国家相比农业科技水平落后10～15年,农业科学创新能力不强。具体渗透措施为:①加强对农业科研机构的研发经费投入,2004—2011年中央财政投入农业科研机构能力条件建设资金,仅由3.2亿元增加至6.5亿元,年均增速为10.7%;地方财政应重点加强对耕地保育、设施农业工程、生态环境等学科的研究经费投入,具体如图7-1所示。②合理配置科研装备结构。增加重大科学工程(装置)、试验基地和配套设施、核心前沿和高精尖仪器设备,合理布局试验基地,建设温室、网室等对光照、温度、水、气、肥等多因素的动态化检测和网络远程调控,为智慧农业的建设提供建设科研基础条件。

第7章 基于乡村振兴的产业融合路径实证分析

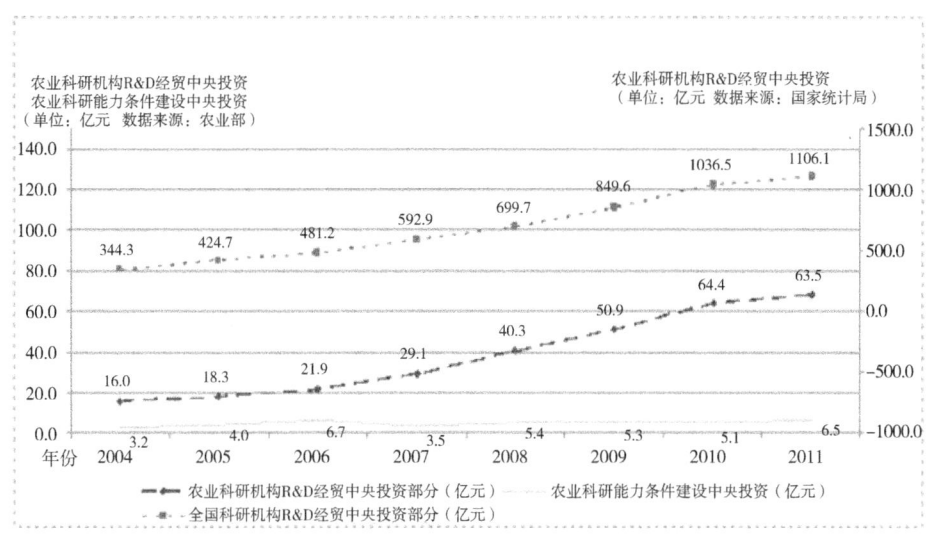

图 7-1 2004—2011 年科研投入对比

（资料来源：http://www.moa.gov.cn/nybgb/2013/dliuq/201805/t20180509_6141642.htm.）

7.4.2 技术知识外溢是产业融合的动因

利用农业技术知识外溢性推动乡村产业融合。传统科研管理体制制约科研创新能力的发展，优化科研管理体制使得配套科研设施装备在区域、学科间合理配置，充分共享资源，有效利用有限的科研资金进行高水平、集中科研建设，加强多学科联系，技术知识外溢加速新技术联合，模糊不同学科的界限，从而模糊产业间界限。推动乡村农业内部或与其他产业出现融合。科研机构应在农产品优势乡村设立试验基地，将农业科研创新技术应用到实际乡村产业发展中，高校和科研机构可定期下乡开展讲座，为农民传授农业新知识、农产品加工技术和新经营管理理念。通过技术知识外溢作用推动乡村农业内部产业和农业外部产业融合发展。

7.4.3 放松政府管制是产业融合的前提

政府对市场经济管制在一定程度上限制产业融合发展，政府机关用法律、许可、认可等方式规定企业进入、退出、定价等行为；但乡村产业融合的发展首先由交易成本降低推动，放松政府经济管制在一定程度上降低了乡村企业进入成本，发挥乡村企业市场完全竞争带来的经济福利；政府放松对乡村金融资本进入以及乡村电信业务入驻的经济管制，能够为中国乡村旅游文化产业、乡村电子商务平台、智慧农业的新产业、新业态形成，创造一个较低交易成本的前提；当下乡村基础设施落后，可通过放松社会资本流向乡村的管制，引导社会资本共同建设乡村基础设施，形成乡村新产业、新业态，激发乡村产业融合发展的活力[1]。

7.4.4 适应市场需求是产业融合的方向

适应市场需求是促进乡村产业融合的必经路径。消费者对农产品的消费偏好日益变化，对美好生活的追求也不断提高，这直接影响农产品需求市场的变化。从农产品市场需求来看，当今消费者需求农产品类型以绿色、有机、安全为主，为了适应消费需求变化，部分农户推出"私人定制"农产品的生产经营模式，保证生产上的"有机"，通过转变农业生产方式，促进农业绿色低碳循环发展，推动农业内部产业种养融合发展。从非农产品市场需求来看，一方面人们对能源需求是持续稳定的，而如何充分利用可再生能源对人类可持续发展具有重要作用，光伏发电是可再生能源转化利用的一种方式，在光伏发电的太阳能板下经营养殖业，既有利于光能量集中照射又能很好地解决养殖问题和畜牧业的草料问题，推动了乡村一二产业融合发展；另一方面人口大量转移到城市生活，人们对大自然新鲜空气和人文景观有休闲旅游需求，表现为古村落特色文化、草莓采摘节乡村观光旅游项目开始涌现；国内基于遥感技术 GPS、RS、GIS 的地理空间信息科学技术对农作物事项：气候、温度、面积、光照、土壤、病虫害等进行全方位田间信息采集，也是 3S 技术在现代农业的应用，即数字农业，既保证我国粮食供应总量安全，又直接促进乡村一三产业的融合。

---

[1] 张磊. 产业融合与互联网管制[M]. 上海财经大学出版社，2001：36-49.

第8章 基于乡村振兴的农业全要素生产率提升路径实证分析

第6章、第7章分析乡村产业间如何实现乡村振兴，而乡村产业升级、融合发展的根本是农业全要素生产率提升。我国古代皇帝在祭祀天地时常祈祷"风调雨顺"，历朝历代治理国家均强调"民以食为天"的重要性，这表示农业生产率的高低与自然环境因素是密不可分的，尤其是种植业易受气候环境的影响。尽管改革开放后，我国农业技术有了较大提高，但目前国外研究表明发展中国家的农业产量和自然环境气温、降雨量、日照等环境因素密不可分。本章重点研究考虑环境约束下，中国农业全要素生产率处在什么水平，制约农业全要素生产率提升的因素有哪些？如何实现农业全要素生产率的提升。

8.1 农业全要素生产率与乡村振兴的关系

8.1.1 农业全要素生产率

生产率最早是指古典经济学单一要素劳动生产率、资本生产率和土地生产率等，但实际应用过程中需要同时使用两种或三种要素计算生产率，但劳动和资本要素之间存在一定的替代关系，使得单一要素生产率无法表现这种替代关系；全要素生产率的出现解决了这个问题，它的经济内涵是指在生产过程中，所有投入要素的单位投入带来的总产出，也就是总产出与全要素的比率，全要素一般用所有要素投入的加权平均表示。索洛（Solow）创造提出规模报酬不变的生产函数模型，以函数形式表现劳动和资本等要素之间的替代关系，索洛模型为核算全要素生产率奠定了理论框架，这也是至今测算全要素生产率使用最广泛的一种方法，即"索洛余值法"。索洛生产函数下加权所有要素投入表示为 $X = K^{\alpha}L^{\beta}$，全要素生产率测算公式为 $A = Y/K^{\alpha}L^{\beta}$。本章以索洛模型为基础，增加农业土地生产要素。农业全要素生产率是指在农业生产过程中，资本、劳动和土地三种生产要素的单位投入带来的农业总产出，也就是农业总产出和农业生产资料的比率。

8.1.2 农业全要素生产率与乡村振兴的关系

农业全要素生产率是资本、劳动和土地等单位要素投入带来的产出，提高农业全要素生产率指资本、劳动和土地等单位要素投入带来的产出提高了，即单位产出需要投入的资本、劳动和土地等要素下降了。资本从农业流入到二三产业，推动非农产业发展；劳动力从农业转移到二三产业，给农村劳动力带来非农就业收入，提高了农村收入水平；土地属于乡村固定资产，在耕地供给水平不变条件下，提高全要素生产率从而提高了农业产出水平。提升农业全要素生产率是乡村经济繁荣发展的基础，只有提升农业全要素生产率，才能促进乡村经济增长，使生态宜居、生活富裕和乡风文明有根本保障，从而实现乡村振兴。

8.2 农业全要素生产率测算分析

8.2.1 变量选择与模型构建

李谷成等（2011）、韩海彬等（2013）、潘丹等（2013）研究表明考虑环境约束测算农业全要素生产率数值要比不考虑环境约束测算数值低，这些研究均将环境因素约束为农业发展过程带来的施肥过量、养殖粪污、固体垃圾等环境污染成本因素。国内其他学者研究农业全要素生产率的影响因素结果却得出不一致结论，刘战伟（2014）、王珏等（2010）研究发现环境因素对农业全要素生产率影响不显著。环境因素对农业全要素生产率是否有影响，如果有影响，那么考虑环境因素对农业全要素生产率测算结果偏高还是偏低？故本章在索洛模型基础上增加环境变量，具体选择如下变量：农户家庭农业总产出 Y，家庭农业劳动时间 L，家庭实际经营土地面积 M，农业生产资料资

本投入 K，当地环境变量 T。

通过相关文献整理，发现测算中国农业全要素生产率的主要方法有索罗余值法、DEA 数据包络分析法、SFA 随机前沿生产函数、代数指数法等。对比这些测算方法，相对于索洛余值法，采用代数指数法得到农业 TFP 值更低，SFA 方法得到农业 TFP 值更高，DEA 方法和索洛余值法计算出的农业 TFP 无显著差异；而且采用 DEA 和 SFA 方法是基于非参数统计模型，模型原理是系统选择一个最优的样本作为投入产出标准比较对象，其他样本与标准样本进行比较，得到投入产出的全要素生产率及其分解。本章以索罗模型为基础，增加环境因素下测算农业全要素生产率，假定农业全要素生产率是外生的，但投入要素的指数和不限定为 1。参考 Hseih 等（2009）、朱喜等（2011）、诺德豪斯等（1992）的模型，构建一个资本要素不变的完全竞争模型，该模型假设农户生产效率水平存在个体差异，每个农户要素扭曲程度不同。某地区有 N 个农户家庭从事农业工作生产农产品产量为 Y，产品市场是完全竞争的，农户家庭的生产函数符合规模报酬不变的柯布道格拉斯形式，农业生产需要投入资本 K、劳动 L、土地 M、家庭全要素生产率 TFP 记为 A，各地区自然环境影响因素记为 T，则第 i 个农户家庭的生产函数可表达为：

$$Y_i = A_i K_i^\alpha L_i^\beta M_i^\gamma T_i^\rho，其中 \alpha + \beta + \gamma + \rho = 1。 \tag{8.1}$$

Y_i 代表第 i 个农户从事农业的总产出，A_i 表示第 i 个农户农业全要素生产率，K_i 表示第 i 个农户农业生产资料资本投入，L_i 表示第 i 个农户从事农业劳动时间，M_i 表示第 i 个农户家庭实际经营土地面积，T_i 表示第 i 个农户当地环境因素。α、β、γ、ρ 分别表示上述变量的替代弹性。

8.2.2 数据来源与预处理

（1）数据来源

利用 2013 年 CHIP 微观数据，选择农村住户调查问卷，样本范围为 14 个省份：北京市、山西省、辽宁省、江苏省、安徽省、山东省、河南省、湖北省、湖南省、广东省、重庆市、四川省、云南省、甘肃省，删除农村住户 2013 年未从事农林牧渔业生产活动及缺失值的样本，以及家庭土地和可支配收入的异常值，最终符合条件家庭 4131 户。从事农业种植业的资本投入主要包括种子、化肥、农药、灌溉、农用机械等直接费用和间接费用，由于我国地域范围较大，各省农业作物收获次数不同，根据我国几年来的农业实际作业调研，本章采用各省播种面积最大农作物每亩成本数据，估算该地区所有资本投入的单位成本，数据来源于《全国农产品成本收益资料汇编2014》。

（2）数据预处理

家庭农业总产出 Y：2013年家庭可支配收入总额扣除家庭所有成员从事非农工作的工资性收入。家庭农业劳动总工时 L：2013年家庭农业劳动总工时，使用计算公式为：劳动总工时 = 农忙天数 × 农忙每天工作小时数 +（从事农业月数 × 30 - 农忙天数）× 非农忙每天工作小时数。家庭实际经营土地面积 M：实际经营土地面积 M = 经营和闲置土地总面积 - 闲置土地面积。农业生产资料资本投入[①] K：不包括土地租金和劳动人工费用。农业经营土地实际资本投入使用每亩物质与服务费用，主要包括直接费用和间接费用：种子、化肥、农药、机械作业费固定资产折旧等。环境变量 T：年均气温为各地区中国气象局设有基站的主要城市平均数值，数据来源于2013年《中国气象年鉴》。

特别地，CHIP数据库没有收集关于资本投入 K 相关数据，我们在朱喜等（2011）研究基础上，采用以下估算办法，由于地区差异，各地区每年种植业收获次数不同，每个家庭实际经营面积和播种面积并不相等，根据电话调研了解，获得我国14省每省份收获次数，由于我国地域广阔，各地区主要农业种植作物不同，资本投入的按各地区种植面积最大的农作物成本进行核算，如表8-1所示；资本投入 $K = M$ × 每亩物质与服务费用，每亩地资本投入 = 收获次数 × 物质与服务费用。

表8-1 各省主要农作物及收获次数

区域代码	区域	作物代码	主要作物	收获次数（次/年）
1	北京市	1	玉米	2
2	山西省	1	玉米	2
3	辽宁省	1	玉米	1
4	江苏省	2	稻谷	2
5	安徽省	3	小麦	2
6	山东省	3	小麦	2

---

① 为了估算准确性，调查农户土地规模超过20亩以上，我们认为现实中有较大雇工可能性，但由于雇工工时数据无法获得，故删除20亩以上且每小时从事 M/hour 超过5%的家庭样本50个。北京玉米成本采用河北省成本。稻谷的成本采用早籼稻成本，四川、重庆、江苏采用中籼稻成本。

续表

区域代码	区域	作物代码	主要作物	收获次数（次/年）
7	河南省	3	小麦	2
8	湖北省	2	稻谷	2
9	湖南	2	稻谷	2
10	广东省	2	稻谷	2
11	重庆市	2	稻谷	2
12	四川省	2	稻谷	2
13	云南省	1	玉米	2
14	甘肃省	1	玉米	1

资料来源：各省统计年鉴及电话访谈调研资料整理所得。

8.2.3 农业全要素生产率测算实证分析

（1）多重共线性检验

由于资本投入 K 是根据土地面积 M 成比例计算出来，这样造成解释变量资本投入 K 与土地面积 M 出现较为严重的多重共线性问题，需要检验一下解释变量之间是否存在多重共线性。检验多重共线性较为简单的方法是相关系数法。计算解释变量之间的相关系数如表 8-2 所示，结果显示资本投入 $\ln K$ 与土地实际经营面积 $\ln M$ 之间的相关系数为 0.968，远大于 0.8，可认为资本投入 $\ln K$ 与土地面积 $\ln M$ 之间存在较严重的多重共线性问题。

表 8-2 解释变量间相关系数

变量	$\ln Y$	$\ln M$	$\ln L$	$\ln K$	$\ln T$
（1）$\ln Y$	1.000				
（2）$\ln M$	0.253	1.000			
（3）$\ln L$	0.249	0.330	1.000		
（4）$\ln K$	0.248	0.968	0.310	1.000	
（5）$\ln T$	-0.036	-0.398	-0.092	-0.209	1.000

数据来源：2013 年 CHIP 全国调研微观数据库。

资本投入 $\ln K$ 和土地播种面积 $\ln M$ 间存在严重的多重共线性，由于样本数据量为 4131，有理由认为样本容量充分大，采用岭回归方法解决多重共线性的问题比较适合。

(2) 岭回归估计结果分析

岭回归的原理是当解释变量间存在多重共线性，即 $|X'X|\approx 0$ 时，即 $E[(\hat{\beta}-\beta)(\hat{\beta}-\beta)'] = \delta^2(X'X)^{-1}$ 增大，解决办法在 $X'X$ 加上 kI 正对角阵，使得 $|X'X+kI|\approx 0$ 可能性比 $|X'X|\approx 0$ 可能性更小，得到岭回归方法估计系数 β 为：

$$\hat{\beta}(k) = |X'X+kI|^{-1}X'Y 。 \quad (8.2)$$

其中 $\hat{\beta}(k)$ 为 β 岭回归估计量，k 为岭回归参数，选择合适的 k，岭回归的参数才会优于普通最小二乘法参数估计，当 $k=0$ 时，$\hat{\beta}(k) = \hat{\beta}$，也就是退化为普通最小二乘法估计。虽然岭回归方法缩短估计系数向量，估计出一个有偏的系数，但是方差也同样减少，得到比普通最小二乘法还小的岭估计方差①，为此采用兼顾方差和偏倚最小均方误差 MSE 原则，分析岭回归效果，采用 Hoerl 和 Kennard（1970a，1970b）岭迹图法确定 β、δ 找到最优的 k。总收缩程度由以下公式测量：

$$m = r - \delta_1 - \delta_2 - \cdots - \delta_r = rank(X) - trace(\Delta) 。 \quad (8.3)$$

其中 Δ 是 $r \times r$ 非随机收缩因子，δ_1，δ_2，$\cdots$，δ_r 和 g_i 是 G 的第 i 列。

根据 Obenchain（2017）可知，以 $\delta_i c_i$ 作为 γ_i 线性估计的最小 MSE 下未知收缩程度为：

$$\delta_i^{\text{MSE}} = \frac{\lambda_i}{\lambda_i + k\lambda_i^q} = \frac{\lambda_i}{\lambda_i + (\frac{\delta^2}{\gamma_i^2})} 。 \quad (8.4)$$

推导出 $\hat{k} = \hat{k}(q) = (\sum \lambda_i^{1-p})\frac{1-R^2 CRL^2(q)}{n R^2 CRL^2(q)}$，具体推导过程详见 Obenchain（2017），下面确定满足 MSE 最优收缩路径时 q 的数值，使用最大似然估计法估计 q 收缩路径形状。表 8-3 结果显示，当 $q = -1.5$ 时，得到最大 CRL（Q）和最小 ChiSq。最小的 ChiSq 自由度为 3，显著性水平为 0.000。当 $q = -1.5$ 时，满足 q 的范围，$-5 \leq q \leq 5$。

---

① https://www.stata.com/products/stb/journals/stb28.pdf.

第8章 基于乡村振兴的农业全要素生产率提升路径实证分析

表8-3 q 收缩路径形状

	Qshape	MCAL	Konst	CRL(Q)	ChiSq
$r1$	5	4.056	1.14×10^{-8}	0.201	421.647
$r2$	4.5	4.055	7.81×10^{-8}	0.202	421.583
$r3$	4	4.055	5.34×10^{-8}	0.203	421.393
$r4$	3.5	4.052	3.57×10^{-6}	0.206	420.817
$r5$	3	4.034	0.00002238	0.217	418.996
$r6$	2.5	3.895	0.00011793	0.248	412.793
$r7$	2	2.629	0.00043764	0.345	388.682
$r8$	1.5	0.365	0.00141679	0.582	295.275
$r9$	1	0.082	0.01660384	0.821	147.901
$r10$	0.5	0.151	0.78934705	0.892	93.400
$r11$	0	0.582	53.510764	0.921	69.638
$r12$	-0.5	0.994	4 022.924	0.942	51.693
$r13$	-1	1.093	326 201.41	0.955	40.809
$r14$	-1.5	1.154	28 101 882	0.959	36.934
$r15$	-2	1.250	2.53×10^{9}	0.958	38.267
$r16$	-2.5	1.400	2.35×10^{11}	0.952	42.805
$r17$	-3	1.613	2.23×10^{13}	0.945	48.990
$r18$	-3.5	1.868	2.15×10^{15}	0.937	55.798
$r19$	-4	2.130	2.08×10^{17}	0.929	62.618
$r20$	-4.5	2.373	2.03×10^{19}	0.922	69.114
$r21$	-5	2.585	1.98×10^{21}	0.914	75.126

除了 Obenchain（1975，1981）的经典固定系数方法之外的其他最大似然法也是可能的，但它们不会产生给定 q 的最佳 k 或 m 的闭合表达形式。经验贝叶斯方法 Efron 和 Morris（1977）以及 Golub，Heath 和 Wahba（1979）和 Shumway（1982）的随机系数法是实现的最大似然替代方案。上述所有3个反映 m 值可能性准则，分别称它们为 CLIK，EBAY 和 RCOF。下面确定在这3种方法下 m 数值，如表8-4所示，最大似然法选择 m 收缩范围是最小化 CLIK、EBAY 或 RCOF 标准的选择。EBAY 和 RCOF 准则都支持当 $q=-1.5$ 时 $m=1$，而 CLIK 准则支持 $m=1.5$，选取 $m=1$ 作为岭回归估计参数的步数。

表 8-4 CLIK，EBAY 和 RCOF 3 种准则下 m 值确定

m	CLIK	EBAY	RCOF
0.5	667 518.520	55.461	55.464
1	4042.577	45.808	45.792
1.5	134.474	49.802	49.673
2	229.495	68.840	68.475
2.5	287.655	93.357	92.556
3	328.976	126.896	125.267
3.5	360.445	175.290	172.009
4	385.464	245.396	238.795
4.5	406.809	341.656	328.764
5	438.566	462.020	438.566

采用 stata15.0 软件利用岭回归估计方法，当 $q=-1.5$ 时，m 取值为 1，各解释变量回归系数满足均方差最小且估计参数偏倚最小。选取 $q=-1.5$，$m=1$ 时，且 $k=0.1$ 估计模型参数如下：

$$\ln Y = \ln A + 0.064\ln K + 0.172\ln L + 0.138\ln M + 0.044\ln T - 0.006R$$

$$t \quad (5.02) \quad (11.76) \quad (10.98) \quad (3.16) \quad (-0.40) \quad (8.5)$$

$$P \quad (0.00) \quad (0.00) \quad (0.00) \quad (0.02) \quad (0.69)$$

上式 R 为不同省份区位代码变量（$R=1$，2，…，14），无具体实际意义；括号内为变量的 t 值，$\overline{R}^2=0.096$，虽然模型拟合优度较低，但由于样本为微观数据，农户家庭的个体差异较大，且该拟合优度为 0.096，与朱喜（2011）、盖庆恩（2017）利用农村固定观察点的微观数据得出结论相符，与构建模型拟合优度为 0.1 基本一致，故我们认为该结论合理。$F=88.65$，对应的 $P=0.00$，F 检验结果拒绝了原假设，表明农户家庭生产经营函数不是规模报酬不变的假设，各要素弹性系数和为：$\alpha+\beta+\gamma+\rho=0.418$，进一步说明我国农业生产经营呈规模报酬递减效应，同样与盖庆恩等（2017）、朱喜等（2013）等研究结论一致，同样与农业部设定农业部门的劳动、资本要素弹性（贡献系数）结论一致（分别为 0.20、025）[①]。

估计参数结果说明土地经营面积、农业劳动时间、农业资本和环境变量

[①] 范丽霞，李谷成. 全要素生产率及其在农业领域的研究进展 [J]. 当代经济科学，2012（1）：109-119.

等的弹性为正,农业要素投入与农业总产出呈正向促进作用。所有地区农业部门的劳动、土地、资本的产出弹性分别为 0.172、0.138、0.064;国外学者 Adamopoules 等(2016)认为中国农业的劳动、土地、资本产出弹性分别为 0.46、0.36、0.18,Cheremukhin 等(2015)认为中国农业的劳动、土地、资本产出弹性分别为 0.55、0.31、0.14,说明本章测算结论具有稳健性,我国农业部门劳动、土地的产出弹性远大于资本产出弹性。

由图 8 - 1、图 8 - 2 可知,选取符合研究样本 4131 个农户家庭的全要素生产率分布图呈正态分布,频率最大的全要素生产率为 7 ~ 8。2013 年考虑环

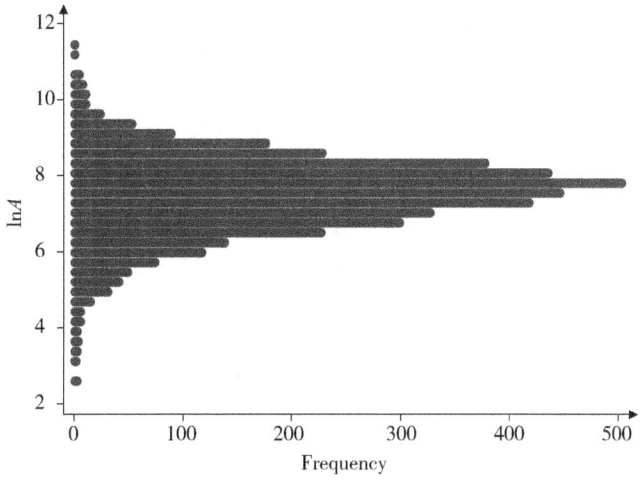

图 8 - 1 农业 TFP 对数的频数

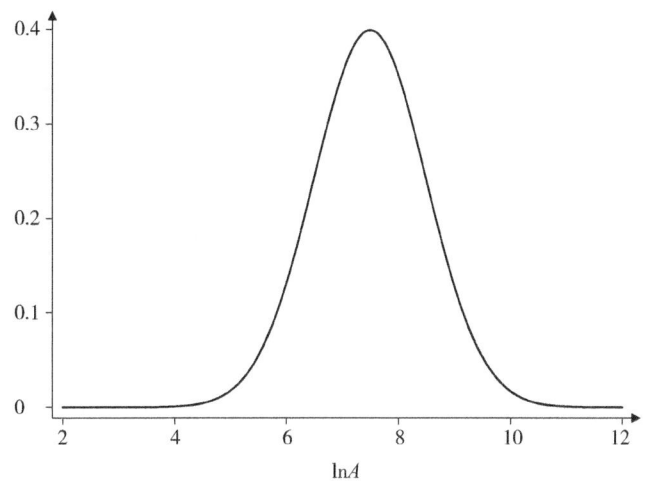

图 8 - 2 农业 TFP 对数的正态分布

境约束下的农业全要素生产率的对数均值 7.49，低于不考虑环境约束下的农业全要素生产率的对数均值 30.03（盖庆恩，2017），我们实证分析得到的结果与理论模型结论是一致的。环境因素对我国农业全要素生产率测算有较大的测量偏差。

8.3 农业全要素生产率影响因素分析

既然农业全要素生产率的提升是发展我国农业的核心关键，那么如何才能提升农业全要素生产率，什么因素制约农业全要素生产率增长？刘晗等（2015）、李谷成等（2007）研究表现要素配置效率是农业全要素生产率增长的主要因素，而技术进步是直接动力。这两篇文章均通过 SFA 模型讨论技术进步如何影响农业全要素生产率的，这里我们不再赘述；但并没有深入分析我国农业实际生产中具体哪些要素配置效率低，单一要素配置效率低如何影响农业全要素生产率？朱喜（2011）研究表明农户家庭的劳动力和资本要素配置扭曲会阻碍农业全要素生产率提升。盖庆恩（2017）研究表明土地要素配置扭曲会阻碍农业全要素生产率提升。我们在索洛模型基础上增加土地生产要素，由于技术进步对全要素生产率的提升前人已经研究过（刘晗等，2015；李谷成，2007），为了分析过程简化，我们假定技术进步是外生的。下面在索洛模型统一框架下分析资本、劳动和土地 3 个因素如何影响农业全要素生产率。

8.3.1 劳动配置扭曲影响农业全要素生产率的分析

农户是理性选择的，当种植业变得有利可图时，外出务工的农民返乡从事种植业获取高额利润，反之当外出务工有利润时，通常农民会选择外出务工。但实际问题是农民外出进城务工的面临很多障碍，通常有 3 种因素：第一，劳动市场的信息不对称。我国多数乡村距离工作城市的地理距离较远，这种天然的地理屏障导致劳动市场的信息不对称，农民无法及时获取劳动市场实际需求情况，为了利用充分闲暇时间，他们往往愿意接受低于劳动市场的工资水平。第二，城乡二元体制差异。在我国城镇化较长一段时间，农民工进城务工面临没有办法落户口，农民工子女没办法跟随进城上学，无法享受城市的社会保障体系,更有相当大比例企业拖欠农民工工资,他们实际进城务工多数不受劳动法律的保护,从实际工资角度来看,他们实际获得的工资往往更低。第三,人力资本差异。与城市教育水平相比,农村公共基础教育水平低,学习先进农业技术的机会渠道较少,导致实际从事农业的农民人力成本低、技术水平差,多数农民无法熟练使用计算机、手机等先进科学技术。以上是农民通常会接受低于市场水平的工资的3种因素,这些因素导致乡村劳动力市场配置扭曲,农村多余劳动力闲置,大量的劳动时间只能投入农业生产活动中,而农户家庭粮食总产出达到一个稳定水平,劳动生产率就会下降,从而导致农业全要素生产率的下降。

8.3.2 资本配置扭曲影响农业全要素生产率的分析

农民从事土地规模种植业,需要投入更多的种子、化肥、农用机械农具等,农户现有储蓄无法满足资本要求,通常会转向资本市场寻找金融机构贷款;但由于农民储蓄能力低且缺少抵押担保物,农业具有低收益高风险的性质,农业生产经营活动常常受到自然气候变化的影响且具有较高的不确定性风险,金融机构对农户的信用评级较低;使得农民在正规金融机构无法获取市场化利率的贷款,现实中农民通常从事高于资本市场成本的非正规金融借贷,导致农民从事农业的资本市场配置扭曲。而农民最根本的财产是宅基地和土地,但我国由于历史原因,乡村宅基地和耕地所有权、经营权和使用权在制度上被绑定,无法参与市场经济的交易,这是农民面临资本扭曲最根本的问题。另外,乡村的法制环境欠佳、诚信体系缺乏造成银行和农民之间的信息不对称,加剧了农民从金融市场贷款的难度,为信息不对称付出高于市场利率成本代价,较高的资本利率成本降低单位资本收益率,直接引起资本生产率下降,从而降低农业全要素生产率。

8.3.3 土地配置扭曲影响农业全要素生产率的分析

(1)地理位置因素

由于农业土地要素的特殊性,常常因为地理位置因素导致土地质量差异,造成土地租金的不同,具体表现我国各地耕地等级存在显著差异,整体上优等耕地面积少。根据国土资源部发布2015年全国耕地质量等别更新评价主要数据成果的公告显示，我国评定耕地质量总面积为13 509.74万公顷，将全国耕地按照1~4等、5~8等、9~12等、13~15等划分为优等地、高等地、中等地和低等地。这4种类型耕地面积分别为397.38万公顷、3584.60万公顷、7138.52万公顷、2389.25万公顷；占全国耕地评定总面积比例具体如图8-3所示。

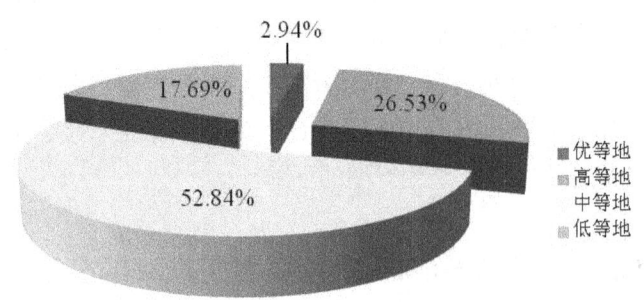

图8-3 2015年全国优高中低等地面积比例构成

（资料来源：http://g.mnr.gov.cn/201702/t20170224_1440924.html.）

从耕地质量空间分布来看，优等地主要分布在湖北、广东、湖南等3个省，高等地主要分布在河南、江苏、山东、湖北、安徽、江西、广西、四川、广东、湖南、河北、浙江等12个省（区），中等地主要分布在黑龙江、吉林、云南、辽宁、四川、新疆、贵州、安徽、河北、山东等10个省（区），低等地主要分布在内蒙古、甘肃、黑龙江、河北、山西、陕西、贵州等7个省（区）。东部地区和中部地区耕地平均质量等别较高，分别为8.19等和7.98等；东北地区和西部地区耕地平均质量等别较低，分别为11.25等和11.33等。

从耕地面积构成来看，我国地区耕地构成差异性较大，具体如表8-5所示。湖北、海南、江苏、广东、上海、浙江、湖南、江西、福建的水田面积占耕地总面积高达50%以上，主要分布在东部地区，少数（湖南、湖北）分布在中部地区；河南、西藏、河北、山东、北京、天津、新疆的水浇地面积占耕地总面积高达50%以上，分布地区比较散乱，这些地区的共同特征均为缺水、干旱少雨；广西、四川、重庆、宁夏、青海、内蒙古、陕西、贵州、山西、甘肃、云南、黑龙江、辽宁、吉林旱地面积占耕地总面积高达50%以上，主要分布在西部、东北地区。

第8章 基于乡村振兴的农业全要素生产率提升路径实证分析

表8-5　2016年各地区耕地面积构成　　单位:%

地区	耕地	水田	水浇地	旱地	地区	耕地	水田	水浇地	旱地
全国总计	100	24.6	20.9	54.5	河南	100	9.3	56.1	34.6
北京	100	0.9	75.7	23.4	湖北	100	50.6	9.2	40.2
天津	100	3.6	77.4	19	湖南	100	78.7	0.1	21.3
河北	100	1.4	62.1	36.5	广东	100	63.4	4.4	32.2
山西	100	0	26.3	73.7	广西	100	44.4	0.1	55.5
内蒙古	100	0.9	30.9	68.2	海南	100	53.7	0.1	46.3
辽宁	100	13.5	3.5	83	重庆	100	40.3	0	59.7
吉林	100	11.9	0.8	87.3	四川	100	41	1.7	57.3
黑龙江	100	20.1	0.2	79.7	贵州	100	27.3	0.2	72.5
上海	100	71	26.1	2.9	云南	100	22.9	1.6	75.5
江苏	100	58.9	10.3	30.9	西藏	100	9.4	60.3	30.3
浙江	100	75	0	25	陕西	100	4	26.4	69.6
安徽	100	49	4	47	甘肃	100	0.1	24.7	75.2
福建	100	83	3.2	13.8	青海	100	0	32	68
江西	100	80.3	0.5	19.2	宁夏	100	14.4	25.1	60.5
山东	100	1.3	67.7	31	新疆	100	1.1	94.9	4

数据来源:2017年《中国农村统计年鉴》。

综上,以上地理位置因素导致农民无法按照自己意愿以较低的地租租赁到想要的土地质量进行统一经营管理,造成土地配置扭曲情况。

(2)土地制度因素

1978年改革开放后中国社会实现全面改革,农村将传统人民公社转变成乡镇政府,农村土地所有权由集体所有制转变为农村家庭联产承包责任制,至今土地承包责任制仍然保持不变。我国虽耕地总面积较大,但在现有土地制度下,农户家庭人均经营耕地面积很少,特别是福建、海南、浙江、广东、北京和上海的人均经营耕地面积不足1亩;黑龙江、内蒙古、吉林和新疆地区的人均经营耕地面积最多,也均在16亩以下;具体见表8-6。

表8-6 2012年农村居民家庭人均经营耕地面积　　　单位：亩/人

地区	人均经营耕地面积	地区	人均经营耕地面积
北京市	0.5	河南省	1.62
天津市	1.58	湖北省	1.71
河北省	1.89	湖南省	1.22
山西省	2.5	广东省	0.53
内蒙古	10.4	广西	1.37
辽宁省	3.78	海南省	0.73
吉林省	8.27	重庆市	1.29
黑龙江省	13.56	四川省	1.14
上海市	0.26	贵州省	1.18
江苏省	1.25	云南省	1.6
浙江省	0.54	陕西省	1.52
安徽省	1.89	甘肃省	2.72
福建省	0.73	青海省	1.83
江西省	1.57	宁夏	3.69
山东省	1.64	新疆	5.76

注：数据来源于国家统计局农村住户抽样调查资料，西藏由于数据缺失，未在上表中显示。

当农户为了获取高额利润，打算大规模种植土地，受到现有的土地承包经营制度以及我国人均耕地面积少等条件限制，这些农户不得不提高土地租金获取更多土地经营面积，土地流转制度障碍因素造成我国地租上涨，形成土地配置扭曲，地租价格上涨压缩单位土地租金的平均收益，从而导致单位土地租金的生产率下降，直接降低农业全要素生产率。

8.4　农业全要素生产率提升路径

通过上述分析可知，劳动、资本、土地要素配置扭曲降低了农业全要素生产率，那么剔除要素配置扭曲是否会提高农业全要素生产率？即优化要素配置是否会提高农业全要素生产率，下面我们通过理论模型和实证分析进行验证。

8.4.1 优化要素配置的理论分析

由于第二轮土地承包制度保持30年不变，城乡二元体制的阻碍等一系列因素导致农户家庭的生产呈规模递减的特征。P_i代表农产品总产出Y_i的价格，i为资本投入利率，w为农业劳动力工资，r为地租价格，要素市场的扭曲造成劳动市场、资本市场、土地市场的边际产品价格不同，资本市场配置扭曲通常会提高农户贷款成本，劳动市场扭曲通常会降低劳动力工资，土地市场扭曲通常会增加土地租金成本，我们将那些提高要素边际产出的扭曲作为要素扭曲，资本、劳动、土地的扭曲分别为τ_{K_i}、τ_{L_i}、τ_{M_i}，实际价格分别为$(1+\tau_{K_i}) \times i$、$(1-\tau_{L_i}) \times w$、$(1+\tau_{M_i}) \times r$。例如：金融机构对农户家庭贷款评估的信用、额度、抵押物等要求较高，导致农户家庭向较高民间利率借贷；偏僻遥远的山村，非农就业机会较少，农户往往要忍耐更低的工资水平；由于我国人均耕地面积少，城乡二元体制阻碍，绝大部分农业人口依靠土地收入维持生计，土地在农村是有限资源，这样土地进行流转供给数量紧缺，导致实际交易的土地价格更高。

第i个农户家庭农产品利润函数如下：

$$\pi_i = P A_i K_i^\alpha L_i^\beta M_i^\gamma T_i^\rho - (1+\tau_{K_i})i K_i - (1-\tau_{L_i})w L_i - (1+\tau_{M_i})r M_i \text{。} \tag{8.6}$$

单个农户家庭对利润最大化①的一阶条件为：

$$\begin{cases} \dfrac{\partial \pi_i}{\partial K_i} = \alpha P A_i K_i^{\alpha-1} L_i^\beta M_i^\gamma T_i^\rho - (1+\tau_{K_i})i = 0 & (8.7\text{a}) \\[2mm] \dfrac{\partial \pi_i}{\partial L_i} = \beta P A_i K_i^\alpha L_i^{\beta-1} M_i^\gamma T_i^\rho - (1-\tau_{L_i})w = 0 \text{。} & (8.7\text{b}) \\[2mm] \dfrac{\partial \pi_i}{\partial M_i} = \gamma P A_i K_i^\alpha L_i^\beta M_i^{\gamma-1} T_i^\rho - (1+\tau_{M_i})r = 0 & (8.7\text{c}) \end{cases}$$

因此劳动、资本、土地的边际产出：

---

① 关于农户的目标函数文献有不同看法，如利润最大化、风险规避型、劳苦规避型等，本章认为农户目标函数为利润最大化函数。

$$\begin{cases} MRPK_i = \dfrac{\alpha PY_i}{K_i} = (1+\tau_{K_i})i & (8.8a) \\[2mm] MRPL_i = \dfrac{\beta PY_i}{L_i} = (1-\tau_{L_i})w \quad 。 & (8.8b) \\[2mm] MRPM_i = \dfrac{\gamma PY_i}{M_i} = (1+\tau_{M_i})r & (8.8c) \end{cases}$$

由上述公式（8.8a）(8.8b)（8.8c) 相比可得：

$$\begin{cases} \dfrac{K_i}{L_i} = \dfrac{(1-\tau_{L_i})\alpha w}{(1+\tau_{K_i})\beta i} & (8.9a) \\[2mm] \dfrac{K_i}{M_i} = \dfrac{(1+\tau_{M_i})\alpha r}{(1+\tau_{K_i})\gamma i} \quad 。 & (8.9b) \\[2mm] \dfrac{M_i}{L_i} = \dfrac{(1-\tau_{L_i})\gamma w}{(1+\tau_{M_i})\beta r} & (8.9c) \end{cases}$$

公式（8.9a）(8.9b)（8.9c) 表明如果产品市场和要素市场均是完全竞争的，各要素比值为常数，所有的农户家庭投入相同要素配置比例进行农业生产；但现实经济条件下，农村资本、劳动、土地市场均存在扭曲，单个农户家庭面临的要素扭曲程度不同，农户的实际生产配置不同。从要素配置表达形式来看，不同要素配置扭曲混合一起具有交叉放大单个要素扭曲的效应，例如：贷款成本较高的农户家庭，实际获得贷款金额更少，如果该农户工资水平更低，则资本发挥的作用更小。将上述公式（8.9a) 公式（8.9b) 公式（8.9c) 分别代入公式（8.8a) 公式（8.8b) 公式（8.8c)，得到 L_i 的表达式如公式（8.10) 所示，其中 L_i、Y_i 成比例关系如公式（8.11)、公式（8.12) 所示。

$$L_i = \left\{ \dfrac{\beta A_i PT_i^\rho}{w} \left(\dfrac{\alpha w}{\beta i}\right)^\alpha \left(\dfrac{\gamma w}{\beta r}\right)^\gamma \left[\dfrac{1}{(1+\tau_{K_i})^\alpha (1+\tau_{M_i})^\gamma (1-\tau_{L_i})^{1-\alpha-\gamma}}\right] \right\}^{\frac{1}{1-\alpha-\beta-\gamma}}, \quad (8.10)$$

$$L_i \propto \left[A_i \dfrac{1}{(1+\tau_{K_i})^\alpha (1+\tau_{M_i})^\gamma (1-\tau_{L_i})^{1-\alpha-\gamma}}\right]^{\frac{1}{1-\alpha-\beta-\gamma}}, \quad (8.11)$$

$$Y_i \propto \left[A_i \dfrac{1}{(1+\tau_{K_i})^\alpha (1-\tau_{L_i})^\beta (1+\tau_{M_i})^\gamma}\right]^{\frac{1}{1-\alpha-\beta-\gamma}} 。 \quad (8.12)$$

公式（8.10)（8.11)（8.12) 表明农户家庭不同要素市场配置的扭曲具有相互抵销效应，如果农户家庭面临贷款成本较高、土地租金较高、工资水平较低的情况，该农户家庭倾向使用更多的劳动替代资本从而保持总产出不变。

下面计算全国 14 省所有农户家庭由于资本、劳动、土地等要素错配后的加总 TFP，首先计算地区要素错配均衡模型：

$$K = \sum_{i=1}^{n} K_i = \sum_{i=1}^{n} \frac{(1-\tau_{L_i})\alpha w}{(1+\tau_{K_i})\beta i} \frac{L_i}{L} L \equiv \frac{\alpha w}{\beta i} \left(\frac{1}{1+\bar{\mu}_{KL}}\right) L, \quad (8.13)$$

其中，$\dfrac{1}{1+\bar{\mu}_{KL}} \equiv \sum_{i=1}^{n} \dfrac{(1-\tau_{L_i})}{(1+\tau_{K_i})} \dfrac{L_i}{L}$。

$$M = \sum_{i=1}^{n} M_i = \sum_{i=1}^{n} \frac{(1-\tau_{L_i})\gamma w}{(1+\tau_{M_i})\beta r} \frac{L_i}{L} L \equiv \frac{\gamma w}{\beta r} \left(\frac{1}{1+\bar{\mu}_{ML}}\right) L, \quad (8.14)$$

其中，$\dfrac{1}{1+\bar{\mu}_{ML}} \equiv \sum_{i=1}^{n} \dfrac{(1-\tau_{L_i})}{(1+\tau_{M_i})} \dfrac{L_i}{L}$。

公式（8.13）（8.14）表示资本总投入、土地总投入分别与劳动总投入关系，这里 $\bar{\mu}_{KL}$ 视为所有农户家庭面临的资本扭曲平均值，$\bar{\mu}_{ML}$ 视为所有农户家庭面临的土地扭曲平均值，它们分别衡量全部资本、全部土地扭曲的程度；如果都不存在扭曲，资本总投入和土地总投入分别能达到更高的水平 $\dfrac{\alpha w}{\beta i} L$、$\dfrac{\gamma w}{\beta r} L$。

由上可知，全国农业全要素生产率为：

$$A = \frac{1}{T^\rho}(1+\bar{\mu}_{KL})^\alpha (1+\bar{\mu}_{ML})^\gamma (1-\bar{\mu}_{L_i}) \left\{ \sum_{i=1}^{n} \left[\frac{A_i T_i^\rho}{(1+\tau_{K_i})^\alpha (1+\tau_{M_i})^\gamma (1-\tau_{L_i})^{1-\alpha-\gamma}} \right]^{\frac{1}{1-\alpha-\beta-\gamma}} \right\}^{1-\alpha-\beta-\gamma} \quad (8.15)$$

将公式（8.8b）、（8.9a）、（8.9c）代入公式（8.6），得到单个农户的利润函数为：

$$\pi_i = (1-\tau_{L_i})w\frac{L_i}{\beta} - \frac{(1-\tau_{L_i})\alpha w}{\beta}L_i - (1-\tau_{L_i})wL_i - \frac{(1-\tau_{L_i})\gamma w}{\beta}L_i$$

$$= \left[\frac{1-\alpha-\beta-\gamma}{\beta}\right](1-\tau_{L_i})wL_i。 \quad (8.16)$$

全国 14 省所有农户家庭总利润为：

$$\sum_{i=1}^{n}\pi_i = \sum_{i=1}^{n}\left[\frac{1-\alpha-\beta-\gamma}{\beta}\right](1-\tau_{L_i})wL_i, \quad (8.17)$$

$$\equiv \left[\frac{1-\alpha-\beta-\gamma}{\beta}\right](1-\bar{\mu}_{L_i})wL。 \quad (8.18)$$

其中$(1-\bar{\mu}_{L_i}) = \sum_{i=1}^{n}(1-\tau_{L_i})\frac{L_i}{L}$。

通过劳动和资本关系公式（8.13）全国14省所有农户家庭总收入为：

$$\sum_{i=1}^{n}PY_i = PAK^{\alpha}L^{\beta}M^{\gamma}T_i^{\rho}$$

$$= PAT_i^{\rho}\left[\frac{\alpha w}{\beta i}\left(\frac{1}{1+\bar{\mu}_{KL}}\right)L\right]^{\alpha}L^{\beta}\left[\frac{\gamma w}{\beta r}\left(\frac{1}{1+\bar{\mu}_{ML}}\right)L\right]^{\gamma}$$

$$= PAT_i^{\rho}\left[\frac{\alpha w}{\beta i}\left(\frac{1}{1+\bar{\mu}_{KL}}\right)\right]^{\alpha}\left[\frac{\gamma w}{\beta r}\left(\frac{1}{1+\bar{\mu}_{ML}}\right)\right]^{\gamma}L^{\alpha+\beta+\gamma}。 \quad (8.19)$$

根据成本利润关系，全国14省所有农户家庭总收入又等于总利润与总成本之和：

$$\sum_{i=1}^{n}PY_i = \sum_{i=1}^{n}\pi_i + (1+\tau_{K_i})iK_i + (1-\tau_{L_i})wL_i + (1+\tau_{M_i})rM_i$$

$$= \frac{1}{\beta}(1-\bar{\mu}_{L_i})wL。 \quad (8.20)$$

公式（8.19）、公式（8.20）都表示全国农户家庭总收入函数，故公式（8.19）等于公式（8.20）：

$$PAT^{\rho}\left[\frac{\alpha w}{\beta i}\left(\frac{1}{1+\bar{\mu}_{KL}}\right)\right]^{\alpha}\left[\frac{\gamma w}{\beta r}\left(\frac{1}{1+\bar{\mu}_{ML}}\right)\right]^{\gamma}L^{\alpha+\beta+\gamma} = \frac{1}{\beta}(1-\bar{\mu}_{L_i})wL。 \quad (8.21)$$

于是，全国农户家庭总全要素生产率为：

$$\text{TFP} = A = \frac{(1+\bar{\mu}_{KL})^{\alpha}(1+\bar{\mu}_{ML})^{\gamma}(1-\bar{\mu}_{L_i})w^{1-\gamma}L^{1-\alpha-\beta-\gamma}}{PT^{\rho}\beta^{1-\alpha-\gamma}\left(\frac{\alpha}{i}\right)^{\alpha}\left(\frac{\gamma}{r}\right)^{\gamma}}。 \quad (8.22)$$

公式（8.22）表明在要素配置扭曲下，测算我国农业全要素生产率。将公式（8.10）代入上式可得：

$$A = \frac{1}{T^{\rho}}\frac{(1+\bar{\mu}_{KL})^{\alpha}(1+\bar{\mu}_{ML})^{\gamma}(1-\bar{\mu}_{L_i})}{\left\{\sum_{i=1}^{n}\left[\frac{A_iT_i^{\rho}}{(1+\tau_{K_i})^{\alpha}(1+\tau_{M_i})^{\gamma}(1-\tau_{L_i})^{1-\alpha-\gamma}}\right]^{\frac{1}{(1-\alpha-\beta-\gamma)}}\right\}^{1-\alpha-\beta-\gamma}}。$$

$$(8.23)$$

公式（8.23）是本章重要核心部分，也就是农业全要素生产率TFP和要素配置扭曲程度的关系，根据农户家庭利润最大化决定模型，定义每个农户家庭所有要素配置扭曲程度为：$DI_i = (1+\tau_{K_i})^{\alpha}(1+\tau_{M_i})^{\gamma}(1-\tau_{L_i})^{1-\alpha-\gamma}$，定义我国农业所有要素配置扭曲程度为：$\overline{DI} = (1+\bar{\mu}_{KL})^{\alpha}(1+\bar{\mu}_{ML})^{\gamma}(1-\bar{\mu}_{L_i})$，这两个式子表明在假设环境变量不变的情况下，要素配置扭曲程度与环境变量无关。

第 8 章　基于乡村振兴的农业全要素生产率提升路径实证分析

如果剔除资本、劳动、土地等要素配置扭曲，真实农业全要素生产率的公式如下：

$$\overline{A} = \frac{1}{T^\rho}\left\{\sum_{i=1}^{n}\left[A_i T_i^\rho\right]^{\frac{1}{(1-\alpha-\beta-\gamma)}}\right\}^{1-\alpha-\beta-\gamma}\text{。} \qquad (8.24)$$

进一步估算消除要素配置扭曲的潜在收益，名义农业全要素生产率与真实农业全要素生产率的比例：

$$\frac{A}{\overline{A}} = \frac{1}{T^\rho}\left\{\sum_{i=1}^{n}\left[\frac{A_i}{\overline{A}} T_i^\rho \frac{\overline{DI}}{DI_i}\right]^{\frac{1}{(1-\alpha-\beta-\gamma)}}\right\}^{1-\alpha-\beta-\gamma} > 1\text{。} \qquad (8.25)$$

上式表明消除要素配置扭曲后农业全要素生产率定提高，提高幅度取决于劳动、资本和土地要素配置扭曲的 DI_i 和 $\overline{DI}$。

8.4.2　优化要素配置的实证分析

上述为要素配置扭曲下实际农业全要素生产率的计算结果，考虑到农业要素配置不合理影响农业全要素生产率测算；故本节考虑如果农业各要素配置合理、无扭曲条件下，我国农业全要素生产率有多大的提高空间，我国未来农业全要素生产率提升路径有哪些？

由理论模型公式（8.8a）（8.8b）（8.8c）（8.23）估算农户家庭的各要素市场扭曲 $(1+\tau_{K_i})$、$(1-\tau_{L_i})$、$(1+\tau_{M_i})$、DI、$\overline{DI}$，由于 CHIP 数据库限制，农户家庭总产出和资本投入均为货币计量的，这里为了便于计算，①土地租金 Rent 采用从他人或集体承办每亩费用，如果该值为空值，则选取最近距离农户家庭土地承包每亩租金费用。②劳动力价格 Wage 采用该家庭外出务工的时薪工资[1]，即工资 Wage = 全年工作收入总额/（务工月数×每月工作天数×每天实际工作小时数）。如果该家庭没有从事非农工作，则工资 Wage 取本地区或邻近乡村劳动者工资均值。③资本成本利率选择，考虑到我国金融机构监管机制的特殊性，假设各地区的利率在央行管制下是相同的[2]，选取中国人民银行 2013 年执行 6 个月～1 年的基准贷款利率 6%。估算出我国农业各要素配置扭曲程度。

---

[1] 朱喜等（2011）劳动力价格采用日工资估算，本书采用该家庭农民从事非农工作的日工资，具有准确性。

[2] http://www.pbc.gov.cn/zhengcehuobisi/125207/125213/125440/125838/125888/2943018/index.html.

(1) 要素配置扭曲程度测算

农业各要素配置扭曲的水平用$(1+\tau_{K_i})$、$(1-\tau_{L_i})$、$(1+\tau_{M_i})$均值表示,具体如图8-4所示。从图8-4扭曲水平来看,扭曲程度最高的是农业资本扭曲,东部和西部农业资本扭曲程度高于8以上,中部资本扭曲程度为6.85;扭曲程度居中的是农业土地耕地面积扭曲,中部土地面积扭曲程度最高为4.81,东部和西部土地扭曲程度均低于4以下;扭曲程度最低的是农业劳动扭曲,东部和中部劳动扭曲程度均高于1以上,西部地区劳动扭曲程度最低为0.45。综合来看,中部地区土地、劳动扭曲的水平较高,东西部地区的资本扭曲水平较高。

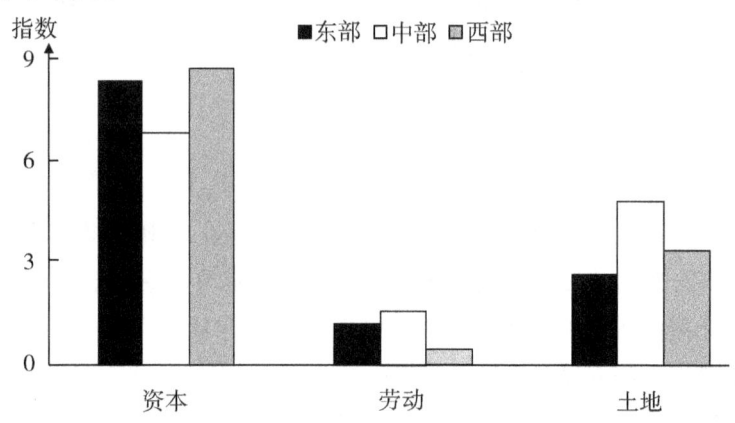

图8-4 东中西部各要素配置扭曲的水平

各要素配置扭曲的发散程度用$(1+\tau_{K_i})$、$(1-\tau_{L_i})$、$(1+\tau_{M_i})$标准差来表示,具体如图8-5所示,从图8-5要素配置的扭曲发散程度来看,扭曲程度最高的资本发散程度同样较大,说明东中西部资本扭曲程度的个体差异较

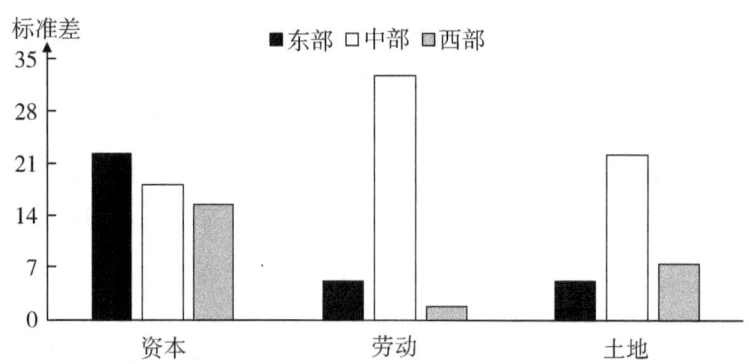

图8-5 东中西部各要素配置扭曲的标准差

大，特别是东部地区农户家庭资本扭曲波动发散程度为22.56，而西部地区资本扭曲程度高但个体差异较小，西部地区农户家庭资本扭曲波动发散程度为15.72；扭曲程度居中的土地发散程度较小，东部和西部土地扭曲发散程度均低于10，中部土地扭曲发散程度最高为22.39；扭曲程度最小的劳动发散程度最小，东部和西部劳动扭曲发散程度分别为5.36、1.85，中部劳动扭曲发散程度却高达32.97。综合分析来看，中部地区的土地、劳动扭曲的发散程度较大，说明中部地区农户家庭在土地、劳动要素配置的个体差异较大；东部地区资本扭曲发散程度较大，农户家庭差异性较大。

计算各地区的扭曲指数 DI 的平均值和标准差如图8-6、图8-7所示，综合考虑资本、劳动、土地配置，东中部要素配置扭曲的水平较高，西部要素配置扭曲的水平和标准差均最低，中部要素配置扭曲的标准差最大；综合来看，东部地区要素配置扭曲水平最高，但扭曲差异性较小，中部地区要素配置扭曲水平较高但扭曲差异性最大，西部地区要素配置扭曲水平和扭曲个体差异性均最低。

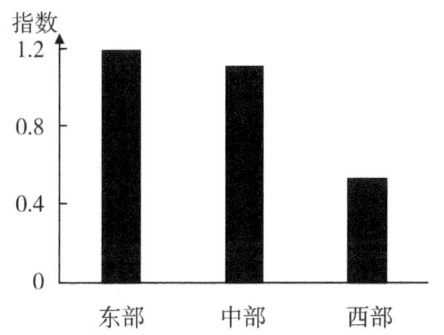

图8-6 东中西部扭曲指数：水平　　图8-7 东中西部扭曲指数：标准差

从地区扭曲程度来看，东部资本配置扭曲发散程度和综合扭曲指数水平最高，中部地区劳动和土地配置扭曲水平和发散程度最高，综合扭曲指数发散程度最高。

（2）农业全要素生产率提升路径分析

在资本、劳动、土地等要素配置扭曲下，名义农业全要素生产率如公式（8.23）所示；如果剔除资本、劳动、土地等要素配置扭曲，真实农业全要素生产率的公式如下：

$$\overline{A} = \frac{1}{T^\rho} \left\{ \sum_{i=1}^{n} \left[A_i T_i^\rho \right]^{\frac{1}{(1-\alpha-\beta-\gamma)}} \right\}^{1-\alpha-\beta-\gamma} \text{。} \qquad (8.26)$$

进一步通过公式（8.26）可以计算出剔除要素配置扭曲后真实农业全要素生产率为10~11，考虑环境因素的索罗余值法计算真实农业全要素生产率低于名义农业全要素生产率，具体如图8-8所示。剔除要素扭曲后，东部真实农业全要素生产率最高为10.35，中部真实农业全要素生产率最低为10.02。剔除要素配置扭曲后，农业全要素生产率提高了，究其根本原因在于资本、土地与劳动要素配置扭曲出现相互抵销的效果。

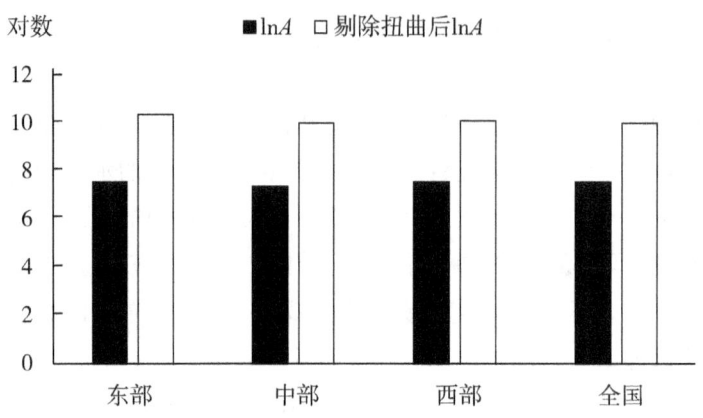

图8-8　各地区剔除扭曲前后农业TFP对数

消除要素配置扭曲前后的农业全要素生产率由低到高变化。环境约束下的农业全要素生产率测算还受要素配置扭曲的影响，消除资本、劳动、土地等要素配置扭曲能提高农业全要素生产率。其中资本扭曲水平最高，劳动扭曲水平最低，这与我国逐渐打破城乡二元体制的政策有关，大批农民工可以无障碍地进入城镇务工，农民的劳动工资扭曲程度最小；而资本市场上资本流动受限制较高，资本扭曲程度最高，农户家庭获取资本多数需要承担高于基准利率的高利贷等民间非正规渠道借贷。

进一步估算消除要素配置扭曲的潜在收益，即当TFP达到理想水平下，农业总产出的增加空间，潜在产出收益为$(Y_{efficient}/Y-1)\times 100\%$。农业实际产出$Y$与有效产出$Y_{efficient}$的比例等于名义农业全要素生产率与真实农业全要素生产率的比例：

$$\frac{Y}{Y_{efficient}}=\frac{A}{\overline{A}}=\frac{1}{T^\rho}\left\{\sum_{i=1}^n\left[\frac{A_i}{\overline{A}}T_i^\rho\frac{\overline{DI}}{DI_i}\right]^{\frac{1}{(1-\alpha-\beta-\gamma)}}\right\}^{1-\alpha-\beta-\gamma}。 \quad (8.27)$$

消除要素配置扭曲后，各地区的潜在产出收益的估算结果如图8-9所示，研究发现东部和中部地区农户家庭的生产效率改进空间较大。东部地区要素市场扭曲消除后，东部地区潜在收益提高36.93%，农业潜在收益空间最大；西部地区要素市场扭曲消除，西部地区潜在收益将提高32.74%，农业潜在收益空间最小。从4131户农民家庭来看，农业潜在产出收益可提高33.78%，这里的潜在收益提高均来自剔除要素配置扭曲后的农业全要素的提高，该结论与朱喜（2011）研究结论一致。综合来看，消除要素配置扭曲对提高农业全要素生产率以及潜在收益均有显著效果。

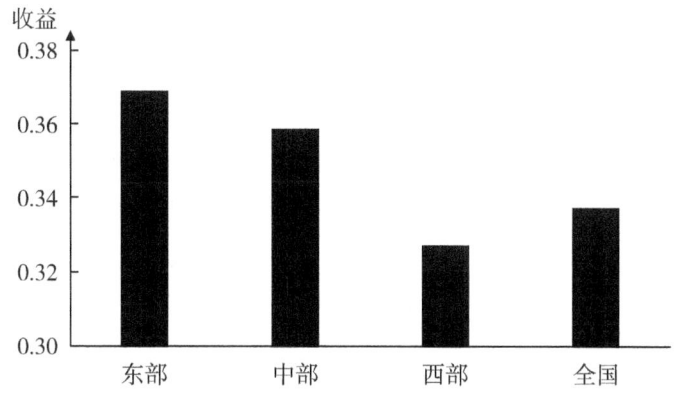

图8-9 各地区潜在产出农业TFP收益

各地区要素扭曲程度不同，剔除要素配置扭曲后，未来潜在收益提高空间不同。从地区未来潜在收益来看，消除要素配置扭曲后，东部地区农业全要素生产率如果达到理想水平，潜在收益会提高36.93%；西部地区农业全要素生产率如果达到理想水平，潜在收益会提高32.74%。

综合以上分析，农业全要素生产率提升可通过以下3条路径来实现。

①优化乡村劳动力配置是提升农业全要素生产率的关键。由于中国不同地域乡村发展水平不同，偏远乡村的劳动力价格普遍很低，各地区要充分利用劳动力价格比较优势，结合当地优势资源禀赋，一方面通过招商引资利用劳动力价格比较优势吸引企业落户，另一方面通过扶持本村落主导产业的乡村企业，吸引乡村劳动力就业，融通乡村劳动力市场供过于求的阻碍；促进城乡劳动市场融合发展，降低信息不对称，均衡发展城乡的社会保障体系，消除城乡二元体制；储备乡村新型农民、调整乡村人口老龄化问题，提高乡村公共基础教育水平，增强乡村人力资本整体素质。

②优化资本配置是提升农业全要素生产率的支撑。在劳动力成本上升期间，资本对劳动力、土地的替代效应十分明显，这种资本替代性体现为农业现代化的技术进步，极大促进了农业劳动生产率的提高；在这样条件下，乡村需要完善乡村惠农支农等乡村金融产品和政策，鼓励金融市场接受土地和

宅基地抵押担保贷款，建立农民个人诚信档案和信用积分评价体系，降低农民在金融市场贷款因信息不对称付出高于市场利率的成本代价，打破乡村金融市场的管制约束，放活社会资本流向乡村资金匮乏的洼地，提高社会资本的回报率，降低乡村金融市场的融资成本。

③建立土地流转市场是提升农业全要素生产率的前提。通过建立全国统一乡村耕地、宅基地流转平台，制定推广使用全国统一土地流转合同范本。监控工商企业租赁农地用途，指导地方建立租赁资格审查、项目审核和风险控制等制度。妥善解决农地纠纷问题，做好确权登记颁证工作，建立全国农地确权登记颁证的信息化数据库平台。全面加强农村集体资产管理，促进集体资产保值增值，激发乡村产业经济活力，做好各种产权流转交易公开规范运行。改善农户家庭人均经营耕地面积很少问题，进一步整合土地规模化、集约化，为现代农业规模化、机械化经营管理打下基础。

第9章 结论及政策建议

9.1 主要研究结论

针对我国乡村产业如何发展才能兴旺的问题,本书在研究过程中利用微观与宏观、静态与动态、定性与定量结合等研究方法,首先研究产业兴旺与乡村振兴两者之间的关系,接着分析产业兴旺4个方面(农业现代化、乡村产业升级、乡村产业融合、农业全要素生产率)的发展水平及程度,最后针对产业兴旺的4个方面深入分析,研究农业现代化、乡村产业升级、乡村产业融合和农业全要素生产率的具体实现路径,并得出结论。

9.1.1 产业兴旺与乡村振兴的关系

(1)产业兴旺是乡村振兴的重点

党的十九大报告关于乡村振兴的内涵包括8个方面内容,关于乡村振兴战略的5个总要求分别是:"产业兴旺、生态宜居、乡风文明、治理有效、生活富裕"。实施乡村振兴战略中,产业兴旺是重点,它是生态宜居、乡风文明、治理有效和生活富裕的根本保障。生态宜居是关键,乡风文明是保障,治理有效是基础,生活富裕是根本。提高农业安全保障水平,初步构建起现代农业体系,推进农业绿色全面发展,初步形成乡村一二三产业融合发展,乡村产业得到加快发展,这些靠什么来实现,靠的是乡村产业兴旺的实现,只有产业兴旺,乡村才能重现盎然生机和巨大活力,实现振兴。

(2)农业实现现代化、乡村产业升级、产业融合发展、提升农业全要素生产率是实现乡村振兴的重要路径

①农业是乡村第一大产业,实现农业现代化,才能提高粮食综合生产能力、农业科技进步贡献率、提高农业劳动生产率,使乡村振兴有坚实基础。②实现乡村产业升级,才能促进集体经济发展,提高农产品加工产值占农业

总产值的比重，促进乡村工业、商业、建筑业、交通运输业、服务业及旅游等非农产业的发展，重现乡村经济活力，完善乡镇政府及村委会的管理制度，培育乡村生态循环经济，改善乡村人居环境，保护乡村民俗等非物质文化遗产，实现乡村的政治、经济、文化、环境等全面振兴。③实现产业融合发展，即三次产业、各产业间融合发展，才能使乡村产业结构趋向合理化，并创造出农产品加工、乡村旅游、休闲等新产业、新业态，推动城乡一体化融合发展之路。④提高农业全要素生产率，大量农民从农业转移到非农部门就业，推进乡村一二三产业繁荣发展，使生态宜居、生活富裕和乡风文明有根本保障，并实现乡村振兴。

所以，只有农业实现现代化、乡村产业升级、产业融合发展、提高农业全要素生产率，才能促进乡村经济增长，从根本上保障乡村生态宜居、乡风文明、治理有效和生活富裕，并实现乡村振兴。

9.1.2 产业兴旺实现路径

实现产业兴旺的4条基本路径：农业实现现代化、乡村产业升级、乡村产业融合发展及提升农业全要素生产率。

产业兴旺实现路径之一——农业实现现代化。①以现代科学技术为突破，逐步实现农业现代化。针对我国人多地少、发展不平衡的国情，建立以现代科学技术为基础，实现农业高产、低耗的现代集约技术发展，实现秸秆再利用、有机化肥及生物防治病虫害等方法；通过现代农业技术为设施农业生产提供良好的环境条件，克服传统农业"看天吃饭"限制因素。②完善农村承包地"三权分置"制度，着重要弱化所有权，重点保障使用权和经营权。建立土地流转市场，推动土地适度规模经营发展。保证土地经营权和使用权依法向金融机构融资担保，能够有效地推进农业现代化进程。③强大的制造业是农业现代化实现的有力支撑。工业发展是农业机械化和大规模组织化的必经道路，现代农业的发展必须依赖工业部门提供农用机械，在推动农业现代化进程中，增加的工业化资本投入挤出了部分乡村劳动力，并带动产业链上下游的整体发展，逐步实现农业现代化。④适度推进城镇化速度。在保障农民自愿流转土地的情况下，将耕地流转到少数人或合作社集中经营管理，严禁地方政府过度规模化强行征地，逼迫农民进城变成无业游民；城镇为进城务工的农民提供与市民均等的社保保障和福利待遇，使进城务工的农民能够安心扎根城市，推进实现乡村农业现代化。

产业兴旺实现路径之二——乡村产业升级。①由劳动密集型向技术密集型转型升级。乡村企业的比较优势是原材料成本低廉、劳动工人成本低，乡村劳动密集型产业规模不断扩大，整个过程伴随最初资本积累过程，对劳动力的需求不断增加，当引进先进设备的成本低于劳动力成本时，乡村企业为了获取更高利润，自动向技术密集型转型升级，整个乡村产业随之升级。②乡村产业依赖自身资源优势形成产业集群布局特征，产业集群效应带动周边经济发展。以区域特色产业提高产品竞争力，形成具有地域特色、专业性较强的农产品加工产业园区，通过产业集聚拉动乡村经济的目标，实现乡村产品向高附加值升级。③乡村支柱产业链延伸。乡村支柱产业链纵向延伸，以乡村特色产业、龙头企业为主导向上下游扩散产品，促进乡村产业升级；乡村支柱产业链横向延伸，关键技术由核心龙头企业掌握，关键市场处于产业链两端，产业链中间企业加工分散，形成一定规模和技术后，引入外部金融资本市场及新型经营管理模式，实现乡村产业升级的目标。④乡村有效的循环经济发展模式。培育以粮经作物为草料、饲料基础，积极推进饲用粮生产，促进粮食、经济作物、饲草料三元种植结构协调发展；改善农业种养结构，发展生态循环农业，部分有条件龙头企业探索实现"猪-沼-菜"循环、稻田养鱼（虾）等，促进农产品转型升级。

产业兴旺实现路径之三——乡村产业融合。①科学技术向农业渗透实现乡村产业融合。加强中央和地方财政对农业科研机构的研发经费投入。合理配置科研装备结构，增加重大科学工程（装置）、试验基地和配套设施、核心前沿和高精尖仪器设备，实现科学技术向农业渗透实现乡村产业融合，为智慧农业的建设提供建设科研基础条件。②利用农业技术知识外溢性推动乡村产业融合。科研设施装备在学科间合理配置，充分共享资源，加强多学科联系，从而模糊产业间界限。将农业科研创新新技术应用到实际乡村产业发展中，推动乡村农业内部和外部产业融合发展。③放松政府管制是产业融合的前提。乡村产业融合的发展首先由交易成本降低推动，放松政府经济管制在一定程度上降低了乡村企业进入成本；打破乡村金融资本、电信业务入驻的产业壁垒，为乡村文化旅游、电子商务、智慧农业的新产业、新业态形成，创造一个较低交易成本的前提。④适应市场需求是促进乡村产业融合的必经路径。从农产品市场需求来看，为了适应当今消费者对绿色、有机、安全的农产品需求，农户转向种植质量安全的农产品，推动农业内部产业种养融合发展。从非农产品市场需求来看，一方面人们对能源、农产品加工业的需求是持续稳定的，这对于推动光伏发电和养殖业的融合发展，既能提高初级农产品加工附加值，又能推动农业机械设备制造业的转型升级；另一方面，城市居民对大自然新鲜空气和人文景观有休闲旅游需求，乡村人口转移需要技术替代劳动力从事农业生产，地理空间信息科学 3S 技术应用在农业领域应运而生，均直接促进乡村一三产业的融合。

产业兴旺实现路径之四——提升农业全要素生产率。①优化乡村劳动力配置。城乡劳动市场融合发展，降低信息不对称，均衡发展城乡的社会保障体系，消除城乡二元体制；储备乡村新型农民、调整乡村人口年龄老龄化问题，提高乡村公共基础教育水平，增强乡村人力资本整体素质。②优化资本配置。完善乡村惠农支农等乡村金融产品和政策，鼓励金融市场接受土地和宅基地抵押担保贷款，建立农民个人诚信档案和信用积分评价体系，降低农民在金融市场贷款因信息不对称付出高于市场利率的成本代价。③推动建立土地流转市场。推进农业土地高标准农田改造建设，通过建立全国统一乡村耕地、宅基地流转平台，改善农户家庭人均经营耕地面积很少问题，为现代农业规模化、机械化经营管理打下基础。

9.2 实现产业兴旺路径的政策建议

陈珏颖等（2018）认为实现乡村产业兴旺重点要从 5 个方面发力，围绕市场需求发展产业，依靠技术进步发展产业，坚持绿色导向发展产业，坚持创新经营体制发展产业，依托新型农民发展产业。陈定洋（2018）认为实现乡村产业兴旺必须构建现代农业产业体系、现代农业生产体系、现代农业经营体系这三大体系。张光辉等（2018）分析产业兴旺可从农村土地制度改革、农村人口合理流动、创新探索农业融资模式及推进农村产业融合发展等 4 个维度展开深入研究。黄季焜（2018）认为乡村产业兴旺关键要通过农业供给侧的政策改革、完善市场价格机制、解决食品质量安全等市场失灵问题，本书针对农业实现现代化、乡村产业升级、乡村产业融合、提升乡村各产业全要素生产率的具体实现路径，提出乡村产业兴旺实现路径的政策对策。

9.2.1 建立现代农业经营体系

引导乡村建立农民合作经济组织，发挥村民个体能动性。由县镇级政府或乡村能人牵头建立农民合作经济组织，发挥村民主观能动性，利用当地特色资源，打造当地特色农业、特色农产品等农业品牌文化，发挥农业龙头企业优势，与农户建立土地经营权入股关系，对农民土地入股部分采取特殊保护，实现农业龙头企业和农户共同利益。以家庭经营为农业基本单位，发展以家庭经营为基础的集体经营、合作经营等多种适度规模经营模式探索，以规模经营形式提高农业集约化、专业化、社会化，带动家庭小农户发展。在土地承包经营权确权登记颁证后，完善"三权分置"，保证农民个人利益，建立土地产权交易平台，引导土地经营权流转和规模经营等现代管理体系。提高个体农户组织化经营程度，鼓励适度经营主体同小农户建立契约关系、股权关系，带动小农户专业化生产。鼓励发展家庭林场、股份合作林场，培育壮大一批具有国际竞争力的农垦国有企业。培育新型适度规模经营农业主体，鼓励社会资本进入农村产业、规模化经营现代农业项目，与当地农民形成利益共同体，鼓励农民发展专业股份制、合作社等现代企业形式。协助乡村经营主体搭建生产、经营、销售等延伸农业产业链的经营体系，获取国家支农惠农的财政、金融、税收、土地、保险等支持政策。搞好集体经济的产权制度改革，完善农民对集体资产收益、占有、抵押、继承等管理制度，发挥好集体资产对农民的引导带动作用，预防集体资产被私吞侵占等现象发生。加强农用地土地用途的管制，维护小农户权益，保证粮食安全红线。推进农村农产品大数据网络销售渠道建立，深入实施信息技术入户，降低农产品销售成本，推进特色农产品网络销售平台，加快农产品现代经营体系建设。

9.2.2 深化土地产权制度改革

我国现阶段小农家庭经营模式，难以适应现代农业发展，阻碍乡村产业向前发展。必须加强农村土地要素有效配置，灵活流转土地要素，推进农村土地承包制"三权分置"改革政策。在第二轮土地承包到期后继续延长30年试点，建设集体所有权、农户承包权、土地经营权分置的整体政策体系，保障农民对土地的占有权、经营权、使用权、流转权等权益，以承包经营权参股入社发展农业,保障农民切身利益,共享土地流转带来的增值收益,提高农民土地资源收入。制定推广使用全国统一土地流转合同范本,监控工商企业租赁农地用途,指导地方建立租赁资格审查、项目审核和风险控制等制度。妥善解决农地纠纷问题,做好确权登记颁证工作,建立全国农地确权登记颁证的信息化数据库平台。全面加强农村集体资产管理,促进集体资产保值增值,激发乡村产业经济活力,做好各种产权流转交易公开规范运行。合理满足乡村建设发展用地需求,优先支持发展乡村新产业、新业态项目,支持乡村旅游、养老、康复等产业发展,适当向特色农产品采摘、仓储、物流等基础设施建设倾斜。选择一批农村试点地区进行宅基地"三权分置"改革,完善农村宅基地集体所有权、农民房屋所有权、宅基地和房屋使用权等,盘活农村闲置宅基地和农房利用,乡村农房探索发展为乡村旅游特色民宿等,闲置宅基地有条件的转为新增建设用地,不具备条件的宅基地探索还复农垦耕地方式。制定规范的宅基地管理办法,组织开展全国宅基地和农房全面勘察,在完成家庭承包地确权登记颁证后,依次开展宅基地确权登记颁证登记,同步建立全国宅基地所有权、使用权等信息大数据平台建设。

9.2.3 完善财政金融支农政策

充分利用财政和金融支农惠农的政策。在财政支农惠农方面,首先,把农业农村发展项目放在优先地位,保证支农惠农资金投入逐年增加,重点支持农村基础设施建设、高标准农田改造和乡村人居环境改善方面。高效率整合支农惠农资金及相关税收优惠政策,利用不同渠道融汇的支农资金全力解决乡村产业发展问题。深化精准补贴农业政策,补贴与国家农业结构调整密切关联,提高对国家豆类振兴计划、奶业振兴计划相关联的补贴标准,扩大绿色农业、生态农业补贴标准,引导农户发展绿色循环农业经济,加强对生态环境的保护。其次,加强财政支农惠农等资金监管。全程监督财政支农惠农资金精准落实到农户个人,保证财政支农惠农资金安全,更好地发挥财政对乡村产业高效、有力的支持作用,切实增加农民收入和生产效率。再次,推进财政适度倾斜农村公共基础设施建设和维护工程,继续落实"四好"村路硬化建设。以财政或村集体投资、社会各界参与建设农村基础设施的民生工程,落实农村公路、电网、互联网等公共基础设施项目,健全农村基础设施建、管、护、修等规划,清晰界定公共设施管理责任,鼓励地方利用财政资金划拨管护费。大力推进农产品物联网、大数据、云平台等新兴产业基础建设，为乡村产业繁荣发展夯实基础。最后，保证农村科教文卫体等事业健康有序发展，推进公共资源向农村社保、养老等民生基础工程倾斜，利用公共保障标准适度均等化策略缩小城乡收入差距。

在金融支农、惠农方面，首先，银行、信用社等推出适合乡村产业融资需求的产品，创新一批贷款额度小、贷款成本低、审批速度快等解决乡村企业融资难的金融产品。加快乡村农业产业链与供应链金融的协同发展，整合乡村农产品销售的物流、资金、网络，建立供应链和产业链的收益共享分配机制。县域金融机构配合落实普惠金融等乡村振兴政策，完善乡村产业信贷担保费用补贴办法，建立完善服务"三农"激励约束体制，新增贷款主要用于发展乡村产业。在控制金融风险范围内，下调信用担保、抵押等服务门槛和标准，将服务对象转移到乡镇涉农企业或农户身上。对接农村家庭承包地"三权分置"改革，开发不同土地权益形式的金融抵押贷款产品。其次，鼓励社会资本以参股、控股、上市、兼并、重组等形式参与乡村产业融资。支持社会资金在农户监管下积极参与农林水利建设。再次，建立多种农业保险，分散大型自然灾害风险。针对农产品类型，设计多种政策保险、商业保险，鼓励邻近县域间共同建立县间保险调拨互助机制，增强农户面对大灾风险抵御能力。开发银行和保险合作关系，研发适合农业发展的保证保险，吸引社会资本流向乡村产业发展。探索发展"保险＋期货"新型金融产品，推进禽畜等畜牧业保险工作进展速度。最后，推动金融机构、地方政府发行"三农"专项债券。撬动社会资金更多地流向农村农业重点项目建设，加强地方政府债券资金支持农村基础设施建设利用率。

9.2.4　推进农业科技技术进步

实现乡村产业兴旺要提高农业科技水平和农业信息化普及度。

①农业科技水平改变依靠传统农业物质要素粗放投入获取高产出的生产方式，转向依托农业科技进步提高农业生产率。农业科技水平最根本是种业培育和推广，提高优质良种覆盖比例，鼓励有能力推行繁育、推广一体化企业竞争研发先进优良种苗技术，做好知识产权、专利等保护。同步提高作物栽培、植保、资源高效利用等技术配套升级一系列服务。深入推广健康绿色养殖、病虫害防治、配方施肥等精准技术，依据未来农业规模化、集约化、

生态化、产业化发展趋势，积极利用现代农用机械、生产设备武装农业。注意保护农作物种子、畜禽水产遗传基因资源保护，建立完善资源保护管理监管机制。加快培育一批高产稳产、绿色生态、适宜机械化优质新品种，推进畜禽品种遗传改良，培育适合西部广袤地理繁育的优质品种。深化农业科技成果产权改革试点，明确科技成果所有权属于科研人员。保障科技人才流动机制、评价体系合理完善，明文界定科技成果权益分配等政策及具体实施办法。通过农民合作经济组织平台，加强乡村农业科学技术知识传播，科研人员集中解决村民实际耕作反馈的问题等。

②大力推进农村互联网信息化基础设施建设，加快建立数字乡村战略步伐。实施人口密集乡村网络宽带基础设施和基础数字信息化体系建设，组织实施信息工程入村进户行动，加强落实国家数字农业农村规划。组织建设乡村大数据平台和主要农产品延伸产业链的信息中心，建设乡村农业互联网信息服务云平台，推进农产品电子商务市场经济发展，加强农业信息数据库和云平台建设，完善农业农村信息化服务体系，增加乡村信息网络服务的覆盖面积，达到普惠互联网信息目标。鼓励家庭农场、合作社、股份制企业参与"互联网+农产品"进程销售，推广绿色优质农产品的网络销售渠道。为信息化农业、智慧农业的发展提供数字服务基础，用信息化带动现代农业发展。

9.2.5 引导乡村产业融合发展

首先，支持农业内部产业融合发展循环经济。在种养结构上，注重将粮食资料转化为畜牧产品，调整种植结构合理性，加强对秸秆饲料转化养殖牲畜，实现农业与畜牧养殖业结合，达到粮饲统筹、循环发展的经济模式；探索开发稻米、蟹、鸭等种植业与养殖业一体化新业态发展模式，打造粮食作物、经济作物、饲料作物协调发展，优化畜牧业饲料和草料原料，探索农牧林结合发展。其次，延伸农产品精深加工产业链。提高农产品精加工、深加工水平，提高农产品附加价值。努力衔接城镇与乡村公共基础设施，打通城乡之间物流障碍，推动城乡农产品互联网平台无缝对接，强化乡村农产品物流仓储功能，加快跨区域农业冷链物流工程建设，拉长农产品价值链。最后，重点挖掘农业与旅游、教育、康养第三产业发展，形成污染少、效益好、价值高的现代农业产业。推动休闲农业稳定健康发展，在现有乡村休闲农业基础上，增加乡风文化、乡村自然环境、乡村艺术性等多元素，提高乡村旅游的档次和趣味性，学习欧美国家乡村旅游发展路径，使村民参与到乡村文化活动、乡村民俗旅游项目中，推动乡村全方面发展，使乡村旅游成为农民增收新的增长点。休闲、创意等农业新业态、旅游等为代表的融合一二三产业的特色产业。

9.2.6　鼓励乡村大众创新创业

激发农民创业创新的环境，完善创新创业激励机制，支持本地农民兴办企业力度。鼓励乡村创新创业参与涉农财政支持项目，提供减税降费、信贷担保、建设用地等新产业新业态政策支持。提高农村人才素质、引导乡村人才回流。提倡有志服务农村经济的社会各界人才回流到家乡，吸引外出务工人员、退伍军人和科技人员返乡创业，努力促进农业农村领域"放管服"政策改革，重点解决钱、地、人等方面困难。解决当今乡村老龄化、空心化、留守儿童等乡村严重衰退现象，为乡村注入新鲜血液和人才力量，培育一批适合现代化农业经营体系新型农民，做好农民手机网络培训等工作，建立农产品电子商务营销发展渠道，提高新型职业农民农业技能和创业能力等。鼓励和支持高校毕业生返乡创业，依托当地农业产业链，整合社会、政府、企业等资源，引入现代经营管理理念和现代发展模式，促进乡村新产业新业态蓬勃发展。完善乡村公共服务体系，吸引城市离退休干部到乡村安度晚年，发挥智慧余热，推动乡村社会进步。推动产学研合作，打造现代化、高科技农业发展路径。加强科研机构、高校、企业和乡村合作发展，深入推进农业技术员特派项目；加快农业科技成果转化应用，鼓励高校、科研院所建立面向农业的网络服务系统，通过研发合作、技术转让、作价投资等形式，实现农业科技成果转化；健全乡村基层农业科学技术推广渠道，鼓励社会力量参与农业技术推广。

9.2.7　完善农产品质量监管制度

优化调整绿色农业供给侧结构改革，重点建设特色农业种植、养殖基地，增强绿色农产品和生态农产品质量和安全性，完善农产品质量品牌排名监管体系，适应城市居民对农产品的消费需求。适当减少低质、非优势产区玉米、水稻种植，加强油料作物保障供给，实施大豆振兴计划，提高我国大豆国际竞争力，提高大豆种植补贴政策落实，推进东北、黄淮区域大豆种植面积。推进粮食到青储饲料转化，发展苜蓿草等优质草料，降低畜牧业成本，减少兽用抗菌药使用，实施奶制品行业振兴计划，积极发展家庭奶农农场，支持有条件的企业建立乳制品生产线，培育壮大民族奶业，提高婴幼儿奶粉质量安全，在全国中小学推广饮用奶计划。推进特色农业、健康农业同步发展，加强实施畜禽粪污处理综合利用能力，实现大规模养殖场粪污回收利用达到100%，推进中小养殖场和个别散户粪污处理，减少农药化肥使用量，鼓励使用有机肥、农家肥等替代化肥生产绿色农产品。做好秸秆综合利用，恢复农用土壤质量，开展农用薄膜、塑料垃圾等回收行动，处理好农牧业产生有机废弃物的循环再利用；加快发展循环农业经济，推行生态农业循环经济发展模式。推动绿色水产养殖发展，加强规划滩涂水域管理意见，创建健康海洋牧场推广示范，努力发展稻米、蛙蟹等循环经济，降低近海、江河湖泊过度捕捞行为，规范深远海捕捞业，完善海洋休渔管理制度，推进发展水产渔业综合管理。提升农产品质量安全，建立禽兽药物残留检测标准，鼓励农业产业园、国家龙头企业、家庭牧场和合作社按标准生产，加强农产品质量安全检测监管，建立农产品供应方信用数据库，创建国家农产品安全品牌示范县，推进农产品生产、加工、贮藏、运输、销售等信息追溯过程，建立有效的进入退出管理机制。积极培育农业国家级品牌，打造一批特色、绿色、知名的农产品品牌，利用信息管理技术加强国家级农业品牌动态管理，提高农产品品牌国际竞争力。降低农业生产经营成本，积极应对国外农产品以较低销售价格倾销的贸易手段，对农业采取适当保护政策，推动农产品市场经济达到供需均衡的状态。

附 录

附表1 2017年分地区绿色食品情况

地区	有效用标绿色食品企业数（家）	有效用标绿色食品产品数（个）	绿色食品原料标准化生产基地数（个）	绿色食品原料标准化生产面积（万亩）	绿色食品原料标准化生产产量（万吨）
北京	58	269	3	19	30
天津	57	156	1	11	6
河北	276	823	13	148	101
山西	79	171	3	24	21
内蒙古	202	630	46	1673	1079
辽宁	477	992	19	350	190
吉林	270	791	23	371	232
黑龙江	928	2495	158	6399	3034
上海	189	271	—	—	—
江苏	907	2027	48	1790	1228
浙江	743	1182	3	23	14
安徽	819	2237	45	841	393
福建	329	553	16	149	91
江西	255	581	44	833	544
山东	1388	3330	24	344	366
河南	265	662	3	60	34
湖北	569	1601	21	288	320
湖南	442	1157	41	593	551
广东	320	575	6	64	73
广西	135	205	3	28	39
海南	38	68	—	—	—
重庆	318	761	—	—	—
四川	471	1197	61	903	865
贵州	35	52	—	—	—
云南	301	793	1	7	3
西藏	14	35	—	—	—
陕西	172	298	4	162	218
甘肃	378	759	16	188	174
青海	88	285	8	105	77
宁夏	101	240	14	197	152
新疆	268	546	54	817	841

资料来源：2017年中国绿色食品统计年报。

附表 2 2017 年分地区绿色食品占比情况

地区	有效用标绿色食品企业数占比	有效用标绿色食品产品数占比	绿色食品原料标准化生产基地数占比	绿色食品原料标准化生产面积占比	绿色食品原料标准化生产产量占比
北京	0.53%	1.04%	0.44%	0.11%	0.28%
天津	0.52%	0.61%	0.15%	0.07%	0.05%
河北	2.53%	3.20%	1.92%	0.90%	0.95%
山西	0.73%	0.66%	0.44%	0.15%	0.19%
内蒙古	1.85%	2.45%	6.78%	10.21%	10.11%
辽宁	4.38%	3.85%	2.80%	2.14%	1.78%
吉林	2.48%	3.07%	3.39%	2.27%	2.17%
黑龙江	8.52%	9.69%	23.30%	39.05%	28.43%
上海	1.73%	1.05%	0.00%	0.00%	0.00%
江苏	8.32%	7.87%	7.08%	10.92%	11.50%
浙江	6.82%	4.59%	0.44%	0.14%	0.13%
安徽	7.52%	8.69%	6.64%	5.13%	3.68%
福建	3.02%	2.15%	2.36%	0.91%	0.85%
江西	2.34%	2.26%	6.49%	5.08%	5.10%
山东	12.74%	12.93%	3.54%	2.10%	3.42%
河南	2.43%	2.57%	0.44%	0.37%	0.32%
湖北	5.22%	6.22%	3.10%	1.76%	3.00%
湖南	4.06%	4.49%	6.05%	3.62%	5.16%
广东	2.94%	2.23%	0.88%	0.39%	0.69%
广西	1.24%	0.80%	0.44%	0.17%	0.36%
海南	0.35%	0.26%	0.00%	0.00%	0.00%
重庆	2.92%	2.96%	0.00%	0.00%	0.00%
四川	4.32%	4.65%	9.00%	5.51%	8.11%
贵州	0.32%	0.20%	0.00%	0.00%	0.00%
云南	2.76%	3.08%	0.15%	0.04%	0.03%
西藏	0.13%	0.14%	0.00%	0.00%	0.00%
陕西	1.58%	1.16%	0.59%	0.99%	2.04%
甘肃	3.47%	2.95%	2.36%	1.15%	1.63%
青海	0.81%	1.11%	1.18%	0.64%	0.72%
宁夏	0.93%	0.93%	2.06%	1.20%	1.42%
新疆	2.46%	2.12%	7.96%	4.99%	7.88%

资料来源：2017 年中国绿色食品统计年报。

附表 3 2000—2014 年中国行业中间投入率

年份	产业	A01	A02	A03	C20	C28	H52	I	J62—J63	M72
2000	A01	0.1714	0.0400	0.0610	0.0027	0.0002	0.2306	0.0683	0.0008	0.0023
2000	A02	0.0014	0.0924	0.0075	0.0033	0.0003	0.0000	0.0013	0.0002	0.0015
2000	A03	0.0002	0.0000	0.0926	0.0045	0.0000	0.0000	0.0914	0.0000	0.0001
2000	C20	0.0512	0.0407	0.0073	0.2592	0.0141	0.0153	0.0056	0.0024	0.0103
2000	C28	0.0046	0.0071	0.0167	0.0119	0.1424	0.0203	0.0016	0.0252	0.0203
2000	H52	0.0038	0.0009	0.0023	0.0000	0.0000	0.1001	0.0001	0.0002	0.0001
2000	I	0.0013	0.0052	0.0019	0.0045	0.0096	0.0048	0.0098	0.0121	0.0212
2000	J62—J63	0.0000	0.0000	0.0000	0.0011	0.0013	0.0001	0.0002	0.0118	0.0018
2000	M72	0.0001	0.0006	0.0001	0.0003	0.0004	0.0000	0.0000	0.0058	0.0090
2001	A01	0.1669	0.0387	0.0584	0.0025	0.0002	0.2218	0.0639	0.0007	0.0023
2001	A02	0.0014	0.0890	0.0072	0.0031	0.0003	0.0000	0.0012	0.0002	0.0015
2001	A03	0.0002	0.0000	0.0901	0.0043	0.0000	0.0000	0.0868	0.0000	0.0001
2001	C20	0.0492	0.0389	0.0067	0.2422	0.0131	0.0141	0.0051	0.0022	0.0099
2001	C28	0.0049	0.0074	0.0173	0.0122	0.1455	0.0211	0.0016	0.0263	0.0218
2001	H52	0.0040	0.0010	0.0024	0.0000	0.0000	0.1035	0.0001	0.0002	0.0001
2001	I	0.0013	0.0052	0.0019	0.0044	0.0094	0.0048	0.0094	0.0120	0.0217
2001	J62—J63	0.0000	0.0000	0.0000	0.0013	0.0015	0.0002	0.0002	0.0141	0.0022
2001	M72	0.0001	0.0007	0.0001	0.0003	0.0004	0.0000	0.0000	0.0064	0.0102
2002	A01	0.1605	0.0372	0.0560	0.0023	0.0002	0.2144	0.0590	0.0007	0.0023
2002	A02	0.0013	0.0834	0.0067	0.0028	0.0003	0.0000	0.0011	0.0002	0.0014
2002	A03	0.0002	0.0000	0.0874	0.0040	0.0000	0.0000	0.0812	0.0000	0.0001
2002	C20	0.0483	0.0381	0.0063	0.2277	0.0130	0.0136	0.0048	0.0022	0.0100
2002	C28	0.0049	0.0073	0.0171	0.0117	0.1472	0.0211	0.0016	0.0265	0.0224
2002	H52	0.0040	0.0010	0.0024	0.0000	0.0000	0.1054	0.0001	0.0002	0.0001
2002	I	0.0013	0.0052	0.0019	0.0043	0.0096	0.0049	0.0092	0.0123	0.0226
2002	J62—J63	0.0000	0.0001	0.0000	0.0014	0.0017	0.0002	0.0002	0.0160	0.0025
2002	M72	0.0001	0.0009	0.0002	0.0004	0.0005	0.0001	0.0000	0.0082	0.0133
2003	A01	0.1544	0.0375	0.0562	0.0028	0.0001	0.1274	0.0611	0.0005	0.0079
2003	A02	0.0011	0.0818	0.0057	0.0032	0.0002	0.0000	0.0012	0.0001	0.0023
2003	A03	0.0002	0.0000	0.0762	0.0023	0.0000	0.0000	0.0731	0.0000	0.0024
2003	C20	0.0514	0.0393	0.0066	0.2419	0.0127	0.0231	0.0056	0.0046	0.0282
2003	C28	0.0047	0.0074	0.0165	0.0126	0.1539	0.0306	0.0016	0.0199	0.0194
2003	H52	0.0030	0.0008	0.0020	0.0008	0.0006	0.0375	0.0012	0.0003	0.0003
2003	I	0.0017	0.0057	0.0022	0.0043	0.0082	0.0102	0.0091	0.0190	0.0260

续表

年份	产业	A01	A02	A03	C20	C28	H52	I	J62—J63	M72
2003	J62—J63	0.0000	0.0001	0.0000	0.0011	0.0016	0.0001	0.0003	0.0205	0.0022
2003	M72	0.0006	0.0009	0.0003	0.0009	0.0016	0.0001	0.0000	0.0079	0.0175
2004	A01	0.1639	0.0426	0.0623	0.0035	0.0001	0.1133	0.0707	0.0004	0.0138
2004	A02	0.0009	0.0827	0.0049	0.0037	0.0001	0.0000	0.0013	0.0001	0.0034
2004	A03	0.0002	0.0000	0.0729	0.0017	0.0000	0.0000	0.0757	0.0000	0.0048
2004	C20	0.0478	0.0370	0.0060	0.2348	0.0120	0.0222	0.0056	0.0060	0.0394
2004	C28	0.0043	0.0071	0.0150	0.0129	0.1577	0.0310	0.0016	0.0140	0.0167
2004	H52	0.0030	0.0009	0.0022	0.0012	0.0009	0.0262	0.0021	0.0004	0.0004
2004	I	0.0018	0.0059	0.0023	0.0043	0.0076	0.0112	0.0088	0.0239	0.0282
2004	J62—J63	0.0000	0.0001	0.0000	0.0009	0.0015	0.0001	0.0003	0.0241	0.0018
2004	M72	0.0011	0.0008	0.0004	0.0014	0.0026	0.0001	0.0000	0.0073	0.0219
2005	A01	0.1501	0.0515	0.0606	0.0034	0.0001	0.0976	0.0682	0.0002	0.0183
2005	A02	0.0007	0.1008	0.0040	0.0040	0.0001	0.0000	0.0015	0.0001	0.0046
2005	A03	0.0002	0.0000	0.0628	0.0010	0.0000	0.0000	0.0690	0.0000	0.0069
2005	C20	0.0512	0.0500	0.0066	0.2465	0.0129	0.0251	0.0064	0.0079	0.0572
2005	C28	0.0038	0.0081	0.0136	0.0118	0.1490	0.0298	0.0014	0.0089	0.0150
2005	H52	0.0036	0.0014	0.0030	0.0017	0.0014	0.0257	0.0033	0.0006	0.0006
2005	I	0.0021	0.0079	0.0026	0.0043	0.0074	0.0125	0.0088	0.0293	0.0337
2005	J62—J63	0.0000	0.0001	0.0000	0.0008	0.0015	0.0002	0.0003	0.0304	0.0016
2005	M72	0.0016	0.0009	0.0006	0.0019	0.0037	0.0001	0.0000	0.0071	0.0307
2006	A01	0.1413	0.0640	0.0590	0.0034	0.0000	0.0832	0.0651	0.0001	0.0192
2006	A02	0.0006	0.1139	0.0029	0.0041	0.0001	0.0000	0.0014	0.0000	0.0048
2006	A03	0.0002	0.0000	0.0540	0.0006	0.0000	0.0000	0.0635	0.0000	0.0077
2006	C20	0.0497	0.0620	0.0063	0.2430	0.0122	0.0230	0.0061	0.0083	0.0595
2006	C28	0.0040	0.0111	0.0143	0.0131	0.1630	0.0311	0.0015	0.0058	0.0136
2006	H52	0.0034	0.0019	0.0031	0.0019	0.0015	0.0202	0.0037	0.0006	0.0007
2006	I	0.0022	0.0105	0.0027	0.0044	0.0071	0.0123	0.0085	0.0315	0.0329
2006	J62—J63	0.0000	0.0002	0.0000	0.0006	0.0012	0.0001	0.0002	0.0267	0.0008
2006	M72	0.0017	0.0006	0.0006	0.0018	0.0037	0.0001	0.0000	0.0048	0.0270
2007	A01	0.1345	0.0778	0.0583	0.0035	0.0000	0.0733	0.0630	0.0000	0.0197
2007	A02	0.0005	0.1325	0.0020	0.0047	0.0001	0.0000	0.0015	0.0000	0.0052
2007	A03	0.0002	0.0000	0.0459	0.0003	0.0000	0.0000	0.0589	0.0000	0.0082
2007	C20	0.0503	0.0782	0.0064	0.2541	0.0125	0.0219	0.0062	0.0091	0.0625
2007	C28	0.0039	0.0138	0.0142	0.0139	0.1709	0.0304	0.0015	0.0028	0.0119

续表

年份	产业	A01	A02	A03	C20	C28	H52	I	J62—J63	M72
2007	H52	0.0032	0.0023	0.0031	0.0020	0.0015	0.0159	0.0038	0.0006	0.0007
2007	I	0.0021	0.0123	0.0027	0.0042	0.0064	0.0110	0.0075	0.0308	0.0293
2007	J62—J63	0.0000	0.0002	0.0000	0.0004	0.0010	0.0001	0.0002	0.0233	0.0003
2007	M72	0.0016	0.0002	0.0005	0.0017	0.0034	0.0001	0.0000	0.0030	0.0223
2008	A01	0.1333	0.0847	0.0585	0.0050	0.0001	0.0710	0.0616	0.0000	0.0189
2008	A02	0.0004	0.1465	0.0017	0.0051	0.0001	0.0000	0.0012	0.0000	0.0027
2008	A03	0.0002	0.0000	0.0447	0.0002	0.0000	0.0000	0.0567	0.0000	0.0143
2008	C20	0.0543	0.0797	0.0059	0.2711	0.0135	0.0221	0.0065	0.0109	0.0613
2008	C28	0.0044	0.0176	0.0121	0.0129	0.1752	0.0311	0.0014	0.0020	0.0074
2008	H52	0.0028	0.0029	0.0032	0.0024	0.0020	0.0190	0.0032	0.0012	0.0013
2008	I	0.0019	0.0116	0.0024	0.0042	0.0070	0.0108	0.0066	0.0205	0.0334
2008	J62—J63	0.0000	0.0001	0.0000	0.0002	0.0007	0.0001	0.0001	0.0298	0.0007
2008	M72	0.0012	0.0002	0.0004	0.0020	0.0036	0.0001	0.0000	0.0165	0.0167
2009	A01	0.1383	0.0979	0.0596	0.0067	0.0001	0.0725	0.0619	0.0000	0.0195
2009	A02	0.0003	0.1393	0.0012	0.0050	0.0001	0.0000	0.0008	0.0000	0.0013
2009	A03	0.0003	0.0000	0.0465	0.0002	0.0000	0.0000	0.0592	0.0000	0.0182
2009	C20	0.0529	0.0775	0.0049	0.2829	0.0137	0.0201	0.0060	0.0106	0.0568
2009	C28	0.0048	0.0217	0.0103	0.0135	0.1902	0.0321	0.0013	0.0020	0.0059
2009	H52	0.0025	0.0034	0.0032	0.0028	0.0024	0.0204	0.0026	0.0014	0.0016
2009	I	0.0016	0.0115	0.0022	0.0046	0.0079	0.0108	0.0055	0.0157	0.0373
2009	J62—J63	0.0000	0.0001	0.0000	0.0002	0.0006	0.0001	0.0001	0.0304	0.0008
2009	M72	0.0009	0.0002	0.0003	0.0023	0.0041	0.0001	0.0000	0.0216	0.0147
2010	A01	0.1329	0.0947	0.0571	0.0070	0.0001	0.0671	0.0595	0.0000	0.0183
2010	A02	0.0002	0.1463	0.0011	0.0052	0.0001	0.0000	0.0006	0.0000	0.0007
2010	A03	0.0003	0.0000	0.0446	0.0001	0.0000	0.0000	0.0577	0.0000	0.0187
2010	C20	0.0538	0.0731	0.0043	0.2741	0.0140	0.0183	0.0061	0.0105	0.0548
2010	C28	0.0046	0.0212	0.0082	0.0112	0.1770	0.0291	0.0010	0.0015	0.0041
2010	H52	0.0024	0.0037	0.0033	0.0029	0.0028	0.0219	0.0023	0.0015	0.0017
2010	I	0.0013	0.0098	0.0019	0.0042	0.0079	0.0100	0.0043	0.0118	0.0373
2010	J62—J63	0.0000	0.0000	0.0000	0.0001	0.0006	0.0001	0.0001	0.0328	0.0010
2010	M72	0.0006	0.0001	0.0002	0.0022	0.0038	0.0001	0.0000	0.0211	0.0118
2011	A01	0.1273	0.0929	0.0555	0.0072	0.0001	0.0630	0.0567	0.0000	0.0176
2011	A02	0.0002	0.1461	0.0009	0.0052	0.0000	0.0001	0.0004	0.0000	0.0003
2011	A03	0.0003	0.0000	0.0434	0.0001	0.0000	0.0000	0.0559	0.0000	0.0190

续表

年份	产业	A01	A02	A03	C20	C28	H52	I	J62—J63	M72
2011	C20	0.0580	0.0756	0.0043	0.2879	0.0149	0.0187	0.0066	0.0115	0.0580
2011	C28	0.0050	0.0232	0.0076	0.0108	0.1812	0.0299	0.0009	0.0016	0.0037
2011	H52	0.0023	0.0040	0.0035	0.0031	0.0030	0.0233	0.0021	0.0016	0.0019
2011	I	0.0010	0.0085	0.0016	0.0038	0.0076	0.0092	0.0031	0.0095	0.0371
2011	J62—J63	0.0000	0.0000	0.0000	0.0001	0.0006	0.0001	0.0001	0.0395	0.0012
2011	M72	0.0004	0.0001	0.0002	0.0020	0.0036	0.0000	0.0000	0.0209	0.0103
2012	A01	0.1273	0.0991	0.0551	0.0082	0.0001	0.0641	0.0548	0.0000	0.0177
2012	A02	0.0001	0.1479	0.0007	0.0054	0.0000	0.0001	0.0003	0.0000	0.0000
2012	A03	0.0003	0.0000	0.0431	0.0001	0.0000	0.0000	0.0547	0.0000	0.0198
2012	C20	0.0579	0.0767	0.0040	0.3094	0.0157	0.0187	0.0063	0.0114	0.0572
2012	C28	0.0045	0.0223	0.0060	0.0098	0.1691	0.0271	0.0007	0.0013	0.0028
2012	H52	0.0022	0.0044	0.0035	0.0035	0.0033	0.0244	0.0017	0.0017	0.0020
2012	I	0.0008	0.0086	0.0015	0.0043	0.0086	0.0097	0.0022	0.0086	0.0405
2012	J62—J63	0.0000	0.0000	0.0000	0.0001	0.0006	0.0001	0.0001	0.0379	0.0012
2012	M72	0.0003	0.0001	0.0002	0.0023	0.0040	0.0000	0.0000	0.0220	0.0101
2013	A01	0.1239	0.0965	0.0528	0.0081	0.0001	0.0616	0.0522	0.0000	0.0167
2013	A02	0.0001	0.1435	0.0007	0.0053	0.0000	0.0001	0.0002	0.0000	0.0000
2013	A03	0.0003	0.0000	0.0417	0.0001	0.0000	0.0000	0.0526	0.0000	0.0189
2013	C20	0.0585	0.0775	0.0040	0.3146	0.0154	0.0189	0.0062	0.0109	0.0562
2013	C28	0.0048	0.0240	0.0063	0.0106	0.1765	0.0287	0.0007	0.0013	0.0029
2013	H52	0.0022	0.0044	0.0035	0.0036	0.0033	0.0244	0.0017	0.0016	0.0019
2013	I	0.0008	0.0083	0.0015	0.0042	0.0082	0.0093	0.0021	0.0079	0.0383
2013	J62—J63	0.0000	0.0000	0.0000	0.0001	0.0006	0.0001	0.0001	0.0410	0.0013
2013	M72	0.0003	0.0001	0.0002	0.0024	0.0040	0.0001	0.0000	0.0217	0.0101
2014	A01	0.1253	0.0969	0.0531	0.0082	0.0001	0.0614	0.0523	0.0000	0.0168
2014	A02	0.0001	0.1409	0.0007	0.0053	0.0000	0.0001	0.0002	0.0000	0.0000
2014	A03	0.0003	0.0000	0.0418	0.0001	0.0000	0.0000	0.0525	0.0000	0.0189
2014	C20	0.0573	0.0755	0.0039	0.3116	0.0154	0.0183	0.0060	0.0106	0.0546
2014	C28	0.0047	0.0232	0.0061	0.0104	0.1755	0.0276	0.0007	0.0013	0.0028
2014	H52	0.0023	0.0046	0.0036	0.0037	0.0034	0.0248	0.0017	0.0016	0.0020
2014	I	0.0008	0.0085	0.0015	0.0044	0.0086	0.0095	0.0021	0.0081	0.0392
2014	J62—J63	0.0000	0.0000	0.0000	0.0001	0.0007	0.0001	0.0001	0.0435	0.0014
2014	M72	0.0003	0.0001	0.0002	0.0026	0.0044	0.0001	0.0000	0.0232	0.0109

附表4　2000—2014年中国产业中间需求率

年份	产业	A01	A02	A03	C20	C28	H52	I	J62—J63	M72
2000	A01	0.1714	0.0041	0.0078	0.0014	0.0001	0.0053	0.0192	0.0000	0.0000
2000	A02	0.0141	0.0924	0.0094	0.0170	0.0014	0.0000	0.0036	0.0001	0.0003
2000	A03	0.0015	0.0000	0.0926	0.0186	0.0000	0.0000	0.2010	0.0000	0.0000
2000	C20	0.0967	0.0078	0.0018	0.2592	0.0132	0.0007	0.0030	0.0002	0.0004
2000	C28	0.0094	0.0015	0.0043	0.0127	0.1424	0.0009	0.0009	0.0020	0.0008
2000	H52	0.1652	0.0041	0.0131	0.0010	0.0004	0.1001	0.0012	0.0004	0.0001
2000	I	0.0045	0.0019	0.0009	0.0085	0.0169	0.0004	0.0098	0.0017	0.0015
2000	J62—J63	0.0001	0.0001	0.0000	0.0148	0.0163	0.0001	0.0013	0.0118	0.0009
2000	M72	0.0048	0.0031	0.0009	0.0078	0.0093	0.0001	0.0001	0.0117	0.0090
2001	A01	0.1669	0.0040	0.0075	0.0013	0.0001	0.0055	0.0180	0.0000	0.0001
2001	A02	0.0137	0.0890	0.0090	0.0153	0.0014	0.0000	0.0034	0.0001	0.0003
2001	A03	0.0015	0.0000	0.0901	0.0170	0.0000	0.0000	0.1915	0.0000	0.0000
2001	C20	0.0976	0.0079	0.0017	0.2422	0.0135	0.0007	0.0029	0.0002	0.0005
2001	C28	0.0094	0.0014	0.0042	0.0118	0.1455	0.0010	0.0009	0.0024	0.0010
2001	H52	0.1598	0.0040	0.0125	0.0009	0.0004	0.1035	0.0011	0.0004	0.0001
2001	I	0.0045	0.0019	0.0008	0.0079	0.0173	0.0004	0.0094	0.0020	0.0018
2001	J62—J63	0.0001	0.0001	0.0000	0.0138	0.0168	0.0001	0.0013	0.0141	0.0011
2001	M72	0.0045	0.0029	0.0008	0.0067	0.0089	0.0001	0.0001	0.0129	0.0102
2002	A01	0.1605	0.0038	0.0072	0.0012	0.0001	0.0057	0.0172	0.0000	0.0001
2002	A02	0.0129	0.0834	0.0084	0.0136	0.0014	0.0000	0.0031	0.0001	0.0004
2002	A03	0.0014	0.0000	0.0874	0.0157	0.0000	0.0000	0.1849	0.0000	0.0000
2002	C20	0.0965	0.0078	0.0016	0.2277	0.0143	0.0007	0.0028	0.0002	0.0006
2002	C28	0.0088	0.0014	0.0040	0.0106	0.1472	0.0010	0.0008	0.0027	0.0011
2002	H52	0.1512	0.0037	0.0118	0.0008	0.0004	0.1054	0.0010	0.0005	0.0002
2002	I	0.0044	0.0018	0.0008	0.0073	0.0182	0.0004	0.0092	0.0024	0.0022
2002	J62—J63	0.0001	0.0001	0.0000	0.0124	0.0170	0.0001	0.0012	0.0160	0.0013
2002	M72	0.0048	0.0031	0.0008	0.0068	0.0102	0.0001	0.0001	0.0166	0.0133
2003	A01	0.1544	0.0034	0.0069	0.0017	0.0001	0.0055	0.0195	0.0000	0.0003
2003	A02	0.0120	0.0818	0.0078	0.0213	0.0012	0.0000	0.0042	0.0001	0.0009
2003	A03	0.0014	0.0000	0.0762	0.0115	0.0000	0.0000	0.1900	0.0000	0.0007
2003	C20	0.0853	0.0059	0.0014	0.2419	0.0133	0.0016	0.0030	0.0005	0.0016
2003	C28	0.0075	0.0011	0.0032	0.0121	0.1539	0.0021	0.0008	0.0021	0.0011
2003	H52	0.0696	0.0016	0.0058	0.0107	0.0082	0.0375	0.0088	0.0004	0.0002
2003	I	0.0052	0.0016	0.0008	0.0081	0.0162	0.0014	0.0091	0.0040	0.0028

续表

年份	产业	A01	A02	A03	C20	C28	H52	I	J62—J63	M72
2003	J62—J63	0.0002	0.0001	0.0000	0.0100	0.0146	0.0001	0.0012	0.0205	0.0011
2003	M72	0.0181	0.0022	0.0011	0.0165	0.0301	0.0001	0.0001	0.0155	0.0175
2004	A01	0.1639	0.0033	0.0074	0.0020	0.0001	0.0065	0.0217	0.0000	0.0005
2004	A02	0.0116	0.0827	0.0074	0.0278	0.0012	0.0000	0.0053	0.0001	0.0016
2004	A03	0.0016	0.0000	0.0729	0.0083	0.0000	0.0000	0.1963	0.0000	0.0015
2004	C20	0.0823	0.0050	0.0012	0.2348	0.0134	0.0022	0.0030	0.0007	0.0025
2004	C28	0.0066	0.0009	0.0028	0.0116	0.1577	0.0027	0.0008	0.0015	0.0010
2004	H52	0.0525	0.0012	0.0047	0.0124	0.0103	0.0262	0.0111	0.0005	0.0003
2004	I	0.0060	0.0015	0.0009	0.0082	0.0161	0.0021	0.0088	0.0056	0.0035
2004	J62—J63	0.0003	0.0001	0.0000	0.0075	0.0134	0.0001	0.0011	0.0241	0.0010
2004	M72	0.0284	0.0016	0.0012	0.0214	0.0446	0.0002	0.0001	0.0138	0.0219
2005	A01	0.1501	0.0040	0.0072	0.0025	0.0000	0.0084	0.0239	0.0000	0.0009
2005	A02	0.0096	0.1008	0.0061	0.0375	0.0010	0.0000	0.0065	0.0001	0.0030
2005	A03	0.0015	0.0000	0.0628	0.0063	0.0000	0.0000	0.2045	0.0000	0.0030
2005	C20	0.0701	0.0053	0.0011	0.2465	0.0125	0.0030	0.0031	0.0010	0.0040
2005	C28	0.0053	0.0009	0.0023	0.0121	0.1490	0.0036	0.0007	0.0012	0.0011
2005	H52	0.0416	0.0013	0.0041	0.0148	0.0113	0.0257	0.0133	0.0006	0.0004
2005	I	0.0059	0.0018	0.0009	0.0090	0.0151	0.0031	0.0088	0.0078	0.0049
2005	J62—J63	0.0003	0.0001	0.0000	0.0065	0.0118	0.0001	0.0011	0.0304	0.0009
2005	M72	0.0321	0.0013	0.0013	0.0266	0.0515	0.0002	0.0001	0.0131	0.0307
2006	A01	0.1413	0.0050	0.0070	0.0027	0.0000	0.0089	0.0243	0.0000	0.0009
2006	A02	0.0073	0.1139	0.0044	0.0417	0.0009	0.0000	0.0068	0.0000	0.0030
2006	A03	0.0015	0.0000	0.0540	0.0042	0.0000	0.0000	0.2001	0.0000	0.0032
2006	C20	0.0630	0.0061	0.0009	0.2430	0.0129	0.0031	0.0029	0.0009	0.0037
2006	C28	0.0048	0.0010	0.0020	0.0125	0.1630	0.0040	0.0007	0.0006	0.0008
2006	H52	0.0321	0.0014	0.0034	0.0142	0.0115	0.0202	0.0127	0.0005	0.0003
2006	I	0.0059	0.0022	0.0009	0.0093	0.0158	0.0036	0.0085	0.0074	0.0043
2006	J62—J63	0.0003	0.0001	0.0000	0.0054	0.0118	0.0002	0.0010	0.0267	0.0005
2006	M72	0.0351	0.0010	0.0014	0.0296	0.0617	0.0002	0.0001	0.0085	0.0270
2007	A01	0.1345	0.0061	0.0069	0.0030	0.0000	0.0090	0.0228	0.0000	0.0009
2007	A02	0.0060	0.1325	0.0031	0.0512	0.0008	0.0000	0.0071	0.0000	0.0030
2007	A03	0.0014	0.0000	0.0459	0.0024	0.0000	0.0000	0.1802	0.0000	0.0031
2007	C20	0.0588	0.0071	0.0009	0.2541	0.0129	0.0032	0.0026	0.0008	0.0032
2007	C28	0.0045	0.0012	0.0019	0.0135	0.1709	0.0042	0.0006	0.0002	0.0006

续表

年份	产业	A01	A02	A03	C20	C28	H52	I	J62—J63	M72
2007	H52	0.0259	0.0015	0.0029	0.0140	0.0111	0.0159	0.0111	0.0004	0.0002
2007	I	0.0059	0.0026	0.0009	0.0099	0.0157	0.0037	0.0075	0.0063	0.0036
2007	J62—J63	0.0003	0.0002	0.0000	0.0050	0.0120	0.0002	0.0010	0.0233	0.0002
2007	M72	0.0372	0.0004	0.0014	0.0333	0.0680	0.0002	0.0001	0.0051	0.0223
2008	A01	0.1333	0.0066	0.0069	0.0044	0.0001	0.0084	0.0226	0.0000	0.0009
2008	A02	0.0049	0.1465	0.0026	0.0581	0.0007	0.0000	0.0059	0.0000	0.0016
2008	A03	0.0019	0.0000	0.0447	0.0017	0.0000	0.0000	0.1757	0.0000	0.0055
2008	C20	0.0614	0.0070	0.0008	0.2711	0.0140	0.0029	0.0027	0.0010	0.0031
2008	C28	0.0048	0.0015	0.0016	0.0125	0.1752	0.0040	0.0006	0.0002	0.0004
2008	H52	0.0240	0.0019	0.0032	0.0179	0.0157	0.0190	0.0099	0.0008	0.0005
2008	I	0.0051	0.0025	0.0008	0.0101	0.0175	0.0035	0.0066	0.0045	0.0041
2008	J62—J63	0.0002	0.0001	0.0000	0.0025	0.0076	0.0001	0.0006	0.0298	0.0004
2008	M72	0.0261	0.0003	0.0010	0.0381	0.0731	0.0002	0.0001	0.0292	0.0167
2009	A01	0.1383	0.0076	0.0070	0.0057	0.0001	0.0084	0.0234	0.0000	0.0010
2009	A02	0.0034	0.1393	0.0018	0.0548	0.0007	0.0001	0.0039	0.0000	0.0008
2009	A03	0.0023	0.0000	0.0465	0.0014	0.0001	0.0000	0.1887	0.0000	0.0076
2009	C20	0.0620	0.0071	0.0007	0.2829	0.0160	0.0027	0.0027	0.0011	0.0033
2009	C28	0.0048	0.0017	0.0012	0.0116	0.1902	0.0037	0.0005	0.0002	0.0003
2009	H52	0.0216	0.0023	0.0032	0.0205	0.0208	0.0204	0.0084	0.0011	0.0007
2009	I	0.0043	0.0024	0.0007	0.0103	0.0210	0.0033	0.0055	0.0038	0.0049
2009	J62—J63	0.0001	0.0001	0.0000	0.0015	0.0062	0.0001	0.0004	0.0304	0.0005
2009	M72	0.0182	0.0003	0.0008	0.0404	0.0824	0.0002	0.0001	0.0398	0.0147
2010	A01	0.1329	0.0074	0.0067	0.0061	0.0001	0.0078	0.0221	0.0000	0.0010
2010	A02	0.0029	0.1463	0.0016	0.0581	0.0006	0.0001	0.0031	0.0000	0.0005
2010	A03	0.0025	0.0000	0.0446	0.0009	0.0000	0.0000	0.1813	0.0000	0.0083
2010	C20	0.0622	0.0066	0.0006	0.2741	0.0145	0.0024	0.0026	0.0012	0.0033
2010	C28	0.0052	0.0018	0.0011	0.0108	0.1770	0.0038	0.0004	0.0002	0.0002
2010	H52	0.0207	0.0025	0.0034	0.0221	0.0214	0.0219	0.0074	0.0013	0.0008
2010	I	0.0034	0.0021	0.0006	0.0097	0.0191	0.0031	0.0043	0.0032	0.0053
2010	J62—J63	0.0001	0.0000	0.0000	0.0011	0.0050	0.0001	0.0003	0.0328	0.0005
2010	M72	0.0116	0.0002	0.0005	0.0355	0.0655	0.0001	0.0001	0.0401	0.0118
2011	A01	0.1273	0.0072	0.0066	0.0067	0.0001	0.0073	0.0204	0.0000	0.0009
2011	A02	0.0023	0.1461	0.0014	0.0625	0.0006	0.0001	0.0021	0.0000	0.0002
2011	A03	0.0027	0.0000	0.0434	0.0007	0.0000	0.0000	0.1705	0.0000	0.0084

续表

年份	产业	A01	A02	A03	C20	C28	H52	I	J62—J63	M72
2011	C20	0.0617	0.0063	0.0005	0.2879	0.0144	0.0023	0.0025	0.0012	0.0032
2011	C28	0.0055	0.0020	0.0010	0.0112	0.1812	0.0038	0.0004	0.0002	0.0002
2011	H52	0.0199	0.0027	0.0036	0.0254	0.0236	0.0233	0.0064	0.0014	0.0009
2011	I	0.0027	0.0018	0.0005	0.0100	0.0192	0.0029	0.0031	0.0026	0.0054
2011	J62—J63	0.0000	0.0000	0.0000	0.0009	0.0053	0.0001	0.0003	0.0395	0.0006
2011	M72	0.0079	0.0001	0.0004	0.0364	0.0621	0.0001	0.0001	0.0398	0.0103
2012	A01	0.1273	0.0077	0.0065	0.0078	0.0001	0.0074	0.0204	0.0000	0.0010
2012	A02	0.0017	0.1479	0.0011	0.0664	0.0005	0.0001	0.0013	0.0000	0.0000
2012	A03	0.0028	0.0000	0.0431	0.0005	0.0000	0.0000	0.1726	0.0000	0.0091
2012	C20	0.0609	0.0063	0.0005	0.3094	0.0137	0.0023	0.0025	0.0012	0.0033
2012	C28	0.0054	0.0021	0.0009	0.0113	0.1691	0.0038	0.0003	0.0002	0.0002
2012	H52	0.0188	0.0030	0.0036	0.0287	0.0239	0.0244	0.0056	0.0015	0.0009
2012	I	0.0022	0.0018	0.0005	0.0110	0.0192	0.0030	0.0022	0.0024	0.0059
2012	J62—J63	0.0000	0.0000	0.0000	0.0007	0.0044	0.0001	0.0003	0.0379	0.0006
2012	M72	0.0056	0.0001	0.0003	0.0401	0.0599	0.0001	0.0001	0.0420	0.0101
2013	A01	0.1239	0.0075	0.0062	0.0079	0.0001	0.0072	0.0192	0.0000	0.0010
2013	A02	0.0017	0.1435	0.0011	0.0669	0.0005	0.0001	0.0012	0.0000	0.0000
2013	A03	0.0028	0.0000	0.0417	0.0005	0.0000	0.0000	0.1635	0.0000	0.0091
2013	C20	0.0597	0.0062	0.0005	0.3146	0.0135	0.0022	0.0023	0.0012	0.0033
2013	C28	0.0056	0.0022	0.0009	0.0122	0.1765	0.0039	0.0003	0.0002	0.0002
2013	H52	0.0189	0.0030	0.0036	0.0300	0.0241	0.0244	0.0054	0.0015	0.0010
2013	I	0.0022	0.0018	0.0005	0.0112	0.0190	0.0029	0.0021	0.0024	0.0060
2013	J62—J63	0.0000	0.0000	0.0000	0.0008	0.0048	0.0001	0.0003	0.0410	0.0007
2013	M72	0.0055	0.0001	0.0003	0.0413	0.0595	0.0001	0.0001	0.0412	0.0101
2014	A01	0.1253	0.0076	0.0063	0.0080	0.0001	0.0075	0.0199	0.0000	0.0010
2014	A02	0.0017	0.1409	0.0011	0.0664	0.0005	0.0001	0.0012	0.0000	0.0000
2014	A03	0.0028	0.0000	0.0418	0.0006	0.0000	0.0000	0.1692	0.0000	0.0097
2014	C20	0.0588	0.0060	0.0005	0.3116	0.0134	0.0023	0.0023	0.0013	0.0034
2014	C28	0.0055	0.0021	0.0009	0.0120	0.1755	0.0039	0.0003	0.0002	0.0002
2014	H52	0.0186	0.0029	0.0035	0.0297	0.0241	0.0248	0.0055	0.0016	0.0010
2014	I	0.0022	0.0017	0.0005	0.0112	0.0191	0.0030	0.0021	0.0025	0.0063
2014	J62—J63	0.0000	0.0000	0.0000	0.0008	0.0049	0.0001	0.0003	0.0435	0.0007
2014	M72	0.0056	0.0001	0.0003	0.0421	0.0612	0.0001	0.0001	0.0441	0.0109

参考文献

[1] Acemoglu D, Guerrieri V. Capital deepening and nonbalanced economic growth [J]. Journal of political Economy, 2008, 116 (3): 467 – 498.

[2] Alvarez - Cuadrado F, Van Long N, Poschke M. Capital – labor substitution, structural change, and growth [J]. Theoretical Economics, 2017, 12 (3): 1229 – 1266.

[3] Anselin L. Spatial econometrics: methods and models [M]. Springer Science & Business Media, 2013: 160 – 182.

[4] Argent, Neil. Heading down to the local? Australian rural development and the evolving spatiality of the craft beer sector [J]. Journal of Rural Studies, 2018, 61 (1): 84 – 99.

[5] Baumol W J. Macroeconomics of unbalanced growth: the anatomy of urban crisis [J]. The American economic review, 1967: 415 – 426.

[6] Binsswanger H, Khandker S, Rosenzweig M. How infrastructure and financial institutions affect agricultural output and investment in India [J]. Journal of Development Economics, 1993, 41 (2): 337 – 366.

[7] Busch L, Juska A. Beyond political economy: Actor networks and the globalization of agriculture [J]. Review of International Political Economy, 1997, 4 (4): 688 – 708.

[8] Caselli F, Ventura J. A representative consumer theory of distribution [J]. American Economic Review, 2000, 90 (4): 909 – 926.

[9] Creed G W. Agriculture and the domestication of industry in rural Bulgaria [J]. American Ethnologist, 1995, 22 (3): 528 – 548.

[10] Curran C S, Bröring S, Leker J. Anticipating converging industries using publicly available data [J]. Technological Forecasting & Social Change, 2010, 77 (3): 385 – 395.

[11] Curran C S, Leker J. Patent indicators for monitoring convergence – exam-

ples from NFF and ICT [J]. Technological Forecasting and Social Change, 2011, 78 (2): 256-273.

[12] Deere C D, Gonzales E, Perez N, et al. Household Incomes in Cuban Agriculture: A Comparison of the State, Cooperative, and Peasant Sectors [J]. Development and Change, 1995 (2): 209-234.

[13] Dempster A P, Schatzoff M, Wermuth N. A simulation study of alternatives to ordinary least squares [J]. Journal of the American Statistical Association, 1977, 72 (357): 77-91.

[14] Downing M, Volk T, Schmidt D. Development of new generation cooperatives in agriculture for renewable energy research, development, and demonstration projects [J]. Biomass and Bioenergy, 2005, 175 (28): 425-434.

[15] Emilio Galdeano-Gómez, José A. Aznar-Sánchez, Juan C. Pérez-Mesa. The Complexity of Theories on Rural Development in Europe: An Analysis of the Paradigmatic Case of Almería (South-east Spain) [J]. Sociologia Ruralis, 2011, 51 (1): 54-78.

[16] F L. Clark Colin. The conditions of Economic Progress [J]. Population, 1960, 15: 374-375.

[17] Fai F, Tunzelmann N V. Industry-specific competencies and converging technological systems: evidence from patents [J]. Structural Change & Economic Dynamics, 2001, 12 (2): 141-170.

[18] Godfrey Bahiigwa, Rigby D, Philiph W. Right target, wrong mechanism? agricultural modernization and poverty reduction in uganda [J]. World Development, 2005, 33 (3): 481-496.

[19] Golub G H, Heath M, Wahba G. Generalized cross-validation as a method for choosing a good ridge parameter [J]. Technometrics, 1979, 21 (2): 215-223.

[20] Greenstein S, Khanna T. What does industry convergence mean [J]. Competing in the age of digital convergence, 1997, 2010226.

[21] Hallstrom L K, Hvenegaard G T, Stonechild J L, et al. Rural sustainability plans in Canada: An analysis of structure, content and influence [J]. Journal of Rural Studies, 2017, 56: 132-142.

[22] Hoerl A E, Kennard R W. Ridge regression: applications to nonorthogonal

problems [J]. Technometrics, 1970, 12 (1): 69 - 82.

[23] Hoerl A E, Kennard R W. Ridge regression: biased estimation for nonorthogonal problems [J]. Technometrics, 2000, 42 (1): 80 - 86.

[24] Hori T, Ikefuji M, Mino K. Conformism and structural change [J]. International Economic Review, 2015, 56 (3): 939 - 961.

[25] Hsieh C T, Klenow P J. Misallocation and Manufacturing TFP in China and India [J]. Quarterly Journal of Economics, 2009, 124 (4): 1403 - 1448.

[26] http://finance.people.com.cn/nc/GB/61937/77731/77732/.

[27] http://www.china.com.cn/cppcc/2018 - 09/27/content_ 64141388. htm.

[28] http://www.farmer.com.cn/xwpd/zjdp/201805/t20180515_ 1377301. htm/2018 - 05 - 15/2019 - 02 - 23.

[29] http://www.gov.cn/zhengce/2018 - 09/26/content_ 5325534. htm/2018 - 09 - 26/2018.11.08.

[30] http://www.greenfood.org.cn/ztzl/tjnb/lssp/201610/t20161012_ 5915739. htm.

[31] https://www.stata.com/products/stb/journals/stb28.pdf.

[32] Karvonen M, Tuomo K. Patent citations as a tool for analysing the early stages of convergence [J]. Technological Forecasting and Social Change, 2013, 80 (6): 1094 - 1107.

[33] Kim N, Lee H, Kim W, et al. Dynamic patterns of industry convergence: Evidence from a large amount of unstructured data [J]. Research Policy, 2015, 44 (9): 1734 - 1748.

[34] Kim, Sungjo. The Countryside and the City: A Spatial Economy of the New Village Movement in 1970s South Korea [D]. university of toronto. 2015.

[35] Kongsamut P, Rebelo S, Xie D. Beyond balanced growth [J]. The Review of Economic Studies, 2001, 68 (4): 869 - 882.

[36] Kuznets S. Economic Growth and Income Inequality [J]. American Economic Review, 1955, 45 (1): 1 - 28.

[37] Lesage J P, Pace R K. Introduction to spatial econometrics [M]. CRC Press, 2009: 513 - 514.

[38] Li Y, Westlund H, Zheng X, et al. Bottom - up initiatives and revival in the face of rural decline: Case studies from China and Sweden [J]. Journal of

Rural Studies, 2016, 47: 506 -513.

[39] Liu J, Liu Y, Yan M. Spatial and temporal change in urban - rural land use transformation at village scale—A case study of Xuanhua district, North China [J]. Journal of Rural Studies, 2016, 47 (6): 425 -434.

[40] Lohmar B, Gale Jr H F, Tuan F C, et al. China's ongoing agricultural modernization: Challenges remain after 30 years of reform [R]. 2009.

[41] Mahamad S A R S. The Convergence of the Telecomunications, Media and Informations Technology Sectors, and the Implications for Regulations Towards an Information Society Approach [D]. International Islamic University Malaysia, 2000.

[42] Mueller M. Telecom policy and digital convergence [M]. City University of Hong Kong Press, 1997.

[43] Ngai, L. Rachel, and Christopher A. Pissarides. Structural Change in a Multisector Model of Growth [J]. American Economic Review, 2007, 97 (1): 429 -443.

[44] Obenchain R L. Maximum likelihood ridge regression and the shrinkage pattern alternatives [J]. IMS Bulletin, 1981, 10 (37).

[45] Panyik E, Costa C, Tamara Rátz. Implementing integrated rural tourism: An event - based approach [J]. Tourism Management, 2011, 32 (6): 1352 -1363.

[46] Pennings J, Puranam P. Industry convergence and firm strategy: new directions for theory and research [C] //ECIS conference, the future of innovation studies, Eindhoven. 2001.

[47] Povilanskas R, Armaitiene A. Seaside resort - hinterland nexus: Palanga, Lithuania [J]. Annals of Tourism Research, 2011, 38 (3): 1156 -1177.

[48] Reidsma, Pytrik, Martha M. Bakker, Argyris Kanellopoulos, et al. Sustainable agricultural development in a rural area in the Netherlands? Assessing impacts of climate and socio - economic change at farm and landscape level [J]. Agricultural Systems, 2015, 141: 160 -173.

[49] Ren C. Non - human agency, radical ontology and tourism realities [J]. Annals of Tourism Research, 2011, 38 (3): 858 -881.

[50] Ruttan V W, Hayami Y. Toward a Theory of Induced Institutional Innovation

[J]. The Journal of Development Studies, 1984 (4): 203-223.

[51] Shumway R H. Maximum likelihood estimation of the ridge parameter in linear regression [R]. Technical Report, Division of Statistics, University of California at Davis, 1982.

[52] Stieglitz N. Digital dynamics and types of industry convergence: the evolution of the handheld computers market [J]. The industrial dynamics of the new digital economy, 2003, 2: 179-208.

[53] Townsend L, Wallace C, Fairhurst G. "Stuck out here": The critical role of broadband for remote rural places [J]. Scottish Geographical Journal, 2015, 131 (3-4): 171-180.

[54] Valkonen J. Acting in nature: Service events and agency in wilderness guiding [J]. Tourist Studies, 2009, 9 (2): 164-180.

[55] Van der Duim R. Tourismscapes: An actor-network perspective [J]. Annals of Tourism Research, 2007, 34 (4): 961-976.

[56] Van der Ploeg J D. From de-to repeasantization: The modernization of agriculture revisited [J]. Journal of Rural Studies, 2018, 61: 236-243.

[57] Verhoeven F P M, Reijs J W, Van Der Ploeg J D. Re-balancing soil-plant-animal interactions: towards reduction of nitrogen losses [J]. NJAS-Wageningen Journal of Life Sciences, 2003, 51 (1-2): 147-164.

[58] Whitacre B, Gallardo R, Strover S. Broadband's contribution to economic growth in rural areas: Moving towards a causal relationship [J]. Telecommunications Policy, 2014, 38 (11): 1011-1023.

[59] Xing W, Ye X, Kui L. Measuring Convergence of China's ICT Industry: An Input-Output Analysis [J]. Telecommunications Policy, 2011, 35 (4): 301-313.

[60] Yoffie D B. Competing in the Age of Digital Convergence [J]. California Management Review, 1996, 38 (4): 31-53.

[61] 陈慈, 陈俊红, 龚晶, 等. 农业新产业新业态的特征、类型与作用 [J]. 农业经济, 2018 (1): 3-5.

[62] 陈柳钦. 产业融合问题研究 [J]. 长安大学学报: 社会科学版, 2008, 27 (1): 1-10.

[63] 陈培培, 张敏. 从美丽乡村到都市居民消费空间: 行动者网络理论与大

世凹村的社会空间重构. 地理研究, 2015, 34 (8): 435-1446.
[64] 陈训波. 资源配置、全要素生产率与农业经济增长愿景 [J]. 改革, 2012 (8): 82-90.
[65] 崔惠玲, 周洪禄. 农业现代化水平评价及方向选择: 以河北省为例 [J]. 农业系统科学与综合研究, 2000, 16 (3): 237-240.
[66] 单胜道, 黄祖辉. 农业现代化模糊综合定级法研究: 以浙江省新昌县为例 [J]. 农业技术经济, 2000 (6): 1-5.
[67] 董本有. 甘井子区乡镇经济发展对策研究 [D]. 大连: 大连理工大学, 2002.
[68] 杜传忠, 郭树龙. 中国产业结构升级的影响因素分析: 兼论后金融危机时代中国产业结构升级的思路 [J]. 广东社会科学, 2011 (4): 60-66.
[69] 杜传忠, 李建标. 产业结构升级对经济持续快速增长的作用 [J]. 云南社会科学, 2001 (4): 30-32.
[70] 冯健. 乡村重构: 模式与创新 [M]. 北京: 商务印书馆, 2012: 44-72.
[71] 弗朗索瓦·魁奈, 晏智杰. 魁奈《经济表》及著作选 [M]. 北京: 华夏出版社, 2006.
[72] 傅晨. 广东省农业现代化发展水平评价: 1999—2007 [J]. 农业经济问题, 2010 (5): 26-33.
[73] 傅晨. 基本实现农业现代化: 涵义与标准的理论探讨 [J]. 中国农村经济, 2001 (12): 4-9.
[74] 盖庆恩, 朱喜, 程名望, 等. 土地资源配置不当与劳动生产率 [J]. 经济研究, 2017 (5): 119-132.
[75] 干春晖, 郑若谷, 余典范. 中国产业结构变迁对经济增长和波动的影响 [J]. 经济研究, 2011, 46 (5): 4-16+31.
[76] 高明杰, 丁晨芳, 王瑞波. 中国农业现代化水平的比较分析及政策建议 [J]. 中国农学通报, 2007, 23 (5): 550-553.
[77] 郭冰阳, 陈小彦. 我国农业现代化水平的综合评价 [J]. 统计与决策, 2006 (1): 95-96.
[78] 郭冰阳. 中国农业现代化评价体系的研究 [D]. 长沙: 湖南大学金融与统计学院, 2005.

[79] 郭冰阳. 中国农业现代化水平的 DEA 评价 [J]. 统计与信息论坛, 2006, 21 (2): 30-32.

[80] 郭丹, 谷洪波, 尹宏文. 基于农村产业结构调整的我国农村劳动力就业分析 [J]. 中国软科学, 2010 (1): 18-24.

[81] 郭克莎. 中国: 改革中的经济增长与结构变动 [M]. 上海: 上海三联书店, 1996: 25-41.

[82] 韩长赋. 大力实施乡村振兴战略 [J]. 中国农技推广, 2017 (12): 70-72.

[83] 韩海彬, 赵丽芬. 环境约束下中国农业全要素生产率增长及收敛分析 [J]. 中国人口. 资源与环境, 2013, 23 (3): 70-76.

[84] 何立胜, 李世新. 产业融合与农业发展 [J]. 晋阳学刊, 2005 (1): 37-40.

[85] 贺正楚, 吴艳, 蒋佳林, 等. 生产服务业与战略性新兴产业互动与融合关系的推演、评价及测度 [J]. 中国软科学, 2013 (5): 129-143.

[86] 胡初枝, 黄贤金. 农户土地经营规模对农业生产绩效的影响分析: 基于江苏省铜山县的分析 [J]. 农业技术经济, 2007 (6): 81-84.

[87] 胡鹏辉, 吴存玉, 吴惠芳. 中国农业现代化发展道路争议评述 [J]. 中国农业大学学报 (社会科学版), 2016, 33 (4): 57-65.

[88] 黄季焜. 农业供给侧结构性改革的关键问题: 政府职能和市场作用 [J]. 中国农村经济, 2018 (2): 2-12.

[89] 黄祖辉. 准确把握中国乡村振兴战略 [J]. 中国农村经济, 2018 (4): 2-12.

[90] 江小容. 改革开放以来农村经济发展历程研究 [D]. 杨凌: 西北农林科技大学, 2012 (6).

[91] 蒋和平, 崔凯. 我国粮食主产区农业现代化指标体系的构建和测算及发展水平评价 [J]. 农业现代化研究, 2011, 32 (6): 646-651.

[92] 蒋和平, 黄德林. 中国农业现代化发展水平的定量综合评价 [J]. 农业现代化研究, 2006, 27 (2): 87-91.

[93] 金晶. 农村产业结构调整与农村经济增长关系的实证分析: 以湖南省为例 [J]. 贵州农业科学, 2012, 40 (7): 228-231.

[94] 李谷成, 陈宁陆, 闵锐. 环境规制条件下中国农业全要素生产率增长与分解 [J]. 中国人口. 资源与环境, 2011, 21 (11): 153-160.

[95] 李俊江,何枭吟. 美国数字经济探析 [J]. 经济与管理研究, 2005 (7): 13-18.

[96] 李秋赋. 区域产业升级中的关键技术选择研究 [M]. 北京: 北京大学出版社, 2008 (11): 14-16.

[97] 李素华. 乡镇经济发展探析 [J]. 山东纺织经济, 2010 (10): 17-18.

[98] 李响, 周鹰, 李丽华, 等. 江苏与发达国家农业现代化水平的差距 [J]. 江苏农业科学, 2012 (12): 385-387.

[99] 梁荣. 农业产业化与农业现代化 [J]. 中国农村观察, 2000 (2): 43-48.

[100] 梁树广. 产业结构升级影响因素作用机理研究 [J]. 商业研究, 2014, 56 (7): 26-33.

[101] 梁伟军. 产业融合与现代农业发展 [M]. 武汉: 华中科技大学出版社, 2012: 95-120.

[102] 刘贯春, 张晓云, 邓光耀. 要素重置、经济增长与区域非平衡发展 [J]. 数量经济技术经济研究, 2017, 34 (7): 35-56.

[103] 刘海清, 方佳. 海南省热带农业现代化发展水平评价 [J]. 热带农业科学, 2013, 33 (1): 73-77.

[104] 陆相林. 山东省17地市农业现代化水平分类及区划研究 [J]. 水土保持研究, 2007, 14 (6): 404-407.

[105] 马健. 产业融合理论研究评述 [J]. 经济学动态, 2002 (5): 78-81.

[106] 马克思. 马克思资本论. 第二卷 [M]. 北京: 人民出版社, 1968.

[107] 聂子龙, 李浩. 产业融合中的企业战略思考 [J]. 软科学, 2003, 17 (2): 81-84.

[108] 牛凯. 我国农村产业结构偏离对农村经济增长影响的实证分析 [J]. 中国农业大学学报, 2012, 17 (1): 182-188.

[109] 潘丹, 应瑞瑶. 资源环境约束下的中国农业全要素生产率增长研究 [J]. 资源科学, 2013, 35 (7): 1329-1338.

[110] 潘竟虎, 石培基, 董晓峰. 甘肃省城市化发展与土地集约利用研究 [J]. 干旱区资源与环境, 2008, 22 (4): 28-33.

[111] 钱贵霞, 李宁辉. 不同粮食生产经营规模农户效益分析 [J]. 农业技

术经济，2005（4）：60-63.

[112] 任常青. 产业兴旺的基础、制约与制度性供给研究 [J]. 学术界，2018（7）：15-25.

[113] 沈蕾，靳礼伟. 北京现代服务业融合与产业结构升级的关联分析 [J]. 北京工业大学学报（社会科学版），2015（2）：13-18.

[114] 宋洪远. 实施乡村振兴战略的五点思考 [J]. 吉林农业，2018（2）：12-14.

[115] 孙韩钧. 我国产业结构高度的影响因素和变化探析 [J]. 人口与经济，2012（3）：39-44.

[116] 谭明交. 乡村一二三产业融合发展：理论与实证研究 [D]. 武汉：华中农业大学，2016.

[117] 田洪川. 中国产业升级对劳动力就业的影响研究 [D]. 北京：北京交通大学，2013.

[118] 王德发，朱建中. 国民经济核算概论 [M]. 上海：上海财经大学出版社，2006：58-88.

[119] 王国敏，周庆元. 我国农业现代化测评体系的构建与应用 [J]. 经济纵横，2012（2）：69-74.

[120] 王鹏飞，王瑞璠. 行动者网络理论与农村空间商品化：以北京市麻峪房村乡村旅游为例 [J]. 地理学报，2017，72（8）：1408-1418.

[121] 王昕坤. 产业融合：农业产业化的新内涵 [J]. 农业现代化研究，2007（3）：303-306+321.

[122] 王玉珂. 我国农业高新技术产业链特征及其发展现状研究 [J]. 科技管理研究，2014，34（9）：81-85.

[123] 威廉·配第，马妍译. 政治算术 [M]. 北京：中国社会科学出版社，2010.

[124] 沃西里·里昂惕夫. 投入产出经济学 [M]. 北京：商务印书馆，2011：1-50.

[125] 邬琼. 我国农业全要素生产率研究 [J]. 中国物价，2017（11）：11-15.

[126] 吴鸢莺，李力行，姚洋. 农业税费改革对土地流转的影响：基于状态转换模型的理论和实证分析 [J]. 中国农村经济，2014（7）：48-60.

[127] 吴先满，刘光平，蒋书明. 农村产业结构变迁的经济效应实证分析

[J]. 现代经济探讨, 2003 (4): 45-48.

[128] 武晓霞. 省际产业结构升级的异质性及影响因素: 基于1998年~2010年28个省区的空间面板计量分析 [J]. 经济经纬, 2014 (1): 90-95.

[129] 西奥多·W·舒尔茨. 改造传统农业 [M]. 北京: 商务印书馆, 1987.

[130] 谢涓, 廖进中. 进口贸易对我国区域产业结构调整影响的实证研究 [J]. 财经理论与实践, 2012, 33 (5): 105-108.

[131] 辛岭, 蒋和平. 我国农业现代化发展水平评价指标体系的构建和测算 [J]. 农业现代化研究, 2010 (6): 646-650.

[132] 徐腊梅, 马树才, 李亮. 我国乡村发展水平测度及空间关联格局分析: 基于乡村振兴视角 [J]. 广东农业科学, 2018, 45 (9): 148-156+179.

[133] 徐露. 基于增长极理论的乡村旅游资源深度利用研究 [J]. 农业经济, 2017 (8): 88-90.

[134] 徐敏, 姜勇. 中国产业结构升级能缩小城乡消费差距吗? [J]. 数量经济技术经济研究, 2015 (3): 3-21.

[135] 徐舒婷. 乡村一二三产业融合对农民增收的影响研究 [D]. 杭州: 浙江财经大学, 2018.

[136] 杨宏力. 我国农业现代化发展水平评测研究综述 [J]. 华中农业大学学报 (社会科学版), 2014 (6): 66-72.

[137] 杨钧, 罗能生. 新型城镇化对农村产业结构调整的影响研究 [J]. 中国软科学, 2017 (11): 165-172.

[138] 杨钧. 城镇化发展与农村产业结构调整的相互关系研究 [D]. 长沙: 湖南大学, 2016.

[139] 叶阿忠, 吴继贵, 陈生明. 空间计量经济学 [M]. 厦门: 厦门大学出版社, 2015: 26-76.

[140] 叶兴庆. 新时代中国乡村振兴战略论纲 [J]. 改革, 2018 (1): 65-73.

[141] 应瑞瑶, 潘丹. 中国农业全要素生产率测算结果的差异性研究: 基于Meta回归分析方法 [J]. 农业技术经济, 2012 (3): 47-55.

[142] 詹国辉, 张新文. 乡村振兴下传统村落的共生性发展研究: 基于江苏S县的分析 [J]. 求实, 2017 (11): 71-84.

[143] 张春梅. 绿色农业发展机制研究 [D]. 长春: 吉林大学, 2017.

[144] 张翠菊,张宗益. 中国省域产业结构升级影响因素的空间计量分析[J]. 统计研究,2015,32(10):32-37.

[145] 张凤琴. 乡镇主导产业发展中政府作用研究[D]. 南京:南京农业大学,2015.

[146] 张广婷,江静,陈勇. 中国劳动力转移与经济增长的实证研究[J]. 中国工业经济,2010(10):15-23.

[147] 张环宙,周永广,魏蕙雅,等. 基于行动者网络理论的乡村旅游内生式发展的实证研究:以浙江浦江仙华山村为例. 旅游学刊,2008,23(2):65-71.

[148] 张建武. 广东省农村产业结构变动对农民收入的贡献及解释[J]. 中国农村经济,2000(11):20-24.

[149] 张来武. 产业融合背景下六次产业的理论与实践[J]. 中国软科学,2018(5):1-5.

[150] 张平,余宇新. 出口贸易影响了中国服务业占比吗[J]. 数量经济技术经济研究,2012(4):64-79.

[151] 张文花. 新常态下我国乡镇经济发展现状及发展策略研究[J]. 环渤海经济瞭望,2018,284(5):87-88.

[152] 赵红巍,吕杰. 基于主成分BP神经网络的农业现代化综合评价体系研究[J]. 沈阳农业大学学报,2013,44(1):57-62.

[153] 赵京. 乡镇经济发展与农村公路的需求分析[D]. 西安:长安大学,2011.

[154] 植草益. 信息通讯业的产业融合[J]. 中国工业经济,2001(2):24-27.

[155] 中共中央、国务院. 关于实施乡村振兴战略的意见[EB/OL]. http://www.moa.gov.cn/ztzl/yhwj2018/zyyhwj/201802/t20180205_6136410.htm2018-01-02/2018-09-12.

[156] 周国富,李静. 农业劳动力的配置效应及其变化轨迹[J]. 华东经济管理,2013(4):63-67.

[157] 周立,李彦岩,王彩虹,等. 乡村振兴战略中的产业融合和六次产业发展[J]. 新疆师范大学学报(哲学社会科学版),2018,39(3):18-26.

[158] 周燕. 农业现代化研究评论综述:内涵、路径与发展水平测度[J].

北方经贸，2014（11）：30-32.

［159］周振华. 信息化进程中的产业融合研究［J］. 经济学动态，2002（6）：58-62.

［160］朱喜，史清华，盖庆恩. 要素配置扭曲与农业全要素生产率［J］. 经济研究，2011，46（5）：86-98.